朝鮮籍とは何か

トランスナショナルの
視点から

李里花 編著

明石書店

序文　なぜ朝鮮籍なのか

李里花

　朝鮮籍は国籍ではない。朝鮮民主主義人民共和国の国籍を意味するかのように使われることもある。しかし朝鮮籍とは、帝国の時代に日本に「移住した」朝鮮人とその子孫（以下、「在日コリアン」という）を分類するために、戦後の日本で創り出されたカテゴリーである。70年以上経った今日も使われている。

　なぜ朝鮮籍は維持されたのであろうか。そして朝鮮籍に分類された人びととはどのような道のりを歩み、今日のグローバル化された世界を生きているのであろうか。本書は、朝鮮籍をめぐる歴史的変遷をたどりながら、朝鮮籍の人が直面したリアリティにも焦点を当てることで、その実像に迫ろうとするものである。

国家への帰属が当然視されるなかで

　近代は、国に属することが「当たり前」になった時代である。世界のあらゆる場所で国境線が引かれ、国民国家体制が浸透した。人びとは「国民」と「外国人」に分けられ、「外国人」は国境の外側からやってきた「他者」と認識された。また国民意識が優先され、人びとの帰属意識が国を中心に形成された。東アジアでは、国民意識と民族意識が結びつき、「日本人」や「韓国人」という分類は、「その国の国籍やパスポートをもつこと」だけでなく、「同じ民族的ルーツをもつこと」を意味するようになった。

帝国の時代に日本に「移住」した朝鮮の人びとも「外国人」に分類された一人である。ただ戦前は帝国「臣民」として日本に暮らしたため、帝国の解体とともに「外国人」に再編された人びととなる。さらに「外国人」に分類されたものの、1947年の外国人登録制度の下で与えられたカテゴリーは、冒頭にあるように「朝鮮籍」であった。これは国籍ではない。国籍選択の権利がないまま、国籍のない人びととなった。その後、韓国国籍を取得する人が日韓基本条約（1965年）締結後に増えたことで、在日コリアンのなかには朝鮮籍の人と韓国の国籍をもつ人が存在するようになったが、永住権や福祉の面で差別化が図られ、それが1980年代になるまで是正されることがなかった（詳しくは第1章と第2章を参照）。

　このような状況のなかで、祖国とのつながりのなかに自らの拠り所を見出そうとする在日コリアンも少なくなかった。戦後に在日コリアンが祖国に対するナショナリズムを高めていく背景について、歴史家の外村大氏は、朝鮮が植民地から解放され、実態としての祖国が誕生したこともあるが、日本が戦後に単一民族国家に転換し、「日本社会は日本人のみによって構成される」という考えとともに朝鮮人への排除を強めていったことが表裏一体となっていたことを指摘している。ただ祖国としての朝鮮半島は、当時、朝鮮民主主義人民共和国と大韓民国の二つの国家が誕生していた。そのため拠り所とする祖国を「統一朝鮮」だと認識する人びともいれば、「北」や「南」への支持を表明する人もいたが、後者の人びとが勢力を拡大し、在日コリアンは「北」側と「南」側に分かれてそれぞれのコミュニティを形成するようになっていった。

　このような経緯から在日コリアンに焦点が当てられるとき、これまで注目が集められてきたのはもっぱら「北」や「南」のことであった。つまり国家に帰属することが当たり前に思われた時代にお

いて、在日コリアンも国家との関係のなかで語られてきたのである。またこの背景には、在日コリアンのなかで、国家を支持する政治運動と民衆の生活を支える活動が混然一体となって進められてきたこととも関係している。「北」を支持する「総連」と、「南」を支持する「民団」は、南北両国政府とのつながりを深めながら、国内の同胞社会のために人権を守り、経済活動を支援し、生活文化を発展させ、子どもたちの教育に取り組んできた[6]。そのため組織の活動が、必ずしも南北国家とのつながりのなかで実践されてきたわけではないが、在日コリアンに焦点が当てられるとき、「北」と「南」という国家の境界線に沿ってその生活が捉えられ、帰属意識が語られることが多かった[7]。

マイノリティのなかのマイノリティの視座から

　それではなぜ朝鮮籍に注目するのか。

　まず、朝鮮籍を考える上で、彼ら彼女らがマイノリティのなかのマイノリティであることを理解する必要があるであろう。ここでいう「マイノリティのなかのマイノリティ」には、二つの意味がある。一つは、在日コリアンのなかでも数が少ないという意味である。外国人登録制度が導入された当時（1947年）、約59万人存在した朝鮮籍の人びとは減少の一途を辿り、2019年6月末には2万8975人となった（うち特別永住者は2万8393人）[8]。一方、韓国国籍の人口は（戦後に韓国から来日した人も含めると）、その数は2019年末に約45万1千人に上った（うち特別永住者は約28万5千人）[9]。この他に日本の国籍を取得した人や、生まれながら日本国籍を有する「ハーフ／ダブル」の在日コリアンなど、さまざまな状況の在日コリアンがいる。

　もう一つは、朝鮮籍には国籍がないという意味で、マイノリティ

のなかのマイノリティである。「国籍がない＝国への帰属意識がない」というわけではない。彼ら彼女らのアイデンティティは、むしろ多様であり、国家への帰属を強めることがあれば、国とは別の次元で帰属意識をもつこともあるが、いずれの場合も国籍が付与されていないところから出発している点で、他の在日コリアンとは異なる面を有している。また、ここでいう「アイデンティティ」とは、近代社会で形づくられる「帰属意識 (sense of belonging)」のことで、「自我（ego）」のことではない。アイデンティティは人間が生まれてから死ぬまでのあいだに変わることもあれば、複数のアイデンティティを同時にもつこともある。そのためアイデンティティを考えるとき、それが流動的で複層的であることを前提に考えなければならないが、近代の国民国家体制においては国や民族に対するアイデンティティが「変わらないもの」と考えられ、他のアイデンティティよりも「優先されるもの」と考えられてきた。在日コリアンのアイデンティティも、先述のように国家と紐づけられ、「北」や「南」、「日本」、さらに「狭間」や「架け橋」という国を基軸にした枠組みのなかで捉えられることが多かったため、朝鮮籍の在日コリアンもこのような国を前提にした枠組みのなかで捉えられてきた。

　しかし国籍がないことは、グローバル化された世界において顕著なちがいとして現れる。グローバル化は国境を越える人の移動を加速化させ、渡航手続きの簡略化や移動手段の拡大を進め、人びとに「移動の自由」という世界を切り開いた[10]。しかし朝鮮籍はパスポートをもっていない（あるいは日本で「有効な」パスポートをもっていない）ため、国境を越えるために多くの困難が伴う。さらに韓国への移動は複雑な手続きが待っており、政権次第では入国できないときがある（詳しくは、第４章を参照）。このような「移動の不自由」さを目の当たりにしながら、一方で国内で直面するのはグローバル化に対抗

する自国中心主義的勢力によるヘイトである。反グローバルを掲げた排外主義的な動きが世界各国で再燃し、移民や難民がその影響を受けているが、日本ではこのような自国中心主義的勢力のヘイトの矛先が在日コリアン、とりわけ朝鮮籍に向けられている（詳細は第3章を参照）。つまり朝鮮籍は、グローバル時代に誰がどのような条件の下でいかなる権利を享受できるのか、不可視化されたグローバル社会の規範を明らかにしてくれるが、その一方でその規範から零れ落ちた人たちに向けられた過酷な現実も映し出す。

しかし一方で、朝鮮籍の人が切り開いてきた世界をみてみると、国家や帰属について新しい見方を提示してくれる。朝鮮籍のなかには、国家を跨いで活躍の場を広げていく人もいれば、日本国内にとどまる人、そのなかで民族的アイデンティティを強めていく人もいれば、民族的アイデンティティと切り離したところに自分の存在を置こうとする人もいる。あるいは地球人としての生き方を求める人もいれば、ローカルの地域社会に寄り添って生きる人もいる。そのあり様は多様であるが、いずれも国家への帰属を中心軸にしていくなかでは見ることができない姿である。

つまり「マイノリティのなかのマイノリティ」としての朝鮮籍に注目すると、戦前から戦後にかけて日本や朝鮮半島の国々が自国民／外国人をめぐる包摂と排除の論理をどう展開したのかが明らかになるだけでなく、国家と人の関係が大きく変わろうとしている今のグローバル社会の問題を浮き彫りにし、こうした時代の移り変わりのなかでいかに生きることができるのかについても多くの示唆を与えてくれる。

また、日本では2019年に出入国管理法及び難民認定法が改定され、今より多くの外国人労働者が日本に来て、日本の人とともに働き、日本の人とともに暮らしていくことが予想されている。「新移

民」の時代ともいわれる近年の人の移動をめぐる変化は、移動しない人びとの生活も変えようとしている。[11]国籍や出自国、民族や人種、言語や文化が異なる人びとと暮らしていく上で、どのような考え方が求められるのか、それがますます問われていくであろう。このようなときに、日本で暮らしてきた朝鮮籍の人びとの歩みをみていくと、これまでのように「国と国のちがいを理解する」ことや「国と国を橋渡しする」ことを目的にした施策よりも、人びとの多様な実態に寄り添った、「人」と「人」の関係を構築していくような働きかけが求められることを示してくれる。

「トランスナショナル」という視点から

　最後に本書が朝鮮籍に焦点を当てていく上で、「トランスナショナル」という視点を投入していくことについて触れたい。

　今となってはトランスナショナルという言葉は巷に溢れ、その意味は広範にわたって使われるようになったが、トランスナショナルをめぐる議論はいずれも同じような出発点から発展している。[12]それはつまり、国家を中心に据えた近代主義的な発想を超えようとしていることである。近代的な国民国家体制の誕生によって人が一つの国家に帰属することが当然視され、国民経済や国民文化、国語などの国民を中心にした考え方が台頭した。研究の分野においても、国民国家を中心に据えた「方法論的ナショナリズム」が普及し、たとえば地域研究の分野では国ごとに──アメリカ研究やイギリス研究、中国研究などに分けられて──研究が進められ、歴史学の分野では国民の物語──その多くは政治を中心とした男性の物語──が中心となり、それ以外の物語──たとえば女性の物語やマイノリティの物語、非政治的な物語──は周縁化されるようになった。人の移動を扱う移民研究の分野でさえも、一つのナショナルなアイデ

ンティティをもつことが前提となり、移民が「祖国」か「移住先国家」のどちらかに同化・統合していくものと考えられた[13]。

　しかし人や社会を均質的・固定的に捉えていくような視点は複雑化した社会を解明することはできない。グローバル時代の到来とともに、人は多様であり、境界は流動的かつ多層的に構成されているという考え方が広がった。このような流れを踏まえ、たとえば地域研究では国家横断的な環太平洋や東シナ海域研究などの枠組みが投入されようとしている[14]。また歴史学では、一国史の枠組みを超えたトランスナショナル・ヒストリーやグローバル・ヒストリーといわれる新たな歴史的叙述の方法が台頭している[15]。

　こうしたなか、トランスナショナルという言葉は、「超国家」や「脱国家」という「国家とは別の次元」を示唆するときに使われることもあるが、「複数の国家にわたる」ことや「間国家」の状態を示すときに使われることが多くなった。ただ政府の次元で国と国の関係に注目することを「インターナショナル」と呼ぶのに対して、「トランスナショナル」は人や社会の次元に注目するものである。本書はこうした「トランスナショナル」をめぐる議論を踏まえ、朝鮮籍をこれまでのように一つのナショナルの枠組みのなかで捉えるのではなく、複数の国家が関わる地平において朝鮮籍を考えようとするものである。特に、本書でハン・トンヒョン氏が指摘しているように、朝鮮籍は 2000 年代に入ってからも国家によって「都合よく」使われている。そしてこの背景には、朝鮮籍が帝国の歴史的産物であるものの、戦後に複数の国家が朝鮮籍をめぐる意味を二転三転させてきた経緯がある。こうした朝鮮籍に刻印された帝国の歴史、国家にわたる歴史、グローバル化をめぐる流れをていねいに紐解いていくとともに、その世界を生きる人びとのリアリティにも光を当てていきたいというところから本書は出発している。そのため

本書は、国家や国家間（インターナショナル）の次元にも注目するが、それと連動しながら形づくられる人の生活や社会に注目し、それをトランスナショナルの視座から検討していきたい。

　本書は、7つの章と6つのコラムによって構成されている。前半の第1章から第4章は朝鮮籍をめぐる状況——特に法律や政治を中心とした社会構造や社会思想、その背景にある国際関係や地政学的状況——に焦点を当てる。後半の第5章から第7章は、朝鮮籍が生きる世界に光を当て、彼ら彼女らのリアリティを描き出す。また各章で網羅できなかった多くのテーマをコラムが取り上げている。コラムの執筆者は、普遍的な次元で、あるいは内在的な次元で朝鮮籍を考えるためにはどのような視点が必要なのか、率直に語りかけている。

　いまのグローバル時代においてどうすれば自由で平等な社会を切り拓くことができるのであろうか。本書は、多様な背景をもった人が一緒に生きるための方策を考え、見つけるための一助となることを期待したい。

1　戦後に朝鮮籍が朝鮮民主主義人民共和国の「国籍」とみなされていく経緯については、崔紗華が本書の第2章「朝鮮籍の制度的存続と処遇問題—日本政府による韓国の限定承認と在日朝鮮人問題への適用」で詳述しているが、その後歴史学的視点からの研究も発表されている（鄭栄桓『歴史のなかの朝鮮籍』（以文社、2022年）。また朝鮮籍を「朝鮮民主主義人民共和国」と解釈する研究として阿部浩己『無国籍の情景』（UNHCR駐日事務所、2010年）による研究等があげられる。。

2　第1章に詳述されているように、サンフランシスコ講和条約の発効とともに在日コリアンは日本国籍を有しないことが確認され、「朝鮮籍」という事実上の無国籍の「外国人」となった。

3　これについて人類学者の原尻英樹氏は「日本社会の矛盾にさらされているのは『在日』だけではないが、その矛盾があまりにも鋭く、そして過酷なかたちで『在日』を囲んでいる」と指摘している。『「在日」としてのコリアン』（講談社現代新書、1998年）、101頁。

4　外村大『在日朝鮮人社会の歴史学的研究——形成・構造・変容』（緑蔭書房、2009年）、449頁。

5 「統一朝鮮」としての祖国を希求する朝鮮籍については、中村一成（2017年）『ルポ思想としての朝鮮籍』（岩波書店）を参照。

6 「総連」の正式名称は「在日本朝鮮人総聯合会」、「民団」の正式名称は「在日本大韓民国民団」である。

7 ただし、学術研究の分野では内在的な視点から在日コリアンに光をあてた調査や研究が多く発表されている。たとえば、水野直樹と文京洙（2015年）は、日本で生まれ育った二世たちが、祖国の朝鮮半島で生まれ育った人とは言葉も文化も異なる現実を目の当たりにするなか、日本社会から向けられた「同化か排除」という二択の世界でマイノリティである自己の存在に気づき、「在日」という新たなアイデンティティを確立していった過程をていねいに描き出している（『在日朝鮮人――歴史と現在』岩波新書）。近年は、この「在日」というアイデンティティがさらに複層的になっている状況を明らかにした研究も数多く発表されている（詳細は第7章を参照）。大韓民国の歴史にも、朝鮮民主主義人民共和国の歴史にも、日本の歴史にも登場しないが、東アジアの政治に翻弄されてきた在日コリアンの姿を描き出したこれらの研究は、在日コリアンに多くの共感と希望を与えるものとなっている。

8 政府統計の統計窓口（https://www.e-stat.go.jp/）「在留外国人統計（旧登録外国人統計）」「第一表国籍・地域別在留資格（在留目的）別在留外国人」（調査年2019年6月）より。

9 同。

10 「移動の自由」については、アントニオ・ネグリ、マイケル・ハート（水嶋一憲ほか訳）『〈帝国〉――グローバル化の世界秩序とマルチチュードの可能性』（以文社、2003年）を参照。

11 「新移民」の時代という名称は、『現代思想（特集：新移民時代――入管法改正・技能実習生・外国人差別）』2019年4月号（青土社）を参考にした。

12 トランスナショナリズムをめぐる概念については、スティーヴン・バートベック（水上徹男訳）『トランスナショナリズム』（日本評論社、2014年）を参照。ただ、最近のトランスナショナルをめぐる議論やその混乱については徳永悠（2020年）「トランスナショナルが問う研究の在り方」――日本移民学会年次大会シンポジウムの議論から」『移民研究年報』第26号（9-17頁）を参照。

13 移民研究の方法論的問題については、李里花（2020年）「いまなぜ〈トランスナショナル〉なのか――日本における移民研究を考える」『移民研究年報』第26号（3-8頁）を参照。

14 たとえば朝鮮半島と日本を東シナ海域研究という国家横断的視点から調査・分析した研究としては、原尻英樹・金明美（2015年）『東シナ海域における朝鮮半島と日本列島――その基層文化と人々の生活』（かんよう出版）の研究等が挙げられる。

15 トランスナショナル・ヒストリーやグローバル・ヒストリーについては、たとえば Akira Iriye(2013) *Global and transnational history: the past, present, and future.* (Palgrave Macmillan UK、2013年)やリン・ハント、長谷川貴彦訳（2016年）『グローバル時代の歴史学』（岩波書店）などがあげられる。

朝鮮籍とは何か──トランスナショナルの視点から ◎目次◎

13

第1章　朝鮮籍在日朝鮮人の「国籍」とは？
　　　　──法学の観点から

高希麗

1　はじめに

　国籍とは、「個人が特定の国家の構成員である資格」、または「人を特定の国家に属せしめる法的な紐帯」である。「帰属の社会的事実、存在の真正な牽連関係、利害および感情を基礎とした、相互の権利義務を伴う法的紐帯（legal bond）」として、名目的な紐帯関係だけでは国籍を認めることができないと判断されたノッテボーム事件以来、これは比較的一貫された国籍の意義として受けとめられてきた。

　国籍は、自身が外国人として扱われる場所ではじめて強く認識するものである。在日朝鮮人は、日本で生まれ育ったとしても日本の国籍を持っていない限り外国人として扱われるため、政治的意思表明や国外への移動などの経験のなかで、常に国籍という存在を意識することになる。国籍を含めた在日朝鮮人の法的な取り扱いは、日本はもちろんのこと朝鮮半島でもたびたび変容してきた。なかでも朝鮮籍在日朝鮮人（以下、朝鮮籍者という）が抱える問題は、その意味と性質に複雑な問題を内包している。

　現在、在日朝鮮人には、在留カードあるいは特別永住者証明書（2012年以前の外国人登録証明書）の国籍・地域の欄に「韓国」と記載されている者と、「朝鮮」と記載されている者が存在する。朝鮮籍者とは、当該証明書への記載が「朝鮮」となっている者をさす。朝

鮮籍者は、韓国籍在日朝鮮人（以下、韓国籍者という）と比較すると少数であるが、朝鮮民主主義人民共和国（以下、DPRKという）の国籍保持者やDPRKを支持する者であると端的に理解される傾向にある。しかし、実際の朝鮮籍者は法的な取り扱いからアイデンティティに至るまで、まさにトランスナショナルな存在であるということができる[5]。本章では、在日朝鮮人のなかでも、特に朝鮮籍者の法的な地位づけの変遷と現状を、日本と朝鮮半島の両方の立場から整理し、法学の観点から検討することを目的とする。

2　日本における外国人としての在日朝鮮人
──朝鮮籍のはじまり

日本臣民から外国人へ

　1910年「韓国併合ニ関スル条約」によって日本の植民地下におかれた朝鮮半島は国家主権を失い、朝鮮人は自動的に「日本臣民」となった。内地人である日本国民は内地戸籍に登載された一方、朝鮮人については1909年から民籍法が適用され、1923年からは「朝鮮戸籍令」（大正11年総督府令第154号）が施行されたことにより、朝鮮戸籍に登載されるようになった。ここでは、内地に居住する者も含めて、内地人との身分行為による内地戸籍への入籍はできたが、内地戸籍への転籍や就籍は原則できなかった。また、1899年に日本ではじめて制定された「国籍法」（法律第66号）は、「大日本帝国憲法」（以下、明治憲法という）第18[6]条による委任のもとで国民の範囲を画定させる法律であった。朝鮮半島において、国籍法は施行されなかったものの、条理と慣習に基づいて日本国籍を取得したものとし、その内容は1899年の国籍法で決まるものとみなした[7]。

　そして戦後、日本は日本国憲法改正草案の段階で、マッカーサー草案にはない「日本国憲法」第10[8]条を挿入した。この条文は明治

憲法第18条と同じ内容であり、国籍法の制定をもって国籍取得の要件を決定することになる。しかし、日本国憲法第10条を挿入することについて、帝国議会ではほとんど議論されていなかった。国民という範疇は、本来法の規定を俟たずに条理的・慣習的に定まるものであって、国籍法ではすべての場合をカヴァーしておらず、要するに国民という事実上の存在を、法律で規定することは無理であり不適当でもあるというのが日本国憲法制定時の立場であった[9]。

　在日朝鮮人は、日本国憲法公布日前日の1947年5月2日に大日本帝国憲法に依拠した最後のポツダム勅令である「外国人登録令」(勅令第207号)によって「当分の間、これを外国人とみなす」とされた。そして、1952年4月28日「サンフランシスコ講和条約」の発効を前に、通達「対日平和条約の発効に伴う朝鮮人、台湾人等に関する国籍および戸籍事務の処理について」(1952年4月19日民事甲第438号[10])によって、在日朝鮮人は日本国籍を喪失することとなった。さらに、出入国管理令を「原則的・無制約的[11]」に在日朝鮮人にも適用した。この第438号通達発効に伴う国籍の喪失は、その根拠として内地戸籍と外地戸籍という戸籍のちがいを巧みに用いており、日本人との婚姻や養子縁組などの身分行為に応じて、日本国籍の得喪が生じた。

　植民地支配を行った国家は、独立に際して被支配国出身の者に対して国籍選択権を与えることが一般的である。しかし、日本は朝鮮人および台湾人に対してはこのような選択権を与えなかった。通達第438号の有効性については、かねてより問題視されてきたものの[12]、「朝鮮人としての法的地位をもつ人は、日本人としての法的地位をもつ人から、日本の国内法上で、はっきり区別されていた。この区別は、日本と韓国の併合のときから一貫して維持され、占領時代にも変らなかった」ため、「日本国籍を喪失させられる人は、日

本の法律上で朝鮮人としての法的地位をもつていた人と見るのが相当であ」り、「日本が朝鮮に属すべき人に対する主権を放棄することは、このような人について日本の国籍を喪失させることになる」という最高裁の見解で解決されたものとみなされている[13]。このような通説・判例に対しては、「在日朝鮮人の主体的意思を条件として」、「韓国または北朝鮮国籍を保持する者」に対して日本国籍を喪失させるべきであったにもかかわらず、「通達という行政権の国家行為が、国籍という法律事項（憲法第 10 条）を処理」したとして、戸籍に基づく一律の国籍剥奪への批判が示されている[14]。

　1948 年には、朝鮮半島において、大韓民国（以下、韓国という）と DPRK がそれぞれ樹立され、いわゆる分断国家の状態となった。樹立以前より外国人登録令は朝鮮人に対して適用されていたため、登録に際してすべての在日朝鮮人の出身地を意味する「朝鮮」が記載されることとなっていた。しかし、韓国の登場とともに、外国人登録証の国籍等欄には「韓国」と記載することが可能となり[15]、「朝鮮」と「韓国」という 2 種類の用語が使用されることとなった。両者間で法律上の取り扱いにちがいがあったわけではないが、「朝鮮」から「韓国」に変更する者がしだいに増えていった[16]。日本政府は韓国のみを国家として承認した 1952 年以降は、国籍等欄を「韓国」とするには韓国国籍が手続上確認されていること（韓国の「在外国民

図1　旧外国人登録証明書

登録法」〈1949年11月24日公布　法律第70号[17]〉に基づく国民登録証の提示）が要件とされたため、ここで国籍等欄が「韓国」＝韓国国籍保持者という図式が成立することになる。対して国籍等欄の「朝鮮」[18]という記載は、韓国国籍の確認手続をしていない者を意味する。すなわち、この問題は、「本国分裂と日韓片面国交という政治的条件によってもたらされた用語問題」[19]ということになる。

法的地位の変容：朝鮮籍・韓国籍の書き換え問題

　1965年「日本国に居住する大韓民国国民の法的地位および待遇に関する日本国と大韓民国との間の協定」（以下、在日韓国人の法的地位協定という）によって、戦前からの居住者とその子孫のうち、韓国籍者で在留経歴の「良好」な朝鮮人には日本での永住を認める協定永住資格をとることができるようになった。ただし、協定永住資格は韓国籍でなければ取得することができず、在日朝鮮人は韓国か朝鮮かの選択を迫られることとなった。これを契機として、強制送還を回避し安定的な在留権を確保するために、朝鮮籍から韓国籍への書き換えを行った者、すなわち韓国の在外国民登録を行った者は増加した。この時点で、韓国籍と朝鮮籍の法的な取り扱いには、明確に異なる点があったことを指摘できる。協定永住資格を与えられることによって退去強制事由が大幅に縮減されるという点で、朝鮮籍と韓国籍の間の法的取り扱いが異なっていた。朝鮮籍は韓国籍と比較して、より不安定な地位にあったということができる。

　しかし、その一方で、朝鮮籍へと国籍等欄を書き換えようという再書き換え運動が各地で発生した。これに対して日本政府は、単なる用語の問題であって、実質的な国籍の問題や国家の承認の問題とは全然関係なく、いずれを用いるかによってその人の法律上の取扱いを異にすることはないとしながら、韓国から朝鮮への書き換えを

認めることはできないと判断した。日本政府は、もともと国籍の変更が単に本人の希望のみによって自由に行われるものではないという国籍の本質に鑑み、本人の希望だけで再書き換えをすることはできないという見解[20]を示していた。元入国管理局参事官が言うところによると、韓国国民ではない「その余の朝鮮人」は、韓国政府から旅券の交付が「得られない者であると或はそれを得ようとしない者であるとを問わず、国籍証明の（得られ）ない外国人といえばよ」く、それが不正確であれば「『国籍証明の得られない朝鮮籍の外国人』といえばよい」のであり、「国籍証明の（得られ）ないとは何処の国のか……という点については触れない、というのが最も賢明なやり方である」という[21]。その上で、韓国籍から朝鮮籍への再書き換えは、韓国政府の国籍喪失の証明があり、しかも他のどの国の国籍も取得していないという証明がある場合のみ、変更登録が認められるとした[22]。

　ただし実態としては、一部の地方自治体が書き換えに応じていたこともある。先駆的な役割を果たした田川市（および当時の田川市長）は、1970年に14名に対して韓国籍から朝鮮籍への書き換え申請を受理している[23]。法務省は、職務執行命令訴訟（地方自治法第146条第1項）の発動をほのめかされて再書き換えの中止を促し、市長と法務省の和解によって訴訟は回避されるに至った[24]。また、新たな通達（1971年2月27日民事甲第1810号）によって法務省に報告（経伺方式）することなく、①韓国の在外国民登録をしていない、②韓国旅券の不保持、③協定永住許可を受けていない、が確認できる場合は市町村権限で書き換えを行うことが一応可能となった。

　協定永住資格は、在日韓国人の法的地位協定第1条第1項によって協定2代目（協定永住1代目とは協定発効時である1966年1月17日に日本に居住していた者および協定発効後5年以内に日本で出生した者を指し、協

定永住2代目とは協定永住1代目の子として協定発効後5年後に日本で出生した者を指す）までに限定されていたが、3代目以降の法的地位に関しては1991年に日韓間で合意された（「日韓法的地位に基づく協議の結果に関する覚書」）。この合意に基づく、「日本国との平和条約に基づき日本の国籍を離脱した者等の出入国管理に関する特例法」（以下、入管特例法という）によって、特別永住という在留資格にすべてが包摂・統合され、韓国籍・朝鮮籍を問わず平和条約国籍離脱者又は平和条約国籍離脱者の子孫に、特別永住資格が自動的に付与されることとなった。入管特例法によると、特別永住者は、一般永住者と同様に無期限の在留が認められている。

分断がもたらす問題：在日朝鮮人の本国法

　さらに、在日朝鮮人には日本の法律上問題となる論点がある。韓国・DPRK が分断の体制にあることによって、日本の国際私法分野において朝鮮に属する者の本国法（国籍所属国の法律）の決定が問題とされてきた。後述するように、韓国と DPRK はそれぞれの国籍法に基づいて国民を画定している。したがって、在日朝鮮人に渉外家族関係の紛争が起きた場合、韓国と DPRK という2つの法秩序のいずれを本国法として適用すべきかが頭を悩ませる問題となるのである。

　この議論に対する学説は諸説にわたるが、大別すると次のとおりである[25]。①日本は韓国を国家として承認しているため、その正統性から韓国法のみを適用する見解、②朝鮮半島を二国の分断状態とした上で、国籍を二重国籍の状態とみる見解、③朝鮮半島の分断状態を一国二政府の状態と考えた上で、一国内に2つの異法地域があるとみる見解、④長年日本に定住している在日朝鮮人には、すでに連結点としての実効性をなくしていることから常居所地である日本

法を適用すべきとする見解である。以上の見解にはそれぞれから批判があるものの、実務レベルでは②や③の見解が主に採用されている。[26] 本国法は、主観的要素を考慮して、当事者に最も密接な関係がある法律に従うことが一般的である。結局のところその所属意思の判断には、外国人登録の国籍等欄が参照されたのであった。[27]

朝鮮籍・韓国籍の現在

　朝鮮籍と韓国籍は、特別永住資格の獲得を経たことで、実質的に法的取り扱いのちがいはないように思われてきた。しかし、2012年7月9日に改正施行された出入国管理法第26条によって、特別永住者は、出国後2年以内に再入国する意図を表明する場合、原則として再入国許可を受ける必要がなくなった（いわゆる、みなし再入国許可制度）。しかし、ここには特別永住者証明書と「有効な旅券」という要件が伴う。すなわち、①韓国で在外国民登録を行っていない韓国籍者、②日本と国交のないDPRKの旅券をもつ朝鮮籍者・韓国籍者、③韓国あるいはDPRKの旅券をもたない朝鮮籍者が、その対象からは除外される。以上から、朝鮮籍者については事実上全員がみなし再入国に該当せず、従前同様の「再入国許可」が必要となっているのである。在外国民登録を行っていない（有効な旅券をもたない）韓国籍、そして朝鮮籍者全員がその対象から除外されることとなる。

　このように法的取り扱いまでも変容している朝鮮籍であるが、法務省はこれまで外国人の統計として「韓国・朝鮮」を併記し、朝鮮籍である者の具体的な数字を明らかにしてこなかった。しかし2015年3月以降、法務省は在日朝鮮人の「国籍」を「韓国」あるいは「朝鮮」と分離公表するようになった。現在、朝鮮籍である外国人の数は2019年12月の統計によると28,096人となっている。[28]

ところで、このような分離集計を行うに至ったのは自民党議員からの要望であり、「日本に住む『北朝鮮国籍者』が実数以上に大きく見える」という主張によるのであった。しかし、朝鮮籍の記載が何らの国籍を示すものではないことは、これまでの日本政府の一貫した見解であったはずで、このような主張はその立場に反するものである。

3　朝鮮半島における在外（海外）同胞としての在日朝鮮人──国民の範囲

大韓民国の国籍と国民の範囲

　在日朝鮮人、特に朝鮮籍者の日本における国籍と法的地位の変遷は、上述した通りである。それに対して、朝鮮半島では在日朝鮮人の国籍をどのように扱い、理解しているのであろうか？

　「第1次大韓民国憲法」（1948年7月12日制定、以下、制憲憲法という）第3条（第8次大韓民国憲法〈以下、現行韓国憲法という〉では第2条第1項で踏襲）によると、国民の要件は法律によって別途定めている。韓国政府樹立前の南朝鮮過渡立法議院が1948年5月11日に制定した、「国籍に関する臨時条例」（南朝鮮過渡政府法律第11号、以下、臨時条例という）は、過渡的な内容ではあるものの、韓国国籍法の前身と位置付けられている。韓国では、国民の境界設定という重要な局面において、国家・国民精神・アイデンティティなどの確立を強調する傾向にあり、民族の同質性という点を充足するための血統主義が採用されてきた。1948年12月20日、韓国憲法が制定されて以降最初の「国籍法」（法律第16号、以下、制定国籍法という）は、日本と同様に父系血統主義を採用し、韓国はこれを維持することになる。

　制定国籍法において議論されている問題としては、最初の韓国国

民に関する問題である。血統主義をとる場合、父又は母の国籍を根拠に国籍が付与されるため、国籍法制定時に最初の国民の存在が明らかにされる必要があり、最初の国民の子孫が出生と同時に国籍を取得する根拠となる。制定国籍法は、「出生した当時に、父が大韓民国の国民である者」（制定国籍法第2条第2項）としていたことから、韓国成立時点での国民（すなわち最初の国民）規定をおいておらず、現在もこの議論は終息していない。

　このような法の欠缺は、DPRK との関係から問題となる。朝鮮半島が分断体制におかれるなか、韓国は現行韓国憲法第3条で「韓半島およびその付属島嶼」すべてを自国の空間的領域であるということを主張していることから[33]、DPRK の公民を韓国国民とみなすべきか問題となる。大法院は 1992 年、韓国への亡命を求めたDPRK の公民に対して強制退去命令を出したことに対する無効の可否を判断する訴訟を通じて最初の韓国国民の範囲についての指針[34]を示し、DPRK の国籍を取得した者も韓国国民であると判断した。当該判決の妥当性に関する判断は、学説によって異なるが、この判例法理をもって法の欠缺への対応および DPRK の公民に対する理解はほぼ確定されている[35]。

朝鮮民主主義人民共和国における公民

　対する DPRK における国籍の取り扱いは、韓国のそれと類似している部分が多い。「朝鮮民主主義人民共和国社会主義憲法」（1948年公布）第 62 条によると[36]、公民となる条件は国籍に関する法により規定され、居住地に関係なく保護を受けるとして、海外公民保護についても明言されている。そして当該憲法から委任されている「朝鮮民主主義人民共和国国籍法」（1963 年公布・施行　最高人民会議常設委員会政令第 242 号、以下、DPRK 国籍法という）は、両系血統主義の原則

が採用されている。DPRK 国籍法第 2 条第 1 項[37]によると、公民の要件は「朝鮮民主主義人民共和国建国以前に朝鮮の国籍を有していた朝鮮人とその子女であり、その国籍を放棄していない者」であるとし、在日朝鮮人もこれに該当すると理解できる。

　韓国では、在日朝鮮人に対する国籍問題の衝突を考慮に入れながらも、[38]DPRK 国籍法が韓国で適用するとみることは難しいとの立場が一般的である。[39]しかし、「建国以前に朝鮮の国籍を有する」を示す書類、すなわち公民であることを証明するために、戦前の朝鮮戸籍の戸籍証や戸籍謄本が必要であったという実務の側面から鑑みると、韓国に居住する韓国国民も DPRK 公民と解釈することは可能である。[40]

　以上のことから、DPRK 公民は韓国にとっての法律上の（*de jure*）国民であるが、事実上の（*de fact*）国民には当たらず、対する DPRK にとってもそれは同様であると理解できる。[41]

大韓民国の在外同胞法

　ところで韓国では、韓国国外に居住する国民である在外国民を保護する義務を現行韓国憲法第 2 条第 2 項で規定している。[42]この在外国民も含む広義概念として在外同胞（재외동포）という用語がしばしば用いられる。韓国外交部在外同胞領事局在外同胞課の 2019 年度統計によると、韓国は約 749 万人という多くの在外同胞を抱えている。[43]経済的に飛躍的な発展、人口の移動、国際的交流が増加するグローバル時代において、在外同胞の問題は韓国にとって重要な関心事項となっている。

　そこで上述の憲法第 2 条第 2 項を根拠に、「在外同胞の出入国および法的地位に関する法律」（1999 年 9 月 2 日法律第 6015 号、以下、在外同胞法という）が制定され、韓国国籍を持たない在外コリアンに対

して、一般的な外国人とは異なる査証の発給といった制度が設けられた。在外同胞法の趣旨は、第1に、母国への寄与という功利的な考慮（植民地支配から解放された後に移住政策に基づいて海を渡った在米コリアン等）、第2に、歴史的な傷痕の治癒（植民地支配からの解放前に移住した在日朝鮮人・中国朝鮮族・高麗人等）といった根本的な人道的責任意識にある。

　しかし、制定当時の在外同胞法は、過去国籍主義を採用していたことが問題となった[44]。すなわち当該法律の対象について、「大韓民国の国民として外国の永住権を取得した者または永住する目的で外国に居住する者」である「在外国民」、「大韓民国の国籍を保有した者またはその直系卑属」である「外国国籍同胞」と定義し、中国朝鮮族、高麗人、そして朝鮮籍者らをその対象から除外したのである（旧第2条）。このような定義の問題から、在外同胞法は棄民政策であるとの批判にさらされた。当該法律について憲法裁判所は、過去国籍主義にもとづく概念定義は平等原則に違背するという憲法不合致判決を下したため[45]、その後法律は改正された。改正後の在外同胞法第2条第2号は、「大韓民国の国籍を保有した者（大韓民国政府樹立前に国外に移住した同胞を含む）又はその直系卑属であって外国国籍を取得した者のうち大統領令で定める者」と改められることになる。この改正により、中国朝鮮族や高麗人等が新たに在外同胞の範疇に加えられることとなった。

　にもかかわらず、朝鮮籍者だけは依然として在外同胞法に該当していない。外国人登録上の韓国籍であった者が後に日本国籍を取得した場合、外国国籍同胞となりうるが、韓国籍を取得しなかった朝鮮籍者は、外国国籍同胞の対象者から除外されたのである。

在外同胞に該当しない朝鮮籍の移動の制約

　韓国国民として旅券の発給を受けることが難しい朝鮮籍者は、「南北交流協力に関する法律」（1990年8月1日法律第4239号、以下、南北交流法という）第10条[46]に基づき、外国国籍を持たず韓国の旅券も所持しない「外国居住同胞」として韓国を訪問するために旅行証明書（一般的には臨時パスポート・臨パスと呼称される）の発行を受け、これを所持する必要がある[47]。2008年頃まで、朝鮮籍者の往来は活発かつ容易であったが、李明博政権以後は旅行証明書の発行が難しくなっており、発給拒否件数が急激に増加した[48]。また、申請者に対して朝鮮籍から韓国籍への変更およびそれにともなう在外国民登録を促し、これに応じない申請者に対して証明書の発行を拒否する事例も登場している。

　このような状況のなか、2009年に旅行証明書発給拒否処分の取消を求めて行政訴訟が提起された。当該裁判を通じて、ソウル行政法院・高等法院は、朝鮮籍者の法的地位を「事実上の無国籍者[49]」であると判断した。大法院判決の棄却判決によって、朝鮮籍者である

図2　大韓民国旅行証明書

原告は敗訴したが、朝鮮籍に対する韓国の裁判所の見解を知る重要な契機となった。

　同様のケースとして、国家人権委員会に陳情が申し立てられた際には、旅行証明書発給申請の際に日本の行政実務上韓国籍へと変更し、韓国国籍保持者として在外国民登録することを強要した点が争点となった。国家人権委員会は、このような措置は、韓国の国民ではない者にも認められうる幸福追求権及び国籍選択に対する自己決定権と、良心の自由を侵害する行為であり、「朝鮮国籍の在日朝鮮〔原文ママ〕人被害者に南韓に入国する過程で国籍選択を条件としたり、これを直・間接的に慫慂する行為は被害者の政治的信念や世界観に反する行動を強要する[50]」と判断している。

　韓国では、2010 年の法改正を経て制限的ではあるものの複数国籍を許容、トランスナショナリティを容易とし、韓国自体をグローバルな開かれた共同体とする政策を進めている。しかしその一方で、戦争と分断を通じてその立場が固着されたことにより、「非自発的な国籍を喪失し、完全に回復できない、または分断国家の国籍を拒否する[51]」朝鮮籍者の訪韓の機会は、朝鮮籍という国籍ではない装置によって制約されたのであった。

4　国籍未確認としての朝鮮籍者——国民国家の狭間で

「国籍」選択というパラドックス

　出生と国籍の連続性は、国家と個人を結びつけるという国籍の性質を考慮すると、国民国家の形成枠組みにおいて自明のことと考えられてきた。つまり、国民国家の自明性に基づくものであり、そこにはあらゆる変数が存在する。無国籍者に対する国籍付与は、国籍の付与を国家に強制するような、国家に優越する法の成立がない限

り構成されえず、前国家的な権利、社会的権利に基づくものではないことから、国際法上の行き詰まりが指摘される[52]。

　在日朝鮮人は、日本で日本臣民の枠から排除され、朝鮮半島が分断されるなかで韓国とDPRKを選択しなければならなかったのであるが、もう少し正確にいえば、日本においては選択の余地を奪われ、韓国においては選択が強要されたということができる。国籍は、本来的に国家が決めるものであり、すなわち当該国家の国民になるには国家の同意が必要であることを意味する。しかし、在日朝鮮人、とくに朝鮮籍者の場合、国籍を得る上で当該国を選択せざるを得ないという、ある種の自己決定が必要となる。これは自分の意思で国家を選別できるという意味である一方、そのいかなる選択もしない場合、その所属が外国人の法的地位としての特別永住者であること以外にないことを意味する。このような状況は、当該国が複数の国家にまたがることによって生じた問題である。

　以上の点から、朝鮮籍とは事実上の無国籍であると主張されることもあるが、むしろ「国籍未確認」であるという説明に説得力があるように思われる[53]。「国籍未確認」とは、上述した憲法裁判所による在外同胞法憲法不合致判決のうち、クォン・ソン裁判官の個別意見で示された用語である。クォン・ソン裁判官は、当初在外同胞法の対象から外された「大韓民国樹立以前に国外に移住した在外コリアン」を、「国籍未確認」の在外同胞であると言及している[54]。筆者は、この「国籍未確認」という用語を、「国家承継の狭間で、国籍選択権が与えられず国籍を喪失したが、国籍法上の国籍を与えうる国家が常居国以外で複数にわたり、生来的な取得にもかかわらず、いずれの国家からも国籍の確認を受けていない状態」とさしあたり定義したいと思う。朝鮮籍者を例にとると、常居国である日本の国籍取得には後天的取得である帰化が必要であり、在外国民として韓

国あるいは DPRK の国籍を確認されるには、一方を自発的に選択しなければならない。生来的な複数国籍保持者が、一定年齢に到達した際にいずれかの国籍を選択することと、感覚としては近い部分があるようにも思える。在日朝鮮人は潜在的な複数国籍者であるとの指摘がされることも、そのような所以ではないかと考えられる[55]。

　こうして、国民の範囲を決定する専権をもつはずの国民国家において、朝鮮籍者はある種の「選択のパラドックス[56]」に陥ることになる。このような現象は、国家の制度上の瑕疵であり国民国家の矛盾といえよう。

朝鮮籍者をめぐる法の再検討

　以上をふまえると、各々が下記のような文脈で、朝鮮籍に関する議論を再起させなければならないだろう。

　まず日本に関しては、戦後の国籍処理について再度理解する必要がある。上述したように、戦後日本は日本の国籍を剥奪することにより、外国人を作り出したと捉えるのが一般的である。日本において、日本国籍を持たない者を外国人と定義する以上、その説明に誤りはない。しかし、日本国籍を剥奪した時点で、在日朝鮮人の所属先は自動的に決定されたといえるだろうか？[57]　そもそも国家は、国際慣習法上自国の国籍を持っているかを決定する権限はあっても、どの国籍を持つかを勝手に決定する権限はない。在日朝鮮人を日本国籍から離脱させた上で、「外国人」となった在日朝鮮人の国籍所属性を日本が決定することはできないのである。再書き換え問題で法務省はこのように説明し続けてきたが、そもそも日本国籍の喪失が在日朝鮮人の所属性を不明瞭にする前提となっているということ、その便法が問題解決を困難にさせていることを、改めて自覚する必要があろう。上述したような在日朝鮮人を潜在的な複数国籍者

であるとする説にも（その賛否を含めて）、改めて注目すべきである。
2019年10月に台湾人による日本国籍確認訴訟が提起されたことに
鑑みても、平和条約に伴う国籍の取り扱いに関する問題は解決済み
であると見ることはできない[58]。

　対して韓国とDPRKに関しては、「最初の国民」規定の不明瞭さ
が、現在もなお国民の範囲を画定する上での困難をもたらしている
といえる。朝鮮半島で出生していれば選択する余地のなかった選択
を、在日朝鮮人は日本国内で行わなければならなかった。これは、
血統主義を採用しているにもかかわらず、憲法上あるいは国籍法上
に最初の韓国国民規定が不在であったことに基づく。この規定の欠
缺により、結果的に韓国で在外同胞法を制定した以後も朝鮮戸籍へ
の記載を韓国人のエスニックな紐帯を確認するメルクマールとした
のである。韓国においては、今後在外同胞法の改正について議論す
る必要があろう。

　朝鮮籍者の旅行証明書発給拒否問題は、文在寅政権の発足以降緩
和の傾向が続いている。外交部は、旅行証明書の所持は依然として
必要としながらも、「人道主義の観点から朝鮮籍在日同胞の円滑な
故国訪問のため、旅行証明書の発給基準と手続きを明確にする方向
へと指針を改定し、施行している」と説明し[59]、実務的にも「特別な
理由がない限り」、申請から8日以内に旅行証明書が発給されてい
る[60]。しかし、これはあくまでも行政裁量に過ぎず、根本的な問題の
解決を意味するものではない。そこで、在外同胞法における在外同
胞の定義に、「無国籍（あるいは国籍未確認）」を含めることを求める
大韓民国政府民願が行われている[61]。この点については、本書の他の
章に政策的な現状の説明を委ねることにしたい。

5　おわりに──こぼれ落ちる存在への並走

　以上のように、朝鮮籍は日本において外国人登録上の出身地としての記号的かつ便宜的な記載であったものが、韓国籍が登場し、韓国籍＝韓国国籍とされることによって、法的地位を危ぶまれることになった。そして、韓国で通説・判例の立場で朝鮮籍者は韓国国民と理解されているにもかかわらず、在外同胞法では在外同胞という法的地位を与えられず、訪韓さえも行政府の広範な裁量に委ねられてきた。朝鮮籍は、それそのものが踏み絵とされてきたといえるのではないだろうか？　朝鮮籍という名の踏み絵は、国家承認を相互に行っている日韓の無責任かつご都合主義的な理解に基づくものであったというべきである。

　しかしもっとも難しい問題は、在日朝鮮人、特に朝鮮籍者にとって専決事項として国籍を付与する対象国がどこか明確ではないという点である。国家はそれぞれの管轄内で国籍法制をおいているが、そこで個人を把握していると、国家間の齟齬によって身分証明書への記載と国籍の実態が一致していない、国籍未確認者を生み出しうる。このような場合、網羅的に国籍を付与することだけに正当性があるのだろうか。国籍の有無と、人と国家との権利義務関係の有無とを結びつける場面がいまだ多いこと自体への疑問も残る[62]。

　国家側から見た場合、国籍はアイデンティフィケーションの道具となるが、人の側から見た場合、人と国家の関係構築において国籍はアイデンティティの問題と深く関係する[63]。在日朝鮮人と国籍との関係もまた、そのような文脈でしばしば論じられてきた。特に韓国籍と朝鮮籍とのあいだでは、南か北か、という捉え方をされがちである。しかし、法的な文脈から明らかであるのは、南でもなく北で

もない、かつ、南でもあり北でもあるといわざるを得ないということである。朝鮮半島には38度線が引かれ、かつて同じ国家に属していたはずの国民は引き裂かれた。しかし、その朝鮮半島の周縁に在る国民は、国家の構成員として法的に同定されるために、日本という場所で38度線という見えない境界線を自分の意思で踏み分けなければならなかったといえよう[64]。

　最後になるが、本章で扱ってきた朝鮮籍の法的な問題を、特定地域の特殊な問題として取り扱うべきではないと考える。国民国家という所与の枠組みのなかで生じる移動と住民の管理において、なぜ朝鮮籍が生まれることになったのか、他国（他地域）との対比のなかで考え論じることもまた必要である[65]。国民国家という壁が強固である以上、その狭間でこぼれ落ちる存在は、まちがいなく各地に存在する。トランスナショナルな文脈と視角のなかで朝鮮籍の存在を論じることが、今後求められるのではないだろうか。

1　芦部信喜・高橋和之補訂『憲法［第6版］』（岩波書店、2015年）232頁、辻村みよ子『憲法［第5版］』（日本評論社、2016年）256頁、齊藤正彰『憲法と国際規律』（信山社、2012年）4頁など。

2　江川英文・山田鐐一・早田芳郎『国籍法［第3版］』（有斐閣、1997年）3頁。

3　ヨーロッパ国籍条約2条においても、国籍は「個人と国家間の法的連帯」と定義されている。

4　Ntottebohm Case (second phase)、Judgment of April 6th, 1955:I.C.J. Reports, 1955.

5　朝鮮籍者のアイデンティティについては、中村一成『ルポ思想としての朝鮮籍』（岩波書店、2017年）、李洪章「朝鮮籍在日朝鮮人青年のナショナル・アイデンティティと連帯戦略」『社会学評論』第61巻第2号2010年などがある。

6　第18条「日本臣民タル要件ハ法律ノ定ムル所ニ依ル。」

7　宮沢俊義『憲法略説』（岩波書店、1943年）46頁。平賀健太『国籍法（上巻）』（帝国判例法規出版社、1950年）133頁。なぜ朝鮮半島には施行しなかったかについては、台湾は国の一部の割譲であるのに対して朝鮮は國全体の併合であるため（田代有嗣『国籍法逐条解説』〈日本加除出版、1974年〉798頁）、第三国への帰化を防止するため（外務省条約局法規課『外地法制誌─第4部の2』〈外務省条約局法規課、1971年〉53頁）、などと指摘がされている。

8　第10条「日本国民たる要件は、法律でこれを定める。」

9　佐藤達夫『日本国憲法成立史第3巻』（有斐閣、1994年）470-471頁。日本国憲法第10条が挿入されるに至る過程については、中村安菜「日本国憲法制定過程における国籍と朝鮮人」『法学研究論集』第34号（2011年）を参照。

10　「第1 朝鮮及び台湾関係 (1) 朝鮮及び台湾は、条約の発効の日から日本国の領土から分離することゝなるので、これに伴い、朝鮮人及び台湾人は、内地に在住している者を含めてす

べて日本の国籍を喪失する。」

11 大沼保昭『単一民族社会の神話を超えて——在日韓国・朝鮮人と出入国管理体制—［新版］』（東信堂、1993 年）129 頁。

12 「日本が朝鮮半島での支配権を失ったため、これらの人々に日本国籍を強制する根拠は失われた。しかしそのことは、これらの人々から自動的に日本国籍を剥奪してもかまわないということを意味しない」（松井茂記『日本国憲法［第 3 版］』〈有斐閣、2007 年〉139-140 頁）。

13 最大判 1961 年 4 月 5 日、民集 15 巻 4 号。

14 大沼保昭『在日韓国・朝鮮人の国籍と人権』（東信堂、2004 年）241-242 頁。

15 法務総裁談話（1950 年 2 月 23 日）「従来における外国人登録事務の取扱上、朝鮮人については、その国籍をすべて『朝鮮』として処理してきたのであるが、一部の人々の強い要望もあり、登録促進のためにも適当と思われるので、今後は本人の希望によって『朝鮮』なる用語に代え『韓国』又は『大韓民国』なる用語を使用してさしつかえないこととする。即ち現在すでに登録証明書の公布を受けている者で、その国籍欄の記載を『韓国』又は『大韓民国』と変更することを希望する向に対しては、申請により市区町村をして登録証明書の記載を訂正させるとともに、今後あらたに発給する登録証明書についても本人の希望があれば『朝鮮』なる用語に代え『韓国』又は『大韓民国』と記載させる方針である。もっともそれは単なる用語の問題であって、実質的な国籍の問題や国家の承認の問題とは全然関係なく、『朝鮮人』或いは『韓国人』『大韓民国人』のいずれを用いるかによって、その人の法律上の取扱いを異にすることはない。」がきっかけとなり、韓国の記載がされることとなった（外国人登録事務協議会・全国連合会法令研究会編『改訂 外国人登録事務必携』〈日本加除出版、1993 年〉29-30 頁参照）。

16 森田芳夫によると、商用目的で韓国に変更し、帰日後朝鮮に再変換する者がいるなど、証明書の切り替え例があったという（森田芳夫『在日朝鮮人処遇の推移と現状』〈湖北社、1975 年〉186-187 頁）。

17 在外国民登録法（1949 年 11 月 24 日、法律第 70 号）3 条は、登録対象を①外国の一定の場所で住所また居所を定めた者、②外国の一定の地域に 20 日以上在留する者と規定していた。1999 年 12 月 28 日に全部改正後（法律第 6057 号）は、第 2 条の登録対象として、外国の一定の地域に継続して 90 日以上居住又は滞留する意思を持ってその地域に滞留する大韓民国国民は本法に従って登録しなければならない、と規定している。

18 当事者たる個人よりも、在日本朝鮮人総連合会（以下、総連という）および、在日本大韓民国民団（以下、民団という）間の対立が要因の 1 つにもなった。韓国政府の御用団体あるいは駐日領事館事務の補助機関的存在となっていった民団と総連の対立構造は、「大韓民国（南側）」対「朝鮮民主主義人民共和国（北側）」の支持をより露骨にさせ、旧外国人登録の国籍欄を「韓国」・「朝鮮」に区別させることで、民族的分裂の苦悩を深刻化させたと考えられる（朴慶植『解放後在日朝鮮人運動史』〈三一書房、1989 年〉398-402 頁）。

19 金英達『在日朝鮮人の歴史』（明石書店、2003 年）66 頁。

20 政府見解（1965 年 10 月 26 日）外国人登録上の国籍等欄の韓国あるいは朝鮮の記載について①外国人登録の国籍欄には本来その外国人の国籍を記載するものであって、その国籍を確認する方法は所持する旅券またはこれに代わる国籍証明書によって行っている。②在日朝鮮人は、もと朝鮮戸籍に属し、日本国内に居住していたまま日本国籍を失い外国人となった特殊事情から、旅券またはこれに代わる国籍証明書を所持していないので、便宜の措置として朝鮮という名称を記載したものである。この意味において、朝鮮という記載は、かつて日本の領土であった朝鮮半島から来日した朝鮮人を示す用語であって、何らの国籍を表示するものではない。③ところでそれらの者の中から韓国（又は大韓民国）への書換えを

強く要望してきた者があるので、本人の自由意志に基づく申立てと、その大部分には韓国代表部発行の国民登録証を提示させたうえ韓国への書換えを認めた。このような経過によって韓国と書換えたものであり、しかも、それが長年にわたり維持され、かつ実質的に国籍と同じ作用を果たして来た経緯等にかんがみると、現時点から見ればその記載は大韓民国の国籍を示すものと考えざるをえない。④最近韓国に書換えた者の一部から朝鮮へ再書換えを希望する者が出て来たが、上に申したとおり、外国人登録上の韓国という記載が大韓民国の国籍を示すものと考えられる以上、もともと国籍の変更が単に本人の希望のみによって自由に行われるものではないという国籍の本質にかんがみ、本人の希望だけで再書換えをすることができない（外国人登録事務協議会・全国連合会法令研究会編、前掲注(15)30 - 31頁）。

21 池上努「在日朝鮮人の法的地位について」『外人登録』第71号（1963年）8頁。

22 池上努『法的地位200の質問』（京文社、1967年）210頁。ただ、公式文書による証明のみを、日本政府は国籍の証明として認めるため、DPRKが国籍証明の文書を発行したところでそれを認めることはないのであり、「北鮮の国籍なるものの如きは、日本の公式取扱い上は全くあり得ない」というのが、法務省の実務的な立場であった（同書、162頁）。

23 坂田九十百「自治体の先導的役割—在日朝鮮人の国籍問題」『都市問題』第63巻第2号（1972年）42頁。坂田九十百によると、田川市で申請を受理した日から同年12月10までの4か月で、法務省は2366件の再書き換えを認めたという（同書、47頁）。

24 宮崎繁樹「在日朝鮮人の国籍登録変更——『韓国』籍から『朝鮮』籍書換えをめぐって」『法律時報』第43巻第1号（1971年）58頁。宮崎は、ドイツや中国、ベトナムに関する外国人登録記載で、当時ドイツ連邦共和国・ドイツ民主共和国とは記載していなかったのであり、「1950年に連合国軍総司令部の圧力によって無理に韓国という表示を導入したことが混乱を招く原因であった」と指摘する（同書、60頁）。

25 在日朝鮮人の本国法の関する学説分類は、木棚照一監修『「在日」の家族法Q&A［第3版］』（日本評論社、2010年）4 - 5頁［西山慶一担当］の解説を参照している。

26 民事法務協会・民事法務研究所『実務 戸籍法』（民事法務協会、2001年）418頁。

27 木棚照一監修、前掲注(25)34頁［小西伸男担当］。

28 法務省『在留外国人統計（旧登録外国人統計）』2019年12月。

29 『朝日新聞』2016年3月5日朝刊「在留外国人『韓国・朝鮮籍』を分離集計へ 政府、自民議員要求受け」。

30 第2条第1項「大韓民国の国民となる要件は、法律で定める。」以下、大韓民国憲法の翻訳は、阿部照哉・畑博行『世界の憲法集［第4版］』（有信堂、2009年）を参照する。

31 第1条「本条例は、国籍法が制定されるまで、朝鮮人の国籍を確立し、法律関係の帰属を明白とすることを目的とする。」

32 「国家が樹立し、真正な国籍法が制定されるまで、朝鮮人の国籍を確定させ、法律関係の帰属を明白にすることを目的にしており、血統主義に立脚した法律を制定した」（檀紀4281(1948)年1月27日第197次会議（大韓民國國會『南朝鮮過渡立法委員速記録5』〈先人文化、1999년〉244면）。

33 ただし、現行韓国憲法は、領土条項が存在する一方で、第4条に統一条項をおいている。このような特殊関係の中で、第3条の領土条項そして第4条の統一条項に基づき、DPRKをどう位置づけるかという見解は多岐にわたるが、その多くはDPRK政府を合法な政府として認めていない（최유「북한이탈주민의 법적 개념에 관한 소고」『법학논문집』제38권제3호（2014년）9면）。

34 대법원 1996년 11월 12일, 96누 1221.

35 拙稿「大韓民国における『国籍』概念と『国民』——国籍法および在外同胞法の検討から」『六甲台論集法学政治学篇』第 64 巻第 1 号（2017 年）68 頁。

36 第 62 条「朝鮮民主主義人民共和国公民となる条件は、国籍に関する法により規定される。公民は、居住地に関係なく朝鮮民主主義人民共和国の保護を受ける」。翻訳は、大内憲昭『朝鮮民主主義人民共和国の法制度と社会体制：朝鮮民主主義人民共和国基本法令集付』（明石書店、2016 年）を参照。

37 第 2 条「朝鮮民主主義人民共和国公民は、次の通りである。1 項　共和国創建以前に朝鮮の国籍を所有していた朝鮮人とその子女で、その国籍を放棄しなかった者」。翻訳は、大内憲昭、前掲注（36）294 頁を参照。

38 손희두『북한의 국적법』(한국법제연구원、1997 년)34 頁。

39 노영돈「統一에 對備한 南北韓의 比較研究」『統一問題와 國際關係』5 권 (1994 년)242 頁 .

40 青木清「北朝鮮公民の韓国国籍」『法政論集』第 227 号（2008 年）833 頁。

41 金明基「北韓住民을 大韓民國國民으로 본 大法院 判決의 法理論」『자스티스』제 30 권 제 2 호（1997 년）199 쪽 .

42 第 2 条第 2 項「国は、法律が定めるところにより、在外国民を保護する義務を負う。」

43 『한국외교부 재외동포영사국 재외동포과 국가별재외동포현황 2017』http://www.mofa.go.kr/www/brd/m_3454/view.do?seq=356334&srchFr=&srchTo=&srchWord=&srchTp=&multi_itm_seq=0&itm_seq_1=0&itm_seq_2=0&company_cd=&company_nm=&page=1（2019 年 1 月 10 日閲覧）。

44 이정훈「재외동포법개정론과 폐지론의 합리성 검토」정인섭『재외동포법』(사람생각、2002 년)50-53 면 .

45 현재 2001 년 11 월 29 일、99 헌마 494、판례집 13-2、714 면 .

46 第 10 条「外国国籍を保有せず、大韓民国の旅券を所持していない外国居住同胞が南韓を往来するためには、旅券法第 14 条第 1 項に従い旅行証明書を所持しなければならない。

47 DPRK でも血統主義に基づき、DPRK の国籍保持者を海外同胞として強調していることから、南北交流協力法第 10 条は、外国国籍を保有せず、大韓民国の旅券を所持していない「外国居住同胞」と複雑な定義を行っているのである (정인섭「조선적 재일동포에 대한 여행증명서 발급의 법적 문제」『서울국제법연구』제 21 권 1 호〈2014 년〉21 쪽 .)。

48 정인섭、前掲注（47）10 면、『프레시안』2013 년 12 월 18 일 http://www.pressian.com/news/article.html?n o=112573（2019 年 1 月 10 日閲覧）。

49 一般的に無国籍は、大きく 2 つに分類されている。「法律上（de jure）の無国籍者」とは、いずれの国家によっても、その法の運用において国民と認められない者を指し、これは無国籍者の地位に関する条約（1954 年）第 1 条第 1 項の定義による。対して、「事実上（de facto）の無国籍」は、法的には国籍を有しているが、国籍国による実効的保護を得られない状態にある者をさす（新垣修『無国籍者と日本の国内法——その接点と隔たり』（UNHCR、2015 年）27-29 頁）。

50 2009 년 12 월 1 일、국가인권위원회결정、09 진인 2583.

51 이재승「분단체제아래서 재일 코리언의 이동권」『민주법학』제 52 권 제 0 호(2013 년)203 쪽 .

52 渡貫諒『憲法理論の問題としての無国籍』『21 世紀研究』第 9 号（2018 年）40 頁。

53 「在日朝鮮人は大韓民国・朝鮮民主主義人民共和国双方の国籍法により国籍を付与され、必要に応じて在外国民としての保護を受けられることから無国籍者とはいえない。日本国籍も取得せず、南北双方の当局との接触がないままにある在日朝鮮人についても、必要な手続きを経て在外国民としての保護を受けられることから、無国籍状態にあるとはいえない」との指摘もされている（阿部浩己『無国籍の情景』（UNHCER、2010 年）51 頁。）。

54 헌재 2001 년 11 월 29 일, 99 헌마 494, 판례집 13-2、714 면 .

55 遠藤比呂通『不平等の謎――憲法のテオリアとプラクシス』（法律文化社、2010 年）176-177 頁、松井茂記『日本国憲法［第 3 版］』（有斐閣、2007 年）139-140 頁。

56 Schwartz. Barry.(2005). TED talk: The paradox of choice. http://www.ted.com./talks/barry_schwartz_on_the_paradox_of_choice.htm.（2020 年 3 月 31 日閲覧）

57 1961 年の無国籍の削減に関する条約の第 10 条で、領域の移譲によっていかなる個人も無国籍者とならないための保障をすべきとの規定があるが、日本の対応は「領域の移譲に関わる条約締結に際し無国籍への配慮を欠いた教訓として、過去の記憶が教える隔たりである」（新垣修、前掲注 (49)60 頁）。

58 『日本国籍確認請求事件を支援する会』http://mid.parfe.jp/kannyo/taiwann/index.html（2020 年 3 月 30 日閲覧）。

59 『한겨레』2017 년 8 월 15 일 http://www.hani.co.kr/arti/poli tics/diplomacy/806926.html（2020 年 3 月 31 日閲覧）。

60 『東洋経済日報』2018 年 1 月 26 日 http://www.toyo-keizai.co.jp/news/ society/2018/8_7.php（2020 年 3 月 31 日最終閲覧日）。

61 大韓民国政府民願とは、国民が行政機関に対して申請や処分等特定の行為を要求する行為である。当該民願は、下記のとおりである（『민 원 24』http://www.minwon.go.kr/main?a=AA020InfoMainApp（2019 年 1 月 10 日閲覧）。

62 日本国憲法上の人権は、権利の性質上日本国民のみをその対象としていると解されるものを除き、日本に在留する外国人に対して等しく及ぶものと解するべきという権利性質説が日本の憲法学における通説・判例であるが、国籍が個人の権利享有主体を決めるメルクマールとして機能している場面が多いことから再検討する余地は大いに残されている（長谷部恭男＝阪口正二郎＝杉田敦＝最上敏樹「（座談会）グローバル化する世界の法と政治――ローカル・ノレッジとコスモポリタニズム」『ジュリスト』第 1378 号（2009 年）4 頁［阪口正二郎発言］他）。また、外国人がそもそも入国・在留する権利を憲法上保障されているわけではなく、出入国管理システムの枠組み内に置かれる存在であるという点からの疑問が提示されている（安念潤司「『外国人の人権』再考」芦部信喜先生古希祝賀『現代立憲主義の展開（上）』〈有斐閣、1993 年〉163 頁以下）。

63 飯田芳弘『想像のドイツ帝国――統一の時代における国民形成と連邦国家建設』（東京大学出版会、2013 年）34 頁。

64 鄭栄桓は、これを国籍に刻印された「終わらない朝鮮戦争」と表現している（鄭栄桓「在日朝鮮人の『国籍』と朝鮮戦争(1947－1952 年)――『朝鮮籍』はいかにして生まれたか」『プライム』第 40 号〈2017 年〉57 頁）。

65 国民国家と人の関係における「逸脱」事例については、陳天璽・近藤敦・小森宏美・佐々木てる編著『越境とアイデンティフィケーション――国籍・パスポート・ＩＤ』(新曜社、2012 年)第 2 部以下が、参考となる。

コラム1 分断と統一 ——朝鮮籍から見えるもの

郭辰雄

「いま朝鮮籍の人はどれくらいいるのですか」

これは私が普段の活動のなかでよく聞かれる質問だ。それを尋ねる人は日本人、韓国人を問わない。そしてたいていの人は朝鮮籍というのは朝鮮民主主義人民共和国の国籍を有している人というイメージを持っている。

そこには、植民地支配で在日コリアン社会が生まれた過程や朝鮮半島が分断された歴史についてあまり理解しておらず、無意識のうちに現在の南北関係のなかで在日コリアンを位置づけようとする視点がある。

その問いに対して、1947年5月2日に天皇最後の勅令として施行・公布された外国人登録令、それに変わるものとして1952年4月に制定された外国人登録法、1965年6月に締結された日韓法的地位協定などの歴史を紹介し、朝鮮籍が日本とのあいだで国籍として位置づくものではなく、戦後の在日コリアンの処遇をめぐる日本政府の必要性から生まれたものであることを知識として伝えることはさほど難しくはない。

しかし、もともとあった朝鮮籍に在日コリアンが抱いていた思い、そして1965年に韓国籍が認められたことによって、制度としても明確に分断された在日コリアン社会の葛藤と苦痛を伝えることに、いつももどかしさを感じざるをえない。だがそのことなしに本当の意味で朝鮮籍を理解することは難しいだろう。

私は1966年9月、在日コリアン3世として大阪で生まれた。祖父は植民地時代に日本にやってきて各地を転々としながら大阪に居をかまえ、家族で箒や籐製品などをつくって生計を営んでいた。1939年1月に大阪で10兄弟の5番目として生まれた父をはじめ兄弟姉妹は、解放をむかえ帰国建国を夢見る在日コリアンが各地につくった民族学校（国語講習所）の一つに通っていた。だが1948年4月、朝鮮学校を閉鎖しようとする日本政府、GHQの朝鮮学校閉鎖令が発せられ、学校に対する弾圧が強まるなか民族教育の場を守ろうと4・24阪神教育闘争が繰り広げられた。当時小学生だった父もそこに参加したそうだが、結果的に学校は閉鎖され民族教育の場は奪われた。それでも民族的な生き方を否定するのではなく、在日コリアンとして胸を張って堂々と生きていく、そうした思いは家族のなかでも自然と培われていたという。

　一方で、大韓民国と朝鮮民主主義人民共和国の誕生、そして同族が争った朝鮮戦争をへて分断された朝鮮半島の現実は、否が応でも在日コリアンの生活に「目に見えない38度線」をもたらすこととなった。

　朝鮮籍とは国民国家に帰属するものではなく、旧植民地出身者およびその子孫としての在日コリアンのうち韓国国籍を取得していない人びとの出身地域を表す「記号」であるが、韓国国籍がもたらすさまざまな便宜（旅券や協定永住権など）があるにもかかわらず、植民地と分断という朝鮮半島をめぐる歴史、日本社会に対するとらえ方、自らの経済基盤や身近なコミュニティとの関係などさまざまな理由で、多くの在日コリアンが朝鮮籍のままとどまった。それは個々人の「生き様」をあらわすものでもあり、たとえ家族であって

も同じ選択をしたわけではない。

　父の青年時代、就職はもちろん日常生活の隅々にまであった差別のなか、日本の会社に就職して安定した生活を送ることを夢見ることすら許されない在日コリアンは、その多くが自営の道に進んでいった。父も大阪で祖父の家業を継いだのだが、祖父、父は商売上の関係や韓国に親族（父の兄弟姉妹の長男だけは韓国で暮らしていた）が暮らしていたこともあり韓国国籍を取得、民団の商工会などとつながりをもっていた。

　父には日本でそれぞれ商売を営む兄が二人いたのだが、長兄は朝鮮籍のまま東京で商売を営み、朝鮮総連の活動にも積極的に参加、自分の子どもたち（私の従兄弟）はみな朝鮮学校を大学まで卒業、自宅には金日成主席の肖像が飾られていた。また名古屋で暮らしていた次兄は韓国国籍を取得したのだが、その口からよく「政治の話には関わるもんじゃない」という言葉を聴かされたものだった。

　国籍や民族に対する見方、とらえ方はそれぞれであっても、毎年おこなわれる「祭祀（チェサ、法事）」をはじめ、冠婚葬祭があると、祖父と暮らしていた我が家に親類一同が集まることが常で、そのときは互いの近況を語らい、安否を気遣う和やかな家族の姿があり、酒席ではときには朝鮮半島や日本の政治談議に花を咲かせることもあった。

　朝鮮半島のように南北で物理的、空間的に分離されているわけでもなく、朝鮮籍、韓国国籍に関わりなく互いに出会い、つながっていることがありふれた日常である在日コリアンに対して、ときとして国家は「敵味方」の論理を持ち込んでくる。

　1980年代初頭、私の父は民団関係者のプログラムで韓国を訪問する機会があったのだが、滞在中に父だけ政府関係者から呼び出し

をうけ、長兄との関係などを尋ねられたという。

1970年代以降、韓国の軍事独裁政権は政権の危機に直面したとき「北の脅威」を煽りながら、広がる反独裁民主化運動を弾圧し、政権維持を図ろうとした。そのための格好の生贄が在日コリアンだった。留学や商用などで韓国を訪問した在日コリアンが突然「北のスパイ」という容疑で拘束され、熾烈な拷問によって政治犯としてでっち上げられる事件が相次ぎ、100名以上が政治犯として死刑・無期懲役などの判決を受けた。もちろん起訴はされなかったが調査取り調べを受けた在日コリアンも多数にのぼる。そしてこうした事件の多くで朝鮮総連関係者あるいは朝鮮籍者と接触したことが「スパイ行為」とされ、有罪の証拠とされた。

2000年代になって韓国社会の民主化が進み、在日韓国人政治犯の再審請求の動きが相次ぎ、いまではその事件の多くが拷問・脅迫などの不法、不当捜査によるでっち上げであるとして再審無罪となっている。

朝鮮籍をどのように考えるのか、これは韓国社会が「敵味方」というとらえ方を越えて、朝鮮半島の分断と在日コリアンの歴史をどのようにとらえるかという問題でもある。

一方で韓国社会も変化を見せている。2016年秋から朴槿恵大統領の退陣を求めて全国に拡大した「ろうそく革命」によって2017年5月に誕生した文在寅大統領はその年の光復節（解放記念日）の演説で、「在日同胞は国籍を問わず、人道主義的な理由から（韓国内の）故郷訪問を正常化する」と述べて、朝鮮籍の在日コリアンの韓国入国要件を大幅に緩和する方針を発表、2017年末から原則受け入れを制度化した。

1997年の金大中政権の誕生から2007年の盧武鉉政権まで朝鮮民

主主義人民共和国に対して和解と協力を進める「太陽政策」がとられ、それにともなって朝鮮籍者への旅行証明書発行手続きも緩和され、韓国入国も一気に拡大した。しかし保守政権である李明博政権以降、南北関係が悪化し、朝鮮半島での緊張が高まるや、朝鮮籍者への旅行証明書不許可が相次ぎ、商用や親族訪問などで韓国を訪問できなくなるなど深刻な問題となっていた。

　私が代表を務めるコリアNGOセンターでも、こうした問題を重視し、2012年大統領選挙など、さまざまな機会をとらえて朝鮮籍者の往来を権利として認め、旅行証明書の発給要件を緩和するように働きかけをおこなってきたところではあるが、在日コリアンの祖国往来という基本的な権利が国家の論理で制約を受ける状況は今も続いている。

　生活するための便宜、とりわけグローバル化の時代のなかで海外に活躍の場を求めようとすると、朝鮮籍者はいまだに多くの困難に直面する。

　私のパートナーは朝鮮籍なので、結婚して10余年は家族で韓国に行けず、文在寅政権が誕生したことで、初めて子どもたちと一緒に韓国に行くことができた。また2018年8月に在日コリアン障がい者・高齢者無年金問題を国際社会に訴えるために国連人種差別撤廃委員会の日本政府報告書の審議にあわせてジュネーブを訪問したときには日本の再入国許可ではビザの取得手続きが複雑で時間がかかるため、朝鮮民主主義人民共和国のパスポートを取得し、ビザの発給を受けることができた。ところがいまだ朝鮮民主主義人民共和国と国交のない米国の場合は、朝鮮籍者は観光での入国すら厳しい。

　こうした制約があるなかでなぜ朝鮮籍であろうとするのか。パー

我が家にあるこれまでの海外渡航用の書類。左から日本政府の発行する再入国許可書、朝鮮民主主義人民共和国旅券、大韓民国旅券、大韓民国旅行証明書

トナーいわく、「どうしてもというなら考えるが、もともと一つだった朝鮮半島なのに、いまさらどちらか半分を選ばないといけないというのは腑に落ちない」という。この言葉に象徴されるように朝鮮籍とは、いわば国家を選ぶことを拒否し、民族としての自分のアイデンティティを守りたいという生き方の表れなのだと思う。もちろん、なかには朝鮮民主主義人民共和国の国民であるとの帰属意識から朝鮮籍を持つ人もいるだろうがそれは極めて少数だろう。だからもし日朝国交正常化がなされ、朝鮮籍が朝鮮民主主義人民共和国国籍となるのであれば、2019年現在で3万人ほどの朝鮮籍者のうち、少なくない人が韓国国籍もしくは日本国籍取得を考えるのではないかと私は考えている。

　朝鮮籍とは、いわば南北、日本という三つの国民国家の狭間におかれてきた在日コリアンの存在とその歴史を可視化させるものといってもいいのかもしれない。

　国家の枠組みを超えた視点で朝鮮籍をとらえかえすこと、そのことで私たちは分断された在日コリアン、ひいては分断された朝鮮半島の統一を考えるための視野を広げることができるのではないだろうか。

第2章　朝鮮籍の制度的存続と処遇問題
——日本政府による韓国の限定承認と在日朝鮮人問題への適用

崔紗華

1　はじめに

　朝鮮籍とは何か。朝鮮籍は国籍未確認の状態を指す。国籍未確認とは、「在留資格を有し、外国人登録証などの身分証明書上に具体的な国籍が記入されているが、その国籍国には国民として認知されていない[1]」状態を指す。朝鮮籍保有者のほとんどは、日本において特別永住という在留資格を有しており、その場合特別永住者証明書の国籍・地域欄には「朝鮮」と示されている。それゆえ、朝鮮籍保有者は国籍を有する者と捉えられ、ときには朝鮮民主主義人民共和国（以下、北朝鮮[2]）の国籍を有する者として理解される。しかし、朝鮮籍保有者は北朝鮮において公民（国民）登録されていない。公民登録されていないということは、その国に国民として認知されていないということを意味するのである。

　研究者のあいだで、朝鮮籍の捉え方は一様ではない。たとえば、国際法学者の阿部浩己は朝鮮籍を北朝鮮国籍と捉えている[3]。その理由は、朝鮮籍保有者は北朝鮮の国籍法により国籍を付与され、必要に応じて在外自国民としての保護を受けられるからだという。たしかに、国籍未確認の者は「正規パスポートを取得することが困難[4]」とされているという解釈に鑑みると、朝鮮籍保有者が北朝鮮パスポートを取得できている事実は国籍未確認とはいいがたい。それゆえ、朝鮮籍保有者は北朝鮮の保護を受けられるものと見なされ、北

朝鮮国籍保有者と解釈することも可能となる。しかし、それは国際法の視点にのみ依拠した見方である。国内法において朝鮮籍保有者が北朝鮮の公民として登録されていない限り、朝鮮籍保有者を北朝鮮国籍保有者として正式に見なすことはできないのである。

　では、特別永住者証明書に示された「朝鮮」という記載は何を意味するのか。それは、出身地であり、登録上の記号にすぎない。「朝鮮」という記載は、1947年5月に日本で外国人登録令が施行されたときに初めて用いられ、以来2020年現在に至るまで使用され続けてきた。外国人登録令が施行された当時、朝鮮半島には国家が成立していなかったため、日本に住む朝鮮半島出身者は「朝鮮」という出身地を国籍欄に示さざるを得なかった。その後も、朝鮮籍保有者は北朝鮮と韓国のいずれの国においても国民登録されなかった。それゆえ特別永住者証明書に示された「朝鮮」という記載は、地域の名称を指すに過ぎないといえる。

　下の図1と図2は、2020年現在の特別永住者証明書である。証明書には、「国籍・地域」を示す項目がある。国籍と地域が併記して示されていることからも見てとれるように、この項目が必ずしも国籍だけを示すものではないことが窺える。図1は、韓国籍保有者の特別永住者証明書である。韓国籍保有者は、韓国に国民登録されていることからこの証明書に示された「韓国」という記載は「国

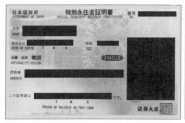

図1　韓国籍保有者の特別永住者証明書

図2　朝鮮籍保有者の特別永住者証明書

籍」を示す。それに対し、図2は朝鮮籍保有者の特別永住者証明書である。ここに示された「朝鮮」という記載は、「地域」の名称を示している。

　2020年現在、朝鮮籍を保有する者の数は3万人弱である。[5]外国人登録令が施行された当時、朝鮮籍保有者は約59万8千人いた。[6]しかし、その後朝鮮籍保有者の数は減少の一途をたどった。その主な要因は、韓国籍への変更および日本国籍への帰化が可能となったためであった。[7]2020年現在においては、韓国籍、日本国籍を保有する在日朝鮮人が圧倒的に多い。それに比べ、朝鮮籍保有者は圧倒的少数である。

　にもかかわらず、本章が約3万人という圧倒的少数者に光をあてる理由は、国籍を基準とした待遇の差がいかに生じ、それが現在に至るまでいかに影響を及ぼすことになったのか、その経緯を明らかにするためである。特に、韓国籍と朝鮮籍在日朝鮮人の在留資格および出入国をめぐる待遇を比較すれば、その差は歴然と表れる。在留資格については、1965年6月に締結された「日本国に居住する大韓民国国民の法的地位及び待遇に関する日本国と大韓民国との間の協定」（以下、日韓法的地位協定）に基づいて、韓国籍保有者は1966年1月から5年のあいだに申請により協定永住が許可されたのに対し、朝鮮籍在日朝鮮人にはこれが適用されなかった。それゆえ、朝鮮籍保有者はその後も在留資格がない状態で日本に在留することとなった。在留資格をめぐる待遇の差は、1981年に特例永住という資格が新設され、朝鮮籍保有者にもこれが適用されたことにより、いくぶん解消された。しかし、その後も国籍を基準とした待遇の差は十分に改善されていない。特に、出入国管理においてはその区別が尾を引くように影響を及ぼしている。たとえば、2016年2月10日、日本政府は北朝鮮に対する独自制裁として人的往来に関する7

項目の制裁を発表した。[8] このうち「（3）日本から北朝鮮への渡航自粛要請」では、朝鮮籍保有者の海外渡航に関する制裁が規定され、日本政府は朝鮮籍保有者に対し北朝鮮への渡航を自粛するよう求めた。図3が示すように、法務省入国管理局は朝鮮籍保有者が海外渡航時に携帯する再入国許可書に北朝鮮への渡航を自粛する要請をその訂正事項欄に示した。それに対し、韓国籍保有者は制裁の対象とはならなかった。朝鮮籍保有者は、韓国籍保有者に比べ権利が十分に保障されているとはいいがたい。以上に鑑みると、朝鮮籍という圧倒的少数者に焦点をあててこそ、いかなる権利がいかなる理由で制約されてきたのかを明らかできよう。

　一般に、朝鮮籍保有者をめぐる問題は、本人の意思の問題として還元されることがある。なぜならば、朝鮮籍保有者には、韓国籍への変更や日本国籍への帰化という選択肢があり、手続きさえ踏めばいつでも朝鮮籍を放棄することができるからである。図らずも朝鮮籍保有者には選択肢があるため、朝鮮籍を維持する本人の意思が国籍の存続に繋がっていると理解されるのである。しかし重要なのは、朝鮮籍という選択肢自体は本人の意思だけで残すことができないということである。つまり、朝鮮籍という選択肢があるという現状は、国籍を管理する政府が何らかの意図をもって残してきたという証左でもある。最終的に朝鮮籍を選びそれを維持するに至った在日朝鮮人の行動をみるためには、朝鮮籍保有者をめぐる関係各

図3　再入国許可書に示された北朝鮮渡航自粛要請

国の政策を見る必要があり、朝鮮籍保有者をとりまく国際環境を明らかにする必要がある。

　そこで、本章は朝鮮籍という制度的な選択肢がいかに残されるに至ったのか、またなぜ朝鮮籍保有者が安定的な在留資格を持ち得なかったのかについて史的に明らかにする。特に、在日朝鮮人の国籍や処遇問題に関する基本的な方針が見出された日韓会談に着目する。

　在日朝鮮人の国籍や処遇問題に関する研究は、近年進展しつつある。先行研究は、大別すると二つに分類することができる。第一に、制度史の研究である。占領期日本において朝鮮籍が誕生した経緯およびその継続について論じた鄭栄桓の研究がある。[9]鄭は、日本政府が韓国籍の取得を拒否する人びとからの強い批判に直面したことにより、「便法」として朝鮮籍の使用が継続されたと主張した。朝鮮籍の存続過程を解明する上で、鄭の考察は重要な視点を提供している。しかしながら、鄭の論考の主な研究対象時期は占領期に限定されており、その後日韓間で展開される会談の推移については分析されていない。朝鮮籍が制度的に残されていく過程は、占領期の分析だけでは不十分であり、その後の国際関係の展開を考察する必要がある。

　第二に、国際政治史の研究である。たとえば、小林玲子は「在日韓国人」の退去強制に関する規定が日韓法的地位協定に含まれる過程について分析した。[10]また、吉澤文寿は日韓国交正常化交渉において在日朝鮮人の協定永住と退去強制が規定された経緯を論じた。[11]日韓会談に焦点を当てた研究の多くが請求権問題に関心を寄せるなか、在日朝鮮人をめぐる問題に着目した研究は数少ない貴重な研究である。しかしながら、これらの研究では在日朝鮮人の国籍が所与の前提とされている。在日朝鮮人の処遇問題を検討するためには、処遇を規定する国籍問題について検討する必要がある。

朝鮮籍が制度的に存続した過程に関する本章の結論は、次の通りである。韓国政府を唯一合法政府と見なした日本政府の限定承認論が、対在日朝鮮人政策に連動された結果、朝鮮籍が制度的に存続し朝鮮籍保有者は協定永住の対象から除外されたということである。限定承認とは、韓国を朝鮮半島における唯一合法政府と見なし、その朝鮮半島における限定的な支配権を承認することである。それは同時に、朝鮮半島の北部におけるオーソリティを事実上承認することをも意味する。日本政府は、韓国の限定承認という立場を在日朝鮮人の国籍と処遇問題に連動させた。すなわち、日本政府は在日朝鮮人社会の分断を念頭におき、韓国籍に変更せず、朝鮮籍を維持しつづける者を北朝鮮系とみなしたのである。日本政府は、朝鮮半島北部のオーソリティを認めた以上、これらの者が維持しつづける朝鮮籍も制度上残さざるをえないと判断した。そしてこれらの者には協定永住が適用されず、合法政府の国籍を有するとみなされた韓国籍保有者だけに協定永住が適用されたのであった。

　本章は、次の四つの節から構成される。はじめにについで2では、朝鮮籍が誕生する経緯、そして在日朝鮮人が有してきた日本国籍が対日講和条約の発効に伴い喪失される過程について論じる。3では、朝鮮半島の分断が固定化するなかで、日本政府がいかなる対朝鮮半島政策を立案し、それをいかに在日朝鮮人の国籍問題と結びつけたのかについて論じる。4では、日本政府が対朝鮮半島政策を在日朝鮮人の処遇問題にも連動させる過程について論じる。

　なお、本章で用いる重要な概念について説明をする。まず、在日朝鮮人とは、「20世紀前半から日本にわたってきた朝鮮人とその子孫[12]」と定義する。戦前日本に渡ってきた在日朝鮮人に加え、解放後に渡日した朝鮮人も含む。なぜなら、南朝鮮地域における共産主義者の排斥や朝鮮戦争の戦乱から逃れた朝鮮人、また家族との再会を

求め渡日した朝鮮人が、すでに日本に拠点を置いていた在日朝鮮人と同様の意識や生活形態を持つに至ったためである[13]。そして、本章では「在日朝鮮人」、「在日韓国人（在日韓人）」などの表記が用いられるが、「在日朝鮮人」は国籍に関係なく朝鮮半島出身者全般を指すものとする。それに対し、「在日韓国人（在日韓人）」は、韓国籍を有する在日朝鮮人を指す際に用いるものとする。

2　前史——朝鮮籍の誕生と日本国籍の喪失

　本節では、朝鮮籍が誕生した背景、そして、対日講和条約の発効により在日朝鮮人がそれまで有した日本国籍が失効する過程について概観する。1945年8月、日本の降伏が発表された当時、推計220万6541人[14]の朝鮮人が日本にいた。それらの者の多くは、朝鮮解放の知らせを受け、朝鮮への帰還を急いだ。日本政府によれば、解放直後から1950年11月19日までに日本政府や占領軍が実施する計画輸送によって帰還した朝鮮人は、104万679人いたという。法務府の記録によると、日本から朝鮮に帰還した朝鮮人の9割が1946年4月までに帰還したという[15]。

　1946年夏になると、朝鮮人の帰還をめぐる状況が一変した。帰還者の数が低迷したのである。戦後も日本に残留する朝鮮人を目の当たりにした連合国軍総司令部は、1946年11月にはこれらの者を「本国に帰還することを拒絶する者[16]」と見なしはじめた。そして、総司令部はこれらの者を「朝鮮政府が在日朝鮮人に対して朝鮮国民として承認するまで日本国籍を保有」する者と見なした[17]。総司令部によれば、これには日本人と在日朝鮮人を区別しないという趣旨があったという。

　それに対し、日本政府は1947年5月2日に日本に残った朝鮮人

を対象に外国人登録令を公布、施行した。同令の立案の背景にあったのは、戦後南朝鮮地域から日本への密航者の増加があった。1946年5月頃には、密航者の問題から派生して、「南朝鮮」地域で発生したコレラが密航者により日本に「輸送」される危険が指摘されている。これらの問題に対処するために、日本政府は1946年末に外国人登録令を立案した[18]。つまり、すでに日本に在住している者に登録を課すことで、以後南朝鮮地域から密航する者を「不法入国者」として特定するというのである。そして、外国人登録令は新憲法公布の前日である1947年5月2日に公布、施行された[19]。

　外国人登録令の対象となった朝鮮人は、外国人登録証明書を携帯することとなった。その国籍欄には「朝鮮」という地域が示された。国家の正式な名称ではなく地域名が示されたのは、このときには朝鮮半島に国家が成立していなかったためである。それゆえ、朝鮮半島出身者は、出身地を示さざるを得なかったのである。

　在日朝鮮人に外国人として登録を課すことは、在日朝鮮人を日本国籍を有すると見なした総司令部の立場と一見矛盾しているように見える。しかし、外国人登録令はあくまで対内的な区別を目的にしたものであった。それは、「不法入国者」との区別であり、さらには外地出身者と内地出身者のあいだに明確な区別を設けるものであった。1947年の時点において、日本国籍保有者でありながら外国人登録された者の数は約59万8千人であった[20]。

　1951年になると、在日朝鮮人の国籍をめぐる状況は一変する。同年9月に対日講和条約が締結され、それに伴い在日朝鮮人がそれまで有してきた日本国籍が失効されることとなったのである。対日講和条約は、主権回復後の日本のあり方を規定する条約であった。対日講和条約の第2条a項は、「日本国は、朝鮮の独立を承認して、済州島、巨文島及び鬱陵島を含む朝鮮に対するすべての権利、権限

及び請求権を放棄する」と規定しており、同条約発効後の日本の朝鮮半島に対する領土放棄を定めたものである。在日朝鮮人の国籍を規定したものではなかった。しかし、日本政府は在日朝鮮人の国籍について、対日講和条約の第2条a項により在日朝鮮人が従来有してきた日本国籍を喪失すると主張したのである[21]。すなわち、日本政府は対日講和条約の発効にともない、在日朝鮮人は日本国籍を失い、旧国籍を回復すると解釈したのである[22]。対日講和条約は、再独立を果たす日本のあり方を規定すると同時に在日朝鮮人の国籍をも規定する根拠となった。

　日本政府が領土条項を在日朝鮮人の国籍問題に適用した背景には、日本政府の朝鮮に対する「主権維持論[23]」があった。「主権維持論」とは、対日講和条約が発効するまで、日本は朝鮮半島を実効支配しているという認識である。すなわち、国際法が発効されることによって朝鮮は正式に独立を果たすというのである。この「主権維持論」は、在日朝鮮人の国籍について対処する際に、日本政府によって援用された法解釈論であった[24]。対日講和条約の発効により在日朝鮮人の日本国籍が失効するといった日本政府の方針は、この「主権維持論」に基づいていたのである。すなわち、対日講和条約が発効されるまで日本は朝鮮半島に対する主権を維持するため、朝鮮半島出身者もそれまでは日本国籍を有するというものである。言い換えれば、対日講和条約が発効すると日本は朝鮮半島に対する主権を喪失するため、在日朝鮮人の日本国籍は失効するというものであった。

　1952年4月19日には、法務省民事局が「平和条約に伴う朝鮮人台湾人等に関する国籍及び戸籍事務の処理について[25]」という通達を発令し、対日講和条約の発効に伴って在日朝鮮人の日本国籍が失効するという行政上の整備を図った。日本国籍の失効の根拠として用

いられたのは、外地戸籍の登載者ということであった。つまり、内地戸籍と外地戸籍という戸籍のちがいによって、旧植民地出身者の日本国籍の得失が規定されたのである。

　1952年4月に日本国籍を喪失した旧植民地出身者は、出入国管理令の適用対象とされ、日本で滞在するための在留資格が必要となった。出入国管理令は、1951年10月4日に既に公布されていたが、公布当時は旧植民地出身者が日本国籍を保有していたために旧植民地出身者を念頭に置いた規定がなかった。それゆえに、法務省は早急に旧植民地出身者の在留資格に関する整備を図り、「ポツダム宣言の受諾に伴い発する命令に関する件に基づく外務省関係諸命令の措置に関する法律」（以下、法律126号[26]）を暫定措置として制定した。法律126は、「別に法律で定めるところによりその者〈旧植民地出身者〉の在留資格及び在留期間が決定されるまでの間、引き続き在留資格を有することなく本邦に在留することができる」（山括弧は筆者[27]）と規定した。これにより、旧植民地出身者は対日講和条約発効後も在留資格のない状態で在留が「許容」された。

　この法律126のいまひとつ重要な点は、在日朝鮮人の国籍を問わず一括して在留を「許容」した点にある。つまり、法律126号は朝鮮か韓国かといった国籍は問わず、在留管理上の差を設けなかったのである。その後も、1960年代に入るまで、在留管理上における国籍のちがいは問題視されなかった。そのちがいが日本政府内および日韓間において議論になるのは、1960年代に入ってからであった。

　以上述べたように、占領期間在日朝鮮人は日本国籍を保有してきたが、対日講和条約の発効に伴い日本国籍を喪失した。そして、この時点で在日朝鮮人は国籍のちがいにかかわらず一括して在留が「許容」されるに至ったのであった。

3　日本政府の限定承認論と朝鮮籍の制度的存続

　朝鮮籍の存続を考察する上で、対日講和条約が重要であったことはいうまでもない。それと同時に重要だったのが、日韓会談であった。日韓会談は、韓国政府が講和会議に不参加となったゆえの代替措置として開催されたものであった。対日講和条約には、領土や財産に関する規定など韓国の利益に関わる内容が多少盛り込まれていたが、日韓両国に関わる問題は直接交渉で解決することとなった。その結果、1951年10月20日から日韓予備会談が開催されることとなった。この予備会談を通じて、日韓両国はすべての在日朝鮮人を韓国籍保有者として取り扱うことに暫定的に合意した。しかし、その後日本政府は自身の立場を変更し、すべての在日朝鮮人を韓国籍保有者と見なさない方向に舵を切っていく。なぜ日本政府は立場を変えたのだろうか。本節では、予備会談のなかでも在日朝鮮人の法的地位にかんする小委員会（国籍処遇小委員会）の展開過程と、その後開催される本会談の日韓法的地位委員会の展開過程に着目する。なお本節以降で着目する日韓法的地位委員会の会談の推移については次頁の表1を参照されたい。

　日韓予備会談を通して在日朝鮮人がこれまで日本国籍を有してきたことに両国の見解は一致していたが、その国籍が失効する日をめぐって日韓両国は衝突した。在日朝鮮人の日本国籍が失効し韓国籍を取得した日について、韓国側はポツダム宣言の受諾日だと主張した。それに対し、日本側は対日講和条約の発効日だと主張したのである。日本国籍の失効日をめぐる日韓両国の衝突は暫く続いたが、韓国籍取得日についてはそれぞれの国内法の措置に譲ることとされ、両者の対立は解消された。[28]

表1　日韓法的地位委員会

法的地位委員会	期間
第一次日韓法的地位委員会	1952 年 2 月 15 日〜 1952 年 4 月 21 日
第二次日韓法的地位委員会	1953 年 4 月 15 日〜 1953 年 7 月 23 日
第三次日韓法的地位委員会	1953 年 10 月 6 日〜 1953 年 10 月 21 日
第四次日韓法的地位委員会	1958 年 5 月 19 日〜 1959 年 11 月 2 日
第五次日韓法的地位委員会、予備会談	1960 年 10 月 25 日〜 1961 年 5 月 15 日
第六次日韓法的地位委員会	1961 年 10 月 27 日〜 1964 年 12 月 13 日
第七次日韓法的地位委員会	1964 年 12 月 7 日〜 1965 年 4 月 6 日

　1952 年 1 月 24 日に開催された国籍小委員会第 24 回会談では、在日朝鮮人の国籍について規定した条文の具体的内容が検討された。日本側が「平和条約発効後は日本国籍を喪失する」と明記することを求めたのに対し、韓国側は「在日韓国人は大韓民国国民である」と明記することを主張した。[29] 一見それぞれ異なる立場を示したかのように見えるが、韓国側の主張は日本側にとっても肯定できるものであった。つまり、「大韓民国の国民である」ということは、日本国籍を保有しないという前提が含まれており、日本国籍を喪失するという日本側が実現したい結果と同じだったのである。その結果、「日韓両国は、在日韓国人が大韓民国国民であつて、日本国民でないことを承認する」という双方の主張が協定文に併記されることとなった。[30] これについて、後に日本政府は「在日朝鮮人が韓国籍を有することについては日韓間にすでに事実上の暗黙の合意が成立している」（傍点筆者）と述べていた。[31] ただし、これは暫定協定（modus vivendi）における合意にすぎず、最終的な合意ではない。

56

3月20日には、「在日韓人の国籍及び処遇に関する日韓協定案」が作成され、その第一条は「日本国は、在日韓人が日本国国民でないことを認め、また、大韓民国は、在日韓人が大韓民国国民であることを確認する」と規定した[32]。韓国籍を取得した日については協定に明記せず、両者の見解が一致している内容のみ記された。いずれの立場をとっても、対日講和条約が発効した時には在日朝鮮人が日本国籍を喪失していることについて、両者の意見は一致していた。それゆえ日韓両国は、対日講和条約が発効した時にはその全ての者が韓国籍を保有するということで暫定的に合意したのであった。

　日本政府が、在日朝鮮人は大韓民国国籍を有するという立場を取ってきたことの背景には、かねてより日本の懸案事項であった在日朝鮮人の送還問題と密接にかかわっていたことがあった。すなわち、すべての在日朝鮮人を韓国民と見なすことによって、在日朝鮮人の韓国への円滑な送還を実施できると日本政府は考えていたのであった。仮に、韓国民とみなさない場合、「北鮮系韓人」の送還先がなくなってしまうこと、そして法的地位が曖昧な人々を多数抱え込んでしまうことになり、取り扱いが困難になるという懸念があったのである[33]。すべての在日朝鮮人を韓国民と見なすことが、日本政府にとっては得策だったのである[34]。それゆえ、日本側は在日朝鮮人の国籍についてはすでに「事実上の合意」が成立しているということを再三主張してきた[35]。

　しかし、得策と思われた日本側の立場も、1953年頃から少しずつ変化を見せ始める。2月13日、衆議院法務委員会において日本政府の対朝鮮半島政策に関する議論が展開された。その骨子は、朝鮮半島における合法政府をめぐる問題であった。日本社会党の猪俣浩三が「日本政府の認めた韓国というのはどの範囲の韓国[36]」を指すのかと質問したのに対し、廣田しげる外務省アジア局第二課長は

「日本が相手にする大韓民国というのは、現在のところ、大体朝鮮の南半分にコントロールを持っている大韓民国政府のことを指す[37]」と答弁した。つまり、外務省アジア局は、日本政府は韓国の支配権が朝鮮半島の全域に及ぶと捉えておらず限定されるという立場をとっていた。これまで日本政府は、対朝鮮半島政策においていずれの政府を承認するのかその立場を明確にしていなかった。しかし、この頃から日本政府の立場は韓国を唯一合法政府として認める方向に大きく舵を切っていくのである。

　分断国家のうち一つの国家を正統政府と見なし、その支配権が及ぶ領域が限定されるという考え方を、限定承認という[38]。つまり、韓国政府を唯一合法政府として承認し、その支配権を 38 度以南に限定するというものである。それは、同時に正統政府と見なさなかったもう一つの政権を事実上承認することをも意味した。つまり、38度以北に存在する北朝鮮のオーソリティを事実上承認するということとでもあった。

　1953 年 4 月 16 日には、外務省と法務省が在日朝鮮人の国籍を明確にする際、限定承認という考え方に沿わせるべきか否かを検討しはじめた[39]。韓国政府を限定承認するという方針を在日朝鮮人の国籍に適用した際、在日朝鮮人の国籍は韓国と朝鮮に分かれることとなる。これにより生じ得る問題は、すべての在日朝鮮人を韓国籍保有者と見なせなくなり、北朝鮮への送還や法的地位の曖昧な人間の生成等の問題に繋がるというものであった[40]。それに対し、限定承認という考え方を在日朝鮮人の国籍に適用しないならば、すべての在日朝鮮人を韓国籍保有者として規定するか、あるいは案件ごとに都合の良い範囲を決めていくことも考えられた[41]。この時点での議論は、問題提起がなされただけで、限定承認という考え方をどの案件にどの程度適用していくのかというという点については、明確にされな

かった。

　第2次日韓会談が開催されると、韓国側も在日朝鮮人の国籍に関する自らの立場を変更することになる。1953年5月22日に開催された第2回国籍処遇部会において、突如として韓国側は在日朝鮮人の国籍は日韓間において「未確定」であると主張することになったのである[42]。韓国政府によれば、従来韓国民だと主張してきたことの理由には、「彼らの処遇を特別に考慮することを条件とする趣旨があったから」だという。実質的な待遇問題が協定で示されない現状において、国籍は確定できないということであった。

　韓国側が「国籍が未確定状態にある」と主張したことの背景には、日本から強制送還される韓国人の入国を拒否する目的があったと考えられる。日韓間では、1950年12月から1952年3月までのあいだにすでに7回の送還が実施された[43]。しかし、同年5月12日、8回目の送還が行われた際に、410名の送還者のうち終戦前から日本に居住していた125名の受け入れを韓国政府が拒否したのである[44]。韓国側の拒否により、125名は日本に逆送還されることとなった[45]。韓国側は、こうした送還者の受け入れの拒否を正当化するために、突如として在日朝鮮人の国籍が「未確定」だと主張しはじめたと推察できる[46]。

　日韓間で国籍に関するすれちがいが生じるなか、日韓両政府は1953年5月29日に在日朝鮮人の国籍よりも処遇問題により重点を置いて議論することに合意した[47]。その結果、以後の日韓会談において中心的な議題となるのは、在日朝鮮人の処遇問題、とりわけ日本における永住許可の問題であった。ただし、それは国籍問題が議題から落とされるということを意味しなかった。永住許可の申請資格を検討する上で、国籍は一つの重要な要素であった。したがって、日韓両政府の主な関心は永住の問題に置かれつつも、それに付随す

る形で在日朝鮮人の国籍も議論されることとなったのである。会談の焦点を処遇問題にあてることで、会談の行き詰まりを解消する兆しが見えはじめた。しかし、それから5か月後の10月15日、財産請求委員会における「久保田発言」により、会談が紛糾した。日本側の主席代表である久保田貫一郎外務省参与が、日本の植民地支配を正当化するような発言をし、韓国側を刺激したのである。その後、1958年4月に至るまで会談は再開されなかった。

　会談が中断しているあいだ、在日朝鮮人の国籍に対する日本政府の立場が変化しはじめる。1954年2月、日本側はすべての在日朝鮮人を韓国籍保有者と見なすことが事実上困難であるという認識を持ち始め、従来の立場を大幅に変更することになる。同月12日の外務省の記録によれば「北鮮系朝鮮人に韓国籍をうたわせることは事実上困難であり、彼らに登録の進捗を妨げる結果となるので、朝鮮人の場合、特に国籍欄の記入は国籍を意味しないこととし、従つて韓国又は朝鮮のいづれかを記入してもよいこととなつている。なお同欄に『朝鮮』と書込むものは北鮮系に多いと見て差支えない[48]」と示されている。在日朝鮮人が外国人登録証明書に示した国籍欄は国籍を意味しないとしつつも、「朝鮮」と示した者の多くは北朝鮮支持者だというのである。つまり、1948年8月に韓国が成立したにもかかわらず、韓国籍を拒否する者は韓国政府を積極的に支持しない者、すなわち北朝鮮支持者と見なされたのである。

　この頃から、法務省民事局は在日朝鮮人の国籍について改めて検討しはじめる。1956年4月19日、民事局は「朝鮮人の国籍の帰属に関してもしなにらか未確定の点があるとするならば、それはもつぱら朝鮮に二つの国家、あるいはすくなくとも二つの政府が事実上存在しているという変則的な事態に由来するものである」と述べ、「朝鮮に大韓民国及び朝鮮人民共和国という二つの国家ないしは二

つの政府が現に存在することは、日本国としても否定することのできない事実」だと述べている[49]。朝鮮半島の分断は、日本政府としてもこれを事実として受け入れるべきであり、またその分断国家に帰属する在日朝鮮人の国籍は「未確定」だというのである。つまり、民事局は対日講和条約発効後においてすべての在日朝鮮人が韓国籍保有者であると主張してきたこれまでの日本政府の立場を見直しはじめたのであった。

　在日朝鮮人を一律韓国籍保有者として見なせないと考えられた背景には、南北対立が恒常化しているという認識があった[50]。それゆえに、在日朝鮮人社会における対立も認めざるを得なくなり、在日朝鮮人の国籍について改めて検討する必要性が生じたのであった。このことについて、後に入国管理局は「当時としては、南北対立がこれ程までに恒常化すると考えていなかつたかに思われる。然るに、平和条約発効後の昭和28年4月から始まつた第2次会談以後においては、逆に日本側は本規定を削除することを主張し、韓国側は本規定を置くことを強く主張して来た[51]」と述懐している。本規定とは、先述した通り日韓協定案中の「日本国は、在日韓人が日本国国民でないことを認め、また、大韓民国は、在日韓人が大韓民国国民であることを確認する」という規定である。つまり、在日朝鮮人を一律に韓国籍保有者として見なすのではなく、南北対立という現状に沿って在日朝鮮人の国籍も南北の区別を設ける必要があるいうことであった。

　ただし、韓国側が在日朝鮮人に対するいかなる管轄権を主張するかによっても日本政府の利害は左右される可能性があると考えられた。たとえば、韓国政府が在日朝鮮人を自国民であると主張した場合、日本政府は在日朝鮮人に関して「大韓民国の責任ある態度」を要求すべきであるとした[52]。「責任ある態度」とはかねてより日本政

府が韓国政府に要求してきた退去強制に関する責任を指すものと推測できる。韓国政府は在日朝鮮人が韓国民であると主張しておきながらも、韓国に強制送還された者を拒否してきた。これを好ましく思わなかった日本政府は、韓国政府に対し在日朝鮮人を管轄する政府として責任を求められると考えたのだろう。それに対し、韓国政府が在日朝鮮人を自国民と見なさないのであれば、日本政府は北朝鮮と交渉する自由を有することを韓国に主張できるとされた[53]。この頃、すでに在日朝鮮人の北朝鮮への帰国問題が外務省や法務省で話題にあがっており、そこでは韓国との関係悪化が最大の懸念事項とされていた。しかし、韓国政府が在日朝鮮人を自国民と認めないのならば、それを理由に北朝鮮との交渉の道が開かれる可能性も期待できた。さらに韓国政府と北朝鮮政府のいずれも在日朝鮮人に対する管轄権を主張しなければ、日本政府が在日朝鮮人を無国籍者として処遇する自由を有するとされ、日本政府の取り扱いについて両国は異議を唱え得るものではないとされたのである[54]。様々な可能性が考えられたが、韓国政府がいずれの主張をしても、総合的に見れば日本政府にとっての損失は少なく、いずれの状況においても日本政府は多くの利益を見出せると考えられた。

　在日朝鮮人の国籍に関する日本政府の公式見解は未だ見出されていなかったが、日本側の変化が会談で現れはじめたのは、1958年4月に再開された第4次日韓会談のときであった。5月19日から日韓法的地位委員会が再開され、その第9回会合において韓国側が在日朝鮮人の国籍に関する協定案を提示した際に、日本側が難色を見せたのである。韓国側の協定案には、「大韓民国と日本国は、在日韓人の韓国国籍を確認する（The Republic of Korea and Japan confirm that Korean residents in Japan are nationals of the Republic of Korea）」と示されていた[55]。これは、国籍確認条項といわれるものである。韓国側は、すべ

ての在日朝鮮人を韓国籍保有者として見なすことを協定案に盛り込んだのであった。つまり、韓国政府は暫定協定の内容を踏襲していた。韓国政府は、国籍の確認について日本政府にもその承認を求めた。しかし、10月28日に開かれた第10回会合で、日本側は国籍確認条項の挿入に反対し、韓国側の要求を拒否したのである。

　その拒否について日本政府が表向きに示した理由は、在日朝鮮人の人的管轄権が韓国政府にあるという点であった。日本政府は韓国政府に対し、「在日韓人が韓国籍を有すると決めることは韓国側だけの問題」であると述べ、韓国側の協定案に反対した。[56]日本政府は、人的管轄権がある韓国政府こそが在外同胞の国籍について決定する必要があると主張したのであった。

　しかし、日本側が拒否した理由は、それだけではなかった。先に述べたように、対朝鮮半島政策と在日朝鮮人の国籍を結び付ける方向で検討していた日本政府にとって、すべての在日朝鮮人を韓国籍保有者として認定することは困難であった。日韓両政府は国籍確認条項をめぐって対立し、この対立は協定が締結される直前まで続いた。

　1960年10月20日には、外務省条約局法規課が「在日韓人法的地位に関する問題」という文書において、対朝鮮半島政策と在日朝鮮人の国籍に関する論点を二つ提示した。一点目は、韓国の管轄権が朝鮮半島の全域に及ぶと解釈した際、すべての在日朝鮮人が大韓民国国民と見なされるということであった。それに対し二点目では、韓国の施政範囲が南に限定されると解釈した際、在日朝鮮人の国籍も南北に区別されるというものであった。ただし、その場合日本政府が北朝鮮を未承認国家とするために、北朝鮮国籍を正式な国籍として認めることはできない。それゆえ、朝鮮籍を有する者は次のような状況に置かれると示された。「日韓協定案にいう『韓

人』も『大韓民国国民』も北鮮に籍を有する朝鮮人にはあてはまらない」ため、「この立場をとればいわゆる北鮮人（北鮮に籍を有し北朝鮮に忠誠を誓う在日朝鮮人）は国籍不明の、一種の無国籍人となる」ということであった[57]。つまり、北朝鮮という国家を承認しない以上、北朝鮮国籍は認められないため無国籍になるというのである。さらに、在日朝鮮人の国籍については日韓間で問題にする必要はなく、協定文中にも示す必要がないことが確認された[58]。

しかし、これまで述べてきたように、日本政府が韓国政府を限定承認するという立場を明確にしていく過程において、一点目は現実性に欠けた。より現実に沿った考え方は、二点目であった。「北朝鮮系」の在日朝鮮人の存在を認めることが、対朝鮮半島政策との整合性がついたのである。朝鮮籍を「北朝鮮系」と捉えた日本政府は、南北分断という現実に沿って朝鮮籍という国籍を制度上残さざるを得なくなった。

1960年末になると、日本政府は韓国政府の施政権に対する一つの方針を見出しはじめる。12月1日、外務省条約局法規課が作成した文書では施政権の範囲を限定することについて次のように示された。「北鮮における事実上のauthorityの存在を全く否定することなく、かつ条約の各条項の適用は韓国政府が実効的支配と管轄を及ぼしている南鮮の部分に限る[59]」というのである。つまり、韓国を唯一の合法政府として限定的に承認するというものであった。そして日本政府は対朝鮮半島政策を確立させる過程で、在日朝鮮人の国籍にも限定承認に基づいた措置をとるようにしたのである。

以上のように、日本政府は、南北分断という朝鮮半島の政治力学が在日朝鮮人社会にも及んでいることを認識し、その政治に合わせた国籍の区別が必要だという立場を示しはじめたのであった。これは、韓国を唯一合法政府とみなす限定承認の方針が、対在日朝鮮人

政策にも適用されはじめたことを意味した。そして、次節で述べるように、このような日本政府の立場は在日朝鮮人の処遇問題にも貫徹されていくこととなる。

4　日本政府の限定承認論と在日朝鮮人の処遇問題

これまで、在日朝鮮人は韓国または朝鮮という国籍のちがいがあっても、在留上の区別はなかった。それは、「戦前から引続き在日する朝鮮人に、一般外国人と異つた待遇を与える理由は、彼等が、平和条約発効によつて、その意思に基づかず日本国籍を失つて外国人となつたからであり、その点だけに限れば、南北取扱いを異にする理由はない」と考えられたためであった。先述した法律126が規定したように、旧植民地出身者は一様に在留資格がない状態で在留が「許容」されてきた経緯があった。そのような経緯から、日本側はすべての在日朝鮮人に永住許可を与えることを一案として備えてきたのであった。しかし、1965年6月の日韓国交正常化を目前に、韓国籍を有する在日朝鮮人のみを対象に永住許可が付与されることとなる。つまり、協定永住という在留資格の適用対象を定めるのに、在日朝鮮人が保有する国籍が基準とされたのである。なぜ協定永住の適用対象者は、韓国籍在日朝鮮人に限定されることとなったのだろうか。

1960年、対朝鮮半島政策に対する自らの立場を明確にした日本政府は、今度はこれを在日朝鮮人の処遇問題にも結びつけていった。当初、戸籍や国籍に関する事務を担当する法務省民事局は、政治的には南北の区別はしても法的には区別すべきでないという立場をとっていた。法的にも区別することによって、南北対立が日本国内に持ちこまれ、それが国内治安問題に繋がるおそれがあると懸念

されたためであった[61]。それに対し、入国管理局は在留管理において
も南北のちがいを反映させるべきだと主張した。

1961年11月17日、在日朝鮮人の法的地位問題に関する法務省
と外務省の打合せが行われた際、入国管理局はすべての在日朝鮮人
に永住許可を与えたとしても、そのうち北朝鮮系および中立系の在
日朝鮮人は申請しない可能性があるという見込みを示した[62]。それゆ
え、入国管理局はすべての在日朝鮮人に一律永住許可を与えるので
はなく、「永住許可付与の実績をみてから次のステップを考えても
よい[63]」と提案した。つまり、韓国を支持しない在日朝鮮人は、もと
より日韓会談に反対しているために、協定永住の申請資格が与えら
れたとしても申請する見込みがないとされたのであった。

在日朝鮮人の在留資格においても南北の区別がなされることを前
提に、入国管理局は協定永住申請時に国籍証明書の添付を義務付け
る案を見出した[64]。国籍証明書を添付することによって、この協定に
準拠した永住許可であることが明確になり、その結果、在日朝鮮人
のなかの「南北支持の色分け」ができるためであった。入国管理局
は、「この際野放しの朝鮮人の実態を把握する」ためにも、国籍証
明書を添付させる必要があると主張した。すなわち、国籍証明書の
添付は韓国籍保有者を把握できると同時に、韓国の国民登録をせず
「野放し」になっている朝鮮籍在日朝鮮人を特定することにも繋が
るというのである。要するに、朝鮮という「国籍」は、北朝鮮系を
特定するためのメルクマールとされたのであった。

国籍証明を求めた日本政府に対し、韓国側はこれに反対した。
1962年10月16日に開かれた会議では、韓国側は国籍証明の添付
は必要ないと日本側の主張に反対した。それは、国籍証明の添付が
事務量を増大させるだけでなく、韓国政府の在外同胞政策上におけ
る足かせとなるためであった。韓国政府は、「朝総連系統の策動で

在日韓人の中には、韓国政府の証明を受けるのに事実上困難を受ける者がいる[65]」ため、申請書だけで永住許可を発給してほしいと日本政府に要求したのであった。つまり、韓国政府は申請へのハードルをさげることで、より多くの在日朝鮮人を韓国籍保有者として囲い込もうと図ったのである。これについて、日本側の記録では「法的地位協定ができた結果在日朝鮮人の半分以上、すなわち30万人以上が同協定に基づいて大韓民国国民として永住権の申請をしなければ、韓国政府の威信にかかわるし、また、なるべく永住権を申請する者の数をふやすことによって民団系の勢力を助長し、総連系の勢力を弱めようという意図があつた[66]」と示されている。つまり、同時期に在日朝鮮人からの支持を得ようと試みた北朝鮮との対立が生じるなかで、韓国政府はより多くの在日朝鮮人を韓国籍に変更させ、韓国政府の支持者として包摂していくことを画策したのである。北朝鮮との体制間競争が展開されるなか、在日朝鮮人からの幅広い支持を得ようと試みた韓国政府の意図がうかがえる。

　1963年1月31日になると、法務省内での見解の不一致は、永住資格の適用対象を韓国籍保有者に限定すべきだという入国管理局の意見に収斂することとなる。それは、日本政府が韓国を限定承認したことに鑑みると、対在日朝鮮人政策もそれに沿って講じられるべきだとされたためであった。法務省は「わが国にその両方を支持する人が存在する現実を認めざるを得ない以上、その国又はオーソリティの政治的傾向を在留管理上考慮に入れることは止むを得ないことである[67]」という立場を示した。

　このような法務省の立場は、暗黙裡に日本政府の公式見解とされるようになった。日本政府は限定承認という対朝鮮半島政策を国籍問題と連動させ、さらにそれを在日朝鮮人の処遇問題とも連動させた。限定承認論を処遇問題においても貫くことによって、日本政

府は将来的な少数民族問題の残存を未然に防ぐことも期待した。外務省や入国管理局にとっての最終的なゴールは、在日朝鮮人の「帰化」であった。1962年9月、外務省北東アジア課は、「日韓間の協定により在日韓国人に永住許可を付与するとしても、それは、将来彼らが日本に同化するまでの過程における、いわば暫定措置」[68]であると述べていた。韓国籍保有者のみ永住資格を付与することは、将来的な「帰化」に向けたステップであった。入国管理局は、「韓国は、自由陣営に属し、わが国と親善関係を維持強化しようという関係にあり、在日韓国国民も、『帰化』その他の方法によつて将来日本社会に同化する可能性が強い」[69]と述べている。

　それに対し、朝鮮籍保有者は積極的に「帰化」しないと見なされた。入国管理局は、「北鮮系在日朝鮮人は、事々に日本政府の政策を誹謗干渉し、いわば好ましからざる外国人であり、将来同化の可能性も極めて疑わしく、国内治安の癌となるおそれさえある」[70]と述べている。つまり、朝鮮籍保有者に永住許可を付与しても、それが「帰化」に直結すると考えられなかったのである。ここには、政治的にも法的にも在日朝鮮人の区別を試みる入国管理局の意図が如実に表れている。「帰化」を見込めない朝鮮籍保有者には永住許可を与えず、「従来と同様の取扱いを継続」[71]することとされた。すなわち、在留資格のない状態で在留させるという法律126に基づいた「許容」の方針が朝鮮籍保有者には引き続き適用されることとなったのである。

　韓国籍と朝鮮籍を区別することによって在日朝鮮人からの批判も予想されたが、その批判に対する日本政府の見方は楽観的であった。1960年11月の段階で外務省北東アジア課は、在日朝鮮人が「126-2-6の実態をよく知っており、永住許可と同様なものと考えていると思われ、北鮮系の者を126-2-6のままにしておくとしても

必ずしも強い反対があるとはいいきれない[72]」と述べていた。協定永住が適用されなくても、在日朝鮮人が事実上の在留を永住許可と同様なものとして理解していることから、異なる取扱いをすることによる日本政府のリスクは低いと考えられたのであった。

　ただし、法務省は朝鮮籍保有者を協定永住の対象外とした点について、その法的裏付けが弱いことも自覚していた。法務省は「日韓協定に基づく処遇を受ける者と余り差別待遇することは、理論的根拠も弱い上、国内紛争の原因となりかねない[73]」と述べていた。それゆえ、法務省は「その他の朝鮮半島に籍を有する人々については、協定永住者の処遇と併行しつつ『実質的に』差別待遇とならない方向で検討すると言つておくのが最も賢明である[74]」との立場を示した。上で述べたように、朝鮮籍保有者には法律126を適用し続けることで差別的待遇とならないよう対応し、永住許可ないし在留資格に関する法的な規定は現段階では明言せずその推移を見て決めていくこととされた。

　協定永住が適用されなくても在留ができるという実態があるとはいえ、朝鮮籍保有者と韓国籍保有者では大きく異なる点があった。それは、日韓法的地位協定によって韓国籍保有者の退去強制の要件は緩和されるのに対し、朝鮮籍保有者には引き続き退去強制が容易に適用されるという点である。入国管理局は、日朝間に国交がないため、その引取りを北朝鮮側に求めることはできないと認識しつつも、退去強制について定めた出入国管理令第53条第2項を運用するだけで十分賄い得ると捉えた。同条は「退去強制を受ける者は、その者の国籍又は市民権の属する国に送還されるものとする」と規定し、その第2項は「前項の国に送還することができないときは、本人の希望により、左に掲げる国のいずれかに送還されるものとする」と定めている。さらに同項は、次のように規定している。

1　本邦に入国する直前に居住していた国。

2　本邦に入国する前に居住していたことのある国。

3　本邦に向けて船舶等に乗つた港の属する国。

4　出生地の属する国。

5　出生時にその出生地の属していた国。

6　その他の国。

　つまり、北朝鮮に退去強制者を送ることが出来ない場合には、本人の意思に基づき上述のいずれかの国に送還するというのである。言い換えれば、協定永住が適用されない朝鮮籍保有者には退去強制は緩和されず、引き続きそれが適用されたのである。すでに吉澤が論じたように、韓国籍保有者の「帰化」、そして朝鮮籍保有者の追放によって在日朝鮮人を「消去」することが日本政府のゴールだったといえる。

　1964 年には、在日朝鮮人の国籍、処遇をめぐる交渉も大詰めを迎える。長らく決着を見なかった国籍確認条項は、第 6 次日韓法的地位委員会の開催を目前に、韓国側が従来の主張を見直していくことで合意に近づいた。1964 年 2 月 28 日、韓国政府は「協定対象者である在日僑胞の表現を『大韓民国国民』と規定し、その『大韓民国国民』は大韓民国の憲法と国籍法による者だという点を公式記録に残す」のであれば、国籍確認条項は挿入しなくてもよいと従来の立場を変更した。つまり、「大韓民国国民」と協定の適用対象者を明確にすることで、国籍確認条項の挿入が必要がなくなるというものであった。その後も多少の意見のちがいは生じたが、最終的には前文で協定の適用対象者は「大韓民国国民」であるという文言を盛り込むこととなった。

国籍証明については、日本政府が要求したように、韓国籍を保有していることの証明として、旅券やそれに代わる証明書の提示が必須とされた。ただし、申請のハードルを下げることを求めた韓国側との調整の結果、旅券や証明書だけでなく「大韓民国の国籍を有している旨の陳述書」[78]の提出も国籍の証明として認められることとなった。そしてこの陳述書を受けて、韓国側が文書によってそれに回答するという形で、韓国籍の証明がなされるものとされた。これは、国籍証明を不要とする韓国側との調整をはかるために、手続きの簡素化を図ったものであった。

以上のように、韓国を限定承認した日本政府の対朝鮮半島政策は、在日朝鮮人の処遇問題にも貫徹された。合法政府とされた韓国の国籍を有する在日朝鮮人は、協定の対象とされたが、未承認国家の国籍を有する朝鮮籍保有者は協定の対象から除外されたのであった。その結果国籍の如何による在留資格の区別がなされたのであった。

5　おわりに

本章では、日韓会談に焦点をあて、朝鮮籍が制度的に存続した経緯および朝鮮籍保有者が協定永住の対象から除外されることとなった経緯について史的に論じた。本章で明らかになったのは、韓国政府を唯一合法政府と見なした日本政府の対朝鮮半島政策が、在日朝鮮人の国籍および処遇問題と連動していたということである。日本政府の対朝鮮半島政策は韓国を限定承認すると同時に北朝鮮のオーソリティも認めた。

このような限定承認論が在日朝鮮人の国籍にも援用された結果、朝鮮籍は、意図的に残されたのでもあった。そして、これが在留資

格にも貫徹され、国籍の如何によって協定永住の適用対象が限定されたのであった。

　当初、日本政府はすべての在日朝鮮人を韓国籍保有者として扱う構想を立てていた。しかし、朝鮮分断の恒常化という現状に直面し、日本政府は朝鮮半島の政治力学が在日朝鮮人社会にも及んでいる事実を受けとめた。つまり、朝鮮分断という現状に鑑みると、在日朝鮮人の国籍を韓国籍に統一することは極めて困難であるということであった。そして、日本政府が韓国を唯一合法政府と見なす限定承認の方針が明確にされる過程で、これが在日朝鮮人の国籍にも適用されたのであった。その結果、朝鮮籍が残されたのであった。日本政府は、朝鮮籍が無国籍だと認識しつつも、韓国籍の取得を試みないこれらの在日朝鮮人を北朝鮮系と見なしたのであった。

　日本政府は、このような限定承認の方針を在日朝鮮人の処遇問題とも結びつけた。日本政府は、南北の「色分け」をするための手段として国籍を重要な手がかりとし、朝鮮籍は北朝鮮系を特定するためのメルクマールとしたのであった。そして、在日朝鮮人の「帰化」と退去強制を実施することによって少数民族問題の解決を目指した日本政府は、「帰化」を見込める韓国籍保有者には日韓法的地位協定によって協定永住を付与する一方で、「帰化」を見込めない朝鮮籍保有者は協定永住の対象から外した。その結果、朝鮮籍保有者には在留資格が付与されず従前通り事実上の在留が「許容」されるに至った。また、これらの者は、在留資格がないため、容易に退去強制できるような状態に置かれたのであった。

　以上述べたように、日本政府による「色分け」は、「南か北か」という二項対立的な考え方に基づいた政策であったといえる。つまり、「南でもあり北でもある」、または「南でもないし北でもない」という二項対立を超える視点が欠如していたということであ

る。「南でもあり北でもある」というのは、統一した朝鮮を思い描き朝鮮半島の人として「朝鮮」の国籍を維持しようとする考え方である。[79]それに対し、「南でもないし北でもない」というのは、朝鮮籍が事実上の無国籍であることを逆手に取り、国民国家にとらわれない生き方を目指す考え方である。[80]つまり、朝鮮籍保有者のアイデンティティは必ずしも支持する政府に直結するわけではない。むしろ、朝鮮籍保有者のアイデンティティは多様である。にもかかわらず、朝鮮籍保有者は一様に北朝鮮支持者と捉えられてしまい、様々な困難に直面しているのである。したがって、朝鮮籍を即北朝鮮系と見なす日本政府の捉え方は、あまりにも実態と離れたものだといわざるを得ない。

　最後に、本章のインプリケーションを述べ、本章の考察により生じる今後の課題を指摘したい。本章が据えた主な分析の視座は在日朝鮮人の国籍をめぐる国際政治過程であった。それにより、朝鮮籍を所与の前提として扱ってきた従来の研究に対し、朝鮮籍が意図的に残された過程を明らかにした。しかし、在日朝鮮人が国民国家を超える存在として自らのアイデンティティを主体的に見出していく過程については分析できなかった。それは、本章が政府間関係史という限定的な視座に依拠し、在日朝鮮人を単純化した客体として描いたからである。しかし、在日朝鮮人も歴史を構成してきた当事者であるため、彼ら／彼女らも政治的主体として再構成する必要がある。そのためには、既存の分析視角を超える必要があり、特に複数の国に跨って存在する在日朝鮮人を主体として再構成するためには、トランスナショナルな視座からの考察が必要である。そうした視座を据えることによって、これまで日の目を見なかった周辺化された人びとを政治的主体として捉え直すことに繋がるのである。トランスナショナルな視座からの考察については、別稿に譲りたい。

1　陳天璽「難民から無国籍者へ――身分証明書が持つ暴力性」錦田愛子編著『政治主体として
　　の移民／難民』(明石書店、2020 年)、118 頁。

2　本章では、朝鮮民主主義人民共和国の略称として「北朝鮮」という呼称を使用する。したがっ
　　て、政策を展開する主体として「北朝鮮政府」という表現が用いられる。ただし、日本政府
　　における「北鮮」という呼称などは引用箇所においては原文表記した。

3　阿部浩己『無国籍の情景 ―― 国際法の視座、日本の課題』(UNHCR 駐日事務所委託研究、
　　2010 年)、51 頁。

4　陳「難民から無国籍者へ」、118 頁。

5　「在留外国人統計 (旧登録外国人統計)」『e - Start ― 政府統計の総合窓口―』、2020 年 6 月 5
　　日閲覧、https://www.e-stat.go.jp/stat-search/files?page=1&layout=datalist&toukei=00250012&tstat
　　=000001018034&cycle=1&year=20190&month=12040606&tclass1=000001060399)

6　外村大『在日朝鮮人社会の歴史学的研究 ―― 形成・構造・変容』(緑蔭書房、2004 年)、367 頁。

7　2019 年 6 月現在、韓国籍保有者は 45 万 1543 人であるが、これは、戦前日本に移住し
　　た者とその子孫、そして戦後ニューカマーとして日本に移住した韓国籍保有者を含めた
　　数である。このうち、特別永住者は 28 万 5753 人である。(『【令和元年 6 月末現在】公
　　表資料』『法務省』、2020 年 6 月 15 日閲覧、http://www.moj.go.jp/nyuukokukanri/kouhou/
　　nyuukokukanri04_00083.html)。また、対日講和条約発効後から 2019 年現在に至るまで、朝
　　鮮籍および韓国籍から日本国籍に「帰化」した者の数は約 38 万人である。約 38 万人という
　　帰化許可者数は、戦前日本に移住したオールドカマーと戦後ニューカマーとして日本に移住
　　した韓国籍保有者を含めた数であると推定する (法務省ホームページ「帰化許可申請者数等の
　　推移」『法務省』、2020 年 8 月 10 日閲覧、http://www.moj.go.jp/MINJI/toukei_t_minj03.html)。

8　外務省ホームページ「我が国独自の対北朝鮮措置について」『外務省』https://www.mofa.
　　go.jp/mofaj/a_o/na/kp/page4_001766.html、(2016 年 2 月 10 日)、2020 年 8 月 9 日閲覧。

9　鄭栄桓「在日朝鮮人の『国籍』と朝鮮戦争」『PRIME』40、(2017)、36-62 頁。

10　小林玲子「日韓会談と『在日』の法的地位問題 ―― 退去強制を中心に」『歴史としての日
　　韓国交正常化Ⅱ ― 脱植民地化編』、李鍾元、木宮正史、浅野豊美編著、(法政大学出版局、
　　2011 年)、297-324 頁。

11　吉澤文寿「日韓会談における『在日韓国人』法的地位交渉 ―― 国籍・永住許可・退去強制問
　　題を中心に」『朝鮮史研究会論文集』49、(2011 年)、151-176 頁。

12　水野直樹、文京洙『在日朝鮮人 ―― 歴史と現在』(岩波書店、2015 年)、ⅲ頁。

13　外村『在日朝鮮人社会の歴史学的研究』、3 頁。

14　1945 年 8 月 15 日の時点での推計 (田村紀之「内務省警保局による朝鮮人人口 ―― 総人口・
　　男女別人口」『経済と経済学』46、1981 年、57-58 頁)。

15　森田芳夫『在日朝鮮人処遇の推移と現状』(湖北社、1975 年)、68 頁 ; 法務省入国管理局『出
　　入国管理とその実態』(1959 年)、13 頁。

16　Press Release: Korean must report to reception centers when called or forfeit recognition as Korean
　　nationals, from General Headquarters United States army forces, Pacific Public Relation Office,12
　　November 1946, GHQ/SCAP Records, CIE(C) 04143-04146.

17　Ibid.

18　鄭栄桓「外国人登録令と在日朝鮮人団体 ―― 登録実施過程を中心に」『研究紀要』17、(2012
　　年)、119 頁。

19 大沼保昭『在日韓国・朝鮮人の国籍と人権』（東信堂、2004 年）、229 頁。

20 外村『在日朝鮮人社会の歴史学的研究』、367 頁。

21 「国籍処遇小委員会議事録（第二回）」1951 年 10 月 31 日、浅野豊美、吉澤文寿、李東俊編集・解説『日韓国交正常化問題資料　第Ⅰ期　1945 年〜 1953 年　第 4 巻　在日・法的地位問題』（現代史料出版、2010 年）、147-148 頁。

22 対日講和条約の発効に伴って在日朝鮮人の国籍を一斉に失効させるという決定に至るまでの日本政府内での議論については、松本邦彦が詳細に論じている。当初外務省は、在日朝鮮人に国籍選択権を認めることを検討していたが、それが最終的には一斉喪失という方針に収斂したということであった。史料の抹消部分が多く、一斉喪失という方針に至った理由は定かではない（松本邦彦「在日朝鮮人の日本国籍剥奪 ── 日本政府による平和条約対策研究の検討」『法学』52(4)、1988 年、645-679 頁。）

23 「主権維持論」が展開され始めた発端は、1945 年 8 月 26 日、日本政府は終戦処理会議の決定にあった。日本政府は、朝鮮総督府に対し「朝鮮でわが主権が移動する時期は独立問題を規定する講和条約の批准日である」ことが、この会議で決定されたと主張したのである（長澤裕子「戦後日本のポツダム宣言解釈と朝鮮の主権」李鍾元、木宮正史、浅野豊美編著『歴史としての日韓国交正常化Ⅱ ── 脱植民地化編』(法政大学出版会、2011 年)、132 頁。）。

24 「主権維持論」は、主に日本外務省が南北朝鮮政府との間で法的な問題が浮上してきた際、日本政府の利権を主張するために用いられた論法であり、定説としての地位を確立していたとは言いがたい。

25 各法務局長地方法務局長宛「平和条約に伴う朝鮮人台湾人等に関する国籍及び戸籍事務の処理について」1952 年 4 月 19 日付、民事甲第 438 号。

26 法律第 126 号「ポツダム宣言の受諾に伴い発する命令に関する件に基く外務省関係諸命令の措置に関する法律」（昭和 27 年 4 月 28 日）http://www.shugiin.go.jp/internet/itdb_housei.nsf/html/houritsu/01319520428126.htm（2020 年 6 月 7 日閲覧）。

27 同上。

28 「国籍処遇小委員会議事録（第 17 回）」1951 年 12 月 18 日、浅野編『日韓国交正常化問題資料』、214 頁。

29 「제 24 차 재일한교 법적지위분과위원회 경과보고」1952 년 1 월 24 일『동북아역사넷』、(「韓日会談第 24 回在日韓僑法的地位分科委員会経過報告」1952 年 1 月 24 日『東北亜歴史ネット』) 2018 年 2 月 19 日閲覧、http://contents.nahf.or.kr/directory/item.do?levelId=kj_002_0020_0270

30 「在日韓国人の国籍及び処遇に関する日本側提案 (案)」1952 年 1 月 26 日、浅野他編『日韓国交正常化問題資料』、243 頁。

31 「在日朝鮮人の国籍処理に関する日韓双方の見解対照」1953 年 6 月 18 日、浅野他編『日韓国交正常化問題資料』、334 頁。

32 「在日韓人の国籍及び処遇に関する日韓協定案」1952 年 3 月 20 日、浅野他編『日韓国交正常化問題資料』、294 頁。

33 「在日韓人の国籍問題等に関する打合せ会」1953 年 4 月 16 日『日韓市民でつくる日韓会談文書・全面公開を求める会』[以下、『全面公開を求める会』]、（日本公開の日韓会談文書、第 5 次開示決定文書、文書番号 855）、http://www.f8.wx301.smilestart.ne.jp/nihonkokai/nihon.html

34 「在日朝鮮人の国籍処遇問題に関する省内打合せ会」1953 年 6 月 18 日『全面公開を求める会』、（日本公開の日韓会談文書、第 5 次開示決定文書、文書番号 856）。

35 同上。

36 「衆議院法務委員会第20号」『国会議事録』1953年2月13日、猪俣浩三（左派社会党）。

37 「衆議院法務委員会第20号」『国会議事録』1953年2月13日、廣田しげる（外務省アジア局第二課長）。

38 限定承認という考え方の背景には、1948年12月12日、韓国を朝鮮半島における唯一の合法政府とすることが国連で決議されたことにあった。

39 「在日朝鮮人の国籍問題等に関する打合せ会」1953年4月16日『全面公開を求める会』（日本公開の日韓会談文書、第5次開示決定文書、文書番号855）。

40 同上。

41 同上。

42 「국적 및 처우분과위원회 회의록, 제1－6차,1953.5.13－6.19」『디지털스토리』http://www.donga.com/news/d_story/politics/K_J_agreement65/data html

43 「アジア局執務月報（抄）（昭和27年4－12月）」『全面公開を求める会』（日本公開の日韓会談文書、第6次開示決定文書、文書番号1509）、法務省大村入国者収容所『大村入国者収容所二十年史』（1970年）、1-2頁、吉留路樹『大村朝鮮人収容所 ── 知られざる刑期な獄舎』（二月社、1977年）、47頁。

44 「アジア局執務月報（抄）（昭和27年4－12月）」『全面公開を求める会』（日本公開の日韓会談文書、第6次開示決定文書、文書番号1509）。

45 「逆送朝鮮人を強制収容」『読売新聞』朝刊、1952年5月15日、7面。

46 「第3次韓日会談（1953.10.6-21）国籍及び処遇分科委員会議録、第1次」『全面公開を求める会』（韓国公開の日韓会談文書）。

47 「日韓交渉報告（国籍処遇関係部会第3回会議状況）」1953年5月29日『全面公開を求める会』（日本公開の日韓会談文書、第3次開示決定文書、文書番号161）。

48 「在日朝鮮人の国籍問題等に関する打合せ会」『全面公開を求める会』（日本公開の日韓会談文書、第5次開示決定文書、文書番号855）。

49 「平和条約の発効に伴う朝鮮人の国籍について」1956年4月19日『全面公開を求める会』（日本公開の日韓会談文書、第5次開示決定文書、文書番号866）。

50 「在日韓国人の法的地位に関する問題点」1963年1月31日『全面公開を求める会』（日本公開の日韓会談文書、第6次開示決定文書、文書番号1582）。

51 同上。

52 「平和条約の発効に伴う朝鮮人の国籍について」1956年4月19日『全面公開を求める会』（日本公開の日韓会談文、第5次開示決定文書、文書番号866）。

53 同上。

54 同上。

55 「第4次日韓全面会談における在日韓人の法的地位に関する委員会の第9回会合」1958年10月20日『全面公開を求める会』（日本公開の日韓会談文書、第4次開示決定文書、文書番号1079）。

56 「第4次日韓全面会談における在日韓人の法的地位に関する委員会の第十回会合」1958年10月27日『全面公開を求める会』（日本公開の日韓会談文書、第4次開示決定文書、文書番号1080）。

57 「在日韓人の法的地位に関する問題」1960年10月20日『全面公開を求める会』（日本公開の日韓会談文書、第5次開示決定文書、文書番号1146）。

58 同上。

59 条・規「日韓交渉における日本政府の立場に関する法律上の問題点（討議用資料）」1960年12月1日『全面公開を求める会』（日本公開の日韓会談文書、第6次開示決定文書、

書番号 1410）。

60 「在日韓国人の法的地位に関する問題点」1963 年 1 月 31 日『全面公開を求める会』（日本公開の日韓会談文書、第 6 次開示決定文書、文書番号 1582）。

61 同上。

62 「法的地位問題に関し法務・外務両省打合せ」1961 年 11 月 17 日『全面公開を求める会』（日本公開の日韓会談文書、第 5 次開示決定文書、文書番号 1158）。

63 同上。

64 入国管理局「在日韓国人の法的地位に関する委員会討議中の問題点について」1962 年 10 月 6 日、『全面公開を求める会』（日本公開の日韓会談文書　第 6 次開示決定文書、文書番号 1580）。

65 「第 6 次 韓・日会談 在日韓人の 法的地位関係会議、1961.10-64.3」1962.10.16『全面公開を求める会』（韓国公開の日韓会談文書、分類番号 723.1JA）。

66 「日韓国交正常化交渉の記録　総説 12」1965.3.6-6.22『全面公開を求める会』（日本公開の日韓会談文書、第 6 次開示決定文書、文書番号 1316）。

67 入管局「日韓交渉と在日朝鮮人の取扱について」1963 年 1 月 31 日『全面公開を求める会』（日本公開の日韓会談文書、第 6 次開示決定文書、文書番号 1582）。

68 北東アジア課「在日韓国人の法的地位問題中永住権の解決方法について（討議用資料）」1962.9.18（日本公開の日韓会談文書、第 6 次開示決定文書、文書番号 1582）。

69 入管局「日韓交渉と在日朝鮮人の取扱について」1963 年 1 月 31 日『全面公開を求める会』（日本公開の日韓会談文書、第 6 次開示決定文書、文書番号 1582）。

70 北東アジア課「在日韓国人の法的地位問題中永住権の解決方法について（討議用資料）」1962.9.18（日本公開の日韓会談文書、第 6 次開示決定文書、文書番号 1582）。

71 入管局「日韓交渉と在日朝鮮人の取扱について」1963 年 1 月 31 日『全面公開を求める会』（日本公開の日韓会談文書、第 6 次開示決定文書、文書番号 1582）。

72 「法的地位委、第 2 回階段議事録要領について」1960 年 12 月 6 日（日本公開の日韓会談文書、第 5 次開示決定文書、文書番号 1147）。

73 入国管理局「在日韓国人の法的地位に関する問題点」1963 年 1 月 31 日『全面公開を求める会』（日本公開の日韓会談文書、第 6 次開示決定文書、文書番号 1582）。

74 同上。

75 同上。

76 吉澤「日韓会談における『在日韓国人』法的地位交渉」、167 頁。

77 「第 6 次　韓・日会談［在日韓人］法的地位委員会　会議録、1-3 次、1964.4.22-5.14」『全面公開を求める会』（韓国公開の日韓会談文書）。

78 「日韓国交正常化交渉の記録　総説 12」1965.3.6-6.22『全面公開を求める会』（日本公開の日韓会談文書、第 6 次開示決定文書、文書番号 1316）。

79 たとえば、民族教育の分野で活動する朴鐘鳴は、朝鮮籍を「古朝鮮から現在に至る統一体としての朝鮮」として捉えている（中村一成『ルポ思想としての朝鮮籍』〈岩波書店、2017年〉、70 頁）。また、作家の金石範は「『思想としての朝鮮籍』が希求するのは統一祖国」だと述べている（中村『ルポ思想としての朝鮮籍』、218 頁。）。

80 たとえば、作家の高史明は『『国民国家の捨て子』の目線から国家の問題を捉え直」す必要性を唱えており、朝鮮籍は「北朝鮮と韓国のイメージではずれが生じてくる」と述べている（中村『ルポ思想としての朝鮮籍』、39 頁。）。

コラム2　元プロサッカー選手・
安英学氏インタビュー

李晋煥

　元プロサッカー選手の安英学。Jリーグ、Kリーグ（韓国プロサッカーリーグ）、そして朝鮮民主主義人民共和国代表選手としてサッカー界の第一線で活躍した彼は現在まで「朝鮮籍」を生きている。彼にとって朝鮮籍とは何か？　その思いを聞いてみた。

プロサッカー選手として

──以前、ウェブメディアにインタビュー記事が掲載されていましたが、そのなかでプロ2年目のブラジルキャンプへ向かう際のエピソードについてお話されていましたね。そのときのことを聞かせていただけますか？

安　2003年、アルビレックス新潟在籍2年目にブラジルキャンプへ行くことになりました。ブラジルのビザはとっていたんですけど、経由地ニューヨークでのトランジットの際、入国審査場でパスポートを見せたところ、別室へ連れて行かれました。そこにはアラブ系と見受けられる人たちが十数名ほどいました。ぼくは英語が上手く話せなかったですし、チームスタッフもいませんでした。質問用紙を渡されましたが、すべて英語で書いてありました。髪の色や目の色などという身体的な項目をはじめ多くの質問があり、とても困りました。数時間後にはブラジル行きの飛行機に乗らないといけなかったので、焦っていたところ、韓国系と思われる女性職員さんが来て、「どうしました？」と、韓国語で尋ねてくれました。「自分はプロのサッカーチームに所属していて、これからブラジルキャンプ

プロフィール

1978 年生まれ。東京朝鮮第三初級学校、東京朝鮮中高級学校中級部、同高級部を経て、立正大学へ入学。4 年生の時に主将に就任。卒業後の 2002 年に J リーグのアルビレックス新潟へ入団、2003 年にチームの J2 優勝・J1 昇格に貢献した。2005 年には名古屋グランパスへ移籍。翌年、韓国・K リーグの釜山アイパークへ移籍。その年のオールスター戦に選抜された。2008 年から水原三星ブルーウィングスへ移籍。2010 年に日本に戻った後、大宮アルディージャ、柏レイソルを経て横浜 FC で活躍し、2017 年現役引退。代表としては 2002 年に朝鮮民主主義人民共和国代表に初選出、2010 年には 44 年ぶりのワールドカップ出場に貢献し、そのピッチに立った。引退後は、全国各地で講演活動を行い、現役時代に自身が設立した「ジュニスターサッカースクール」で後進の育成にあたるなど、精力的に活動している。著書に『夢に輝く——クムン・イルオジンダ（電子書籍）』（慎武宏 編、ピッチコミュニケーションズ、2015 年）がある。

に行かなくてはいけないのですが、あの職員に捕まって、『これを書け！』と言われ、ちょっと困っています」と伝えたら、「ちょっと待ってて！」と言って、その女性職員がぼくを連れてきた職員に捲し立てて紙を突き返し、結局解放されたんですよ。「もう大丈夫ですよ」と言われて。「あの人がいなかったら、どうなってたのかな」と、

思いました。

　あの出来事以来、自分が在日コリアンであることや生い立ちを英文に訳してもらった紹介文を持ち歩くようにしました。ビザが下りなくて、キャンプに一緒に行けなかったこともありました。グアムキャンプに行けなかったり、ベトナムキャンプにも行けなかったり……ベトナムは比較的すぐ下りるって聞いていたんですけど、ちょうどそのとき、情勢がよくなくて……やっぱり情勢に左右されるんですよね。

── Jリーグから Kリーグの釜山アイパークに入団したころ、選手やスタッフは朝鮮籍である安英学さんのことをどう見ていましたか？

安　Kリーグでプレーする在日の選手は、自分がはじめてではないです。その前に何名かいました。ただ、現役の共和国代表選手としてKリーグでプレーするのは、自分が初めてだったので、やはり注目を浴びました。ただ、本国出身の選手とはちがうので、選手やスタッフたちはぼくが日本で生まれ育って来たというのは理解していたと思います。「本国出身の選手が来てプレーする」というのは前例がありません。それでも在日の自分がKリーグでプレーするということで、みんなが関心を持ってくれました。

── 現地のサポーターの反応はいかがでしたか？

安　在日ではなくて、「北」から来たと思っていた人もいました。でも、みんな応援してくれました。韓国に行く前は心配の声が大きかったです。でも、行ってみたらみんな良くしてくれました。クラブの選手・スタッフはもちろん、一般の人たちも。街中を歩いていると、「安英学選手ですか？」「写真撮ってください」「握手してください」「頑張ってください」と、声をかけられました。逆にネガティブなことを言う人は一人もいなかったです。みんな応援してくれました。食事に行っても、買い物に行っても……気付いた人たちは

エールを送ってくれました。

——釜山アイパークから水原三星ブルーウィングスに移籍したときに選手やスタッフはどのように迎えてくれましたか？

安 みんな良くしてくれましたし、すごく助けてくれました。家にも招いてくれて、ご馳走してくれました。釜山でも水原でも本当に良くしてくれました。その当時、監督だった車範根（チャボムグン）さんが今年（2019年）の5月、ぼくの住む横浜にある朝鮮学校に来て下さいました。学生たちを激励し、とても良い話をして下さいました。

——韓国でのビザや渡航はどのような手続きをしたのですか？

安 臨時パスポート……正式には旅行証明書と言いまして、渡航する度に申請する必要があります。自分の場合、申請をすると翌日には発行してくれました。そうじゃないと、選手生活に支障をきたすので。ただ有効期限が3か月か、長くても半年でした。本来ならば、シーズンを通して韓国に滞在できるように1年の就労ビザが発行されればよかったのでしょうけど。

——水原三星でKリーグでのキャリアを終えて戻られてから、韓国に行けない期間が長かったようですが……。

安 そうですね。政権が代わってからはなかなか韓国に行くことは出来ませんでした。日本に戻ってきた後に、釜山アイパーク時代のチームメイトから結婚式の招待状が届きました。結婚式に参加するために、招待状を持って領事館に行き申請をしたのですが、旅行証明書は発行されませんでした。

——朝鮮籍を変えようとは思わなかったのですか？

安 変えようとは思わなかったです。ぼくのなかでは「変えたら負け」みたいな気持ちがありました。それ（朝鮮籍）をあえて守りながら切り開いていくという信念で生きています。

朝鮮籍は自分であることの証明

——いつから、朝鮮籍のままでいようと思いましたか？

安 ずっとですね。まったく変えるつもりはないです。朝鮮籍であることを誇りに思っています。朝鮮籍が素晴らしいとか、優れているとかそういう話ではありません。ハラボジ（祖父）・ハルモニ（祖母）たちの「朝鮮籍としての経験」があって、その経験は自分の一部だと思っています。在日のなかでも韓国籍に変えている方々がたくさんいますが、それは個人の自由だと思います。共和国も韓国も同じ民族ですし、変えることが悪いとは思いません。ただ、自分は変えたくないです。自分の子どもは朝鮮籍ですが、大人になって、選んでくれたらいいと思います。余談ですが、旅行証明書の国籍欄に「KOREA」と記載されていて、ぼくはうれしく思いました。いつか、北と南に分かれているパスポートも、一つの朝鮮を表す「KOREA」と統一される日が来ればと思います。そして自由にいろいろな国を行き来できるようになり、「朝鮮籍」「韓国籍」の隔たりが無くなることを願っています。

——朝鮮籍は無国籍という感覚なのでしょうか。

安 無国籍とはちがいますね。ぼくのルーツは「朝鮮」にあるからです。厳密に言いますと、日本においては無国籍として扱われているので、国籍にはなりえないと思います。「朝鮮籍」は自分であることの証明だと思っています。

——自分であることの証明とは？

安 「なに人ですか？」と聞かれたら、ぼくは「朝鮮人です」と答えますが、日本では「朝鮮人＝北朝鮮の人」みたいなイメージがあります。北（共和国）も南（韓国）も自分の祖国だと思っています。ハラボジ・ハルモニの出身も地理的にいうと南ですし、「朝鮮」というのはぼくのなかでは一つの朝鮮です。「朝鮮籍」は僕のルーツを示す言

葉です。

——安英学さんにとって朝鮮籍とは？

安 名前のようなものですよ。「誰なの？」って聞かれたときに「安英学ですよ」と。それで「不便だから、名前を変えますか」と言われたら、ぼくは変えたくないです。親が名前をつけてくれましたから。国籍にたとえたときも同じだと思います。様々な国籍がありますが、どこの国が良いとか、そういうことではないと思っています。国よりもまず人があるのであって、何よりも人を尊重し、思いやるべきです。ただ最近、メディアやSNSでは自国中心的な主張が目立つようになり、そういう空気のなかで人が大切だという声が響かなくなりつつあるのではないか、と危惧しています。国に捉われすぎて人びとが苦しむのは本末転倒だと思います。何よりも尊重されるべきなのは「人」ではないでしょうか。これからの未来を生きる子どもたちのために我々大人たちが国籍や民族といったものに捉われすぎずに「人を尊重する気持ち」を持って生きることが大切なのではないでしょうか。それが私たち大人の使命だと思っています。

2017年8月5日に母校である東京朝鮮中高級学校で行われた引退試合にて。長年応援してくれたアルビレックス新潟時代のサポーターから同校サッカー部へ横断幕が贈呈された。
（写真撮影：李晋煥）

――最後にご自身の「使命」をお聞かせいただけますか？

安　ぼくはルーツのある朝鮮半島と生まれ育った日本を繋げたいと思って生きてきました。ぼくはサッカーを通じて、その役割を果たしてきました。これからは後輩たちにその役割を伝えて、夢を応援してあげたいです。きっと彼／彼女たちにしか出来ないことがあるでしょう。次世代を担う若者たちや子どもたちの夢を信じて応援してあげることがぼくの使命です。

（2019 年 8 月 13 日、横浜にて）

1　裵麗善「『自分の国籍を誇りに思う』逆境を乗り越え続けた、ある北朝鮮代表の告白」Forbes Japan 2019 年 6 月 23 日 https://forbesjapan.com/articles/detail/27902
2　李明博政権（2008 ～ 2013 年）から朴槿恵政権（2013 ～ 2017 年）まで保守政権が続いた。

第3章　日本政府による「朝鮮」籍コリアンの排除——2000年代のバックラッシュのなかで

ハン・トンヒョン

1　はじめに

　筆者は日本の外国人・移民政策を分析し、1989年から始まり2019年に終わった日本の「平成」時代が「多文化主義なき多文化社会」としての「排除型社会」に帰結していったと述べたうえで、それがもっとも象徴的に、そしてゆがんだ形で現れているのが、「朝鮮」籍の在日コリアンおよび朝鮮学校をめぐる状況かもしれないと指摘したことがある[1]。

　この間、とくに1990年の入管法改定によって在日外国人は多様化し、増加した。この時期を前後し、不十分ながらも「多文化共生」への志向も生まれた。またこうした流れのなか1991年には、それまで在日外国人の大多数を占めていた植民地にルーツをもつ在日コリアンの在留資格も「特別永住」に一本化され、子孫にまで継承される安定した在留資格となった。

　にもかかわらず、いやだからこそ、この後、2000年代からのバックラッシュ——排外主義の台頭と可視化——の主なターゲットとなったのが、旧植民地にルーツをもつ在日コリアンだった。それは、「上」（国や制度）と「下」（大衆）が共鳴しながら進んだが、とくに上からの排除の負荷がかかったのが、「朝鮮」籍の在日コリアンおよび朝鮮学校だ。本稿では主にこの時期、「朝鮮」籍コリアンにおよんだ国や制度の側による排除状況について見ていきたい。

2 在留外国人統計における「朝鮮・韓国」の分離

　2012年7月9日[2]、在留外国人管理制度の大改定が実施された。「出入国管理及び難民認定法（入管法）」と「外国人登録法（外登法）」の二本立てだった在留管理制度から外登法が廃止され、法務省が在日外国人を一括管理することになった[3]。この一元的な管理体制のもと、入国管理局（当時）による非正規滞在者の取り締まり強化を図る一方で、法務省が密かに始めていたことがある。在留外国人統計において、それまで一括集計していた「韓国・朝鮮」籍者の数を、「韓国」と「朝鮮」に分けて集計することにしたのだ。

　だが、それが明らかになったのはそれから4年を経た2016年3月だった。毎年この時期に前年末現在の在留外国人統計が発表されるのだが、2015年末現在の統計発表に際し、同年分はもちろん、プレスリリースに載せられた過去データが2012年分から分離集計されたかたちになっていた。その理由については、前述した2012年の制度変更によって法務省が一括管理することになったためだと説明された。しかし当時、自民党議員らが「日本に住む『北朝鮮国籍者』が実数以上に大きく見える」と主張して分離公表を求めていたことが報じられており、法務省もこうした要求があったことについては認めている[4]。

　だが「朝鮮」籍者は「北朝鮮国籍者」ではない。また「朝鮮」籍は在留外国人管理上の「記号」にすぎず、「国籍」を意味しない。2016年3月に法務省が発表したプレスリリースにも、「朝鮮半島出身者及びその子孫等で、韓国籍を始めいずれかの国籍があることが確認されていない者は、在留カード等の『国籍・地域』欄に『朝鮮』の表記がなされており、『朝鮮』は国籍を表示するものとして

用いているものではない」という注が付けられていた。

　では、そもそも 2011 年まで一括集計されていたのはなぜだろうか。それは、1910 年の日韓併合によって日本国籍となり、戦後、1947 年の外国人登録令によって全員の「国籍・地域」が「朝鮮」として登録されたという、在日コリアンの歴史的経緯と関連する。その後、1952 年には日本国籍が消失、さらには朝鮮半島の南北分断と外交関係の変化により後に「韓国」への表記変更が可能になったが、このような経緯から日本の在留管理制度上の「国籍」表示を問わず、ひとつのエスニック・グループとみなされてきたのだ。

　他の論考と重複するかもしれないが、より詳しく見ていこう。1910 年の日韓併合以来、戸籍上の区別はあったものの、「日本国籍」となっていた在日朝鮮人は戦後、1947 年の外国人登録令施行に際して「当分の間、外国人とみなす」とされ、登録の対象となった。外国人登録の「国籍」欄には、出身地域である朝鮮半島を表わすものとして「朝鮮」と記載された。植民地時代の「朝鮮戸籍」が引き継がれたかたちだ。こうして現在にいたる「朝鮮」籍が生まれた。朝鮮半島に国家が成立する前の記載なので、そもそも国籍を示しえない。つまり「朝鮮」という記載は、日本における在留外国人管理上の「記号」にすぎない。

　日本政府はその後、1952 年のサンフランシスコ講和条約発効に際し、旧植民地出身者の日本国籍喪失を一方的に宣言した。在日朝鮮人にとってはそれまでもっていた日本国籍の代わりになる「外国籍」がないという状態となり、「朝鮮」という記載は、矛盾するようだがいわば無国籍同然の「外国籍」となった。基本的なこととして、当然ながら国籍を付与できるのはその当該の国家のみだが、1948 年に建国した大韓民国も朝鮮民主主義人民共和国も講和条約の当事国ではなく、当時、日本と国交もなかったため、日本にいた

在日朝鮮人がそれらの国籍を取得することは事実上困難だった。

　その後、1950年から希望者については記載を「韓国」に変更することが認められるようになり、それは1965年の日韓条約締結を経て「国籍」として実質化していく[5]。どういうことか。「韓国」に記載を変更するためには韓国の在外国民登録がともなうため、現在の特別永住者証明書や在留カードに記載されている、つまり、日本の在留外国人管理制度上の「韓国」は、韓国の国籍を示しているとみなすことができるわけだ。

　だがここまで述べてきたように、日本の在留外国人管理制度上の「朝鮮」という記載は、北朝鮮の国籍をもっているということを意味しない。あくまで植民地時代の朝鮮半島というエリアにルーツがあることを示す、「記号」である。そして単に、1947年の外国人登録令以来、そのまま変更しなかった人とその子孫が、今もこのように「朝鮮」と記載されているわけだ。

　このように、日本の在留管理制度上の「朝鮮」籍＝北朝鮮の国籍ではないが、無国籍同然のいわばある種のブラックボックスであることが、韓国、北朝鮮、そして日本の各国政府が、いずれも「都合よく」事実上の「北朝鮮」国籍とみなせる余地となっている。実際、かつての在日コリアンの多くが民族の解放と祖国の統一、また階級からの解放を夢見て、社会主義革命を選択した北朝鮮を、個人を超えた組織として支持し、北朝鮮政府がそのような在日コリアンを支援してきたという事実もある。そのため「国籍」としては「空白」でしかない「朝鮮」籍者を、韓国政府は丸ごと敵視し入国に制限を加え（2000年の南北共同宣言後、南北交流協力法にもとづく措置として一部緩和したが、これ自体が「朝鮮」籍者を「北朝鮮」と重ねて見ている証左だろう）、北朝鮮政府は事実上自国の海外公民とみなしている[6]。

　とくに韓国側のスタンスは南北分断による悲劇だが、この件で

もっとも責任が重いのは日本政府なのではないか。物理的にも制度的にも「朝鮮」籍の人が存在するという事態をもたらしたその張本人が、事実上の無国籍扱いで放置していることがそもそも不当だといえるだろう。

　放置だけならまだしも、分離集計の始まった 2012 年の 12 月に発足した第 2 次安倍政権のもと、「朝鮮」籍を「北朝鮮」国籍と意図的に混同することによる事実上の排除が、近年強まっている。

3　海外渡航に際して「誓約書」を強要

　日本政府は北朝鮮による 2006 年、2013 年の核実験後、それへの対応措置として、(いずれも「朝鮮」籍で特別永住資格をもつにもかかわらず) 朝鮮総連幹部らの再入国を許可しない方針を発表した。2016 年 2 月 10 日には、日本政府は北朝鮮に対する独自制裁として、「北朝鮮籍者の入国の原則禁止」に加え、対象者をさらに拡大した「在日北朝鮮当局職員及び当該職員が行う当局職員としての活動を補佐する立場にある者の北朝鮮を渡航先とした再入国の原則禁止」を打ち出した。[7]

　さらにはこれと関連して、「朝鮮」籍の在日コリアンが海外に渡航する際、入管当局が脅しともいえるような人権侵害、違法性の高い権限濫用を行なったことも明らかになっている。2016 年 3 月 31 日付の朝鮮新報によると、北朝鮮制裁に対する独自制裁が発表された 2 月 10 日以降、日本各地の入国管理事務所や空港の入管ゲートで、特別永住者証明証または在留カード上の「国籍・地域」欄が「朝鮮」となっている者に対し、「私は北朝鮮には渡航しません。仮に北朝鮮に渡航したことが確認された場合には再度上陸が認められないことを承知した上で出国します」とする内容の「誓約書」に署

名を求めるという事例が相次いで発生していたことがわかった。

「誓約書」の対象となったのは、「朝鮮」籍者で、朝鮮民主主義人民共和国（北朝鮮）「以外」の国へ渡航予定の人だという。その後、差し替えられて無題となり、処分についても、入管法に違反する「再度上陸が認められない」から「再入国許可の取り消し」へと若干緩和されたが、「誓約書」およびそれに代わる無題の文書は、法務省からの通知などの指示によって作成されたものだった。

法務省が各地の入管に示したのが参考書式だったため若干のバリエーションがあったようだが、関西空港や成田空港などで「朝鮮」籍者に提示され署名を求められた文書は、「2月10日から、政府の方針により、日本に在留する外国人の核・ミサイル技術者の北朝鮮を渡航先とした再入国は認められないことにな」ったため、「再入国許可申請時又は出国時に北朝鮮に渡航しないと申告していたにもかかわらず、日本に在留する外国人の核・ミサイル技術者が北朝鮮に渡航したことが判明した場合には、再入国許可の取り消しなどの処分を行う場合があ」ると警告していた。そのうえで、「北朝鮮へは渡航しません。日本に在留する外国人の核・ミサイル技術者が北朝鮮に渡航したことが確認された場合には、再入国許可取り消しなどの処分が行われる場合があることを理解しています」と確認し、署名するようになっていた。

「日本に在留する外国人の核・ミサイル技術者」の、対象なのかどうか定かではない「朝鮮」籍者に対しておしなべてこのような文書への署名を求めるのは、端的に不当であり、「朝鮮」籍コリアンの海外渡航の権利を侵害して不安をあおるものだ。これは、日本政府が定めた「独自制裁」の範囲をも逸脱していたといえよう。

再入国と関連しては、より一般的な問題が現在も存在する。2012年から始まった「みなし再入国許可」制度が、その対象から「朝

鮮」籍者を除外してしまう仕組みになっていることだ。これは、日本で在留資格があり有効な旅券を持っている場合、1年以内（特別永住者は2年）の出国については申請しなくても再入国許可を与えたものと「みなす」という制度である。

　現実問題として、「朝鮮」籍在日コリアンの海外渡航に際しては、現在のところ旅券を発給してくれる国家は北朝鮮だけなので朝鮮総連経由でそれを受給するか、日本政府が発給する再入国許可証だけをもってそれを旅券代わりにする場合もある。だが、北朝鮮の旅券については日本政府が有効な旅券と認めていないため（北朝鮮同様、日本と国交のない台湾やパレスチナ当局が発行する旅券は、政令により「有効な旅券」として取り扱われている）、結局は再入国許可が必要となる。1年以内の出国という条件を、特別永住者については2年以内としたことで、在日コリアンの歴史的経緯と実態を「考慮」しているようなことをにおわせつつも、「朝鮮」籍の在日コリアンだけがこのメリットを享受できないような仕組みになっているのだ。

　そもそも「みなし再入国許可」とは、「本来は再入国許可が必要であるにもかかわらず」条件つきで免除するという制度だ。何か特別なメリットであるかのように装っているが、永住資格をもつ者を再入国許可制度の対象とすることそのものが、「市民的及び政治的権利に関する国際規約」（自由権規約）違反だとして、国連・自由権規約委員会やEUから批判を受けている。そのうえ前述した「誓約書」強要のように、特定の国に渡航したら再上陸や再入国を認めないと脅すなど、重大な人権侵害にほかならない。

4　韓国渡航をめぐる「みなし再入国」運用の混乱

　こうしたなか現在、「朝鮮」籍者がもつことができる唯一の「日

本政府が有効と認める旅券」が存在する。それは、韓国政府が南北交流協力法にもとづき「朝鮮」籍在日コリアンの韓国入国のために発給している「旅行証明書」だ。本来、パスポートを紛失した場合など緊急の場合に発行される１回きりの臨時パスポートだが、それを流用するかたちでこのような用途で使われている。

とはいえ2012年にみなし再入国制度が始まった際、韓国は保守政権下にあり、「朝鮮」籍者の入国はほとんど認められていなかった[8]。2017年に現在の文在寅政権になって以降、申請者および許可者が急増したと推測されている。実際に筆者も2018年３月に申請して認められ、「旅行証明書」を手にすることになった。ただしそのとき、それがみなし再入国の条件となる「有効な旅券」となるのかどうかは不明だった。当然ながらこれは、旅行証明書を発給した駐日韓国領事館、つまり韓国政府の管轄外のことである。

そこで、法務省の入国管理局（当時）に電話して問い合わせたところ、審査管理部門にまわされ、「有効な旅券」とみなせないと言われた。そのため数日後、改めて東京入国管理局の再入国の窓口を訪れて直接確認してみた。やはり不可となり、再入国許可書の発給を受けたが、その理由は、在留管理上の国籍・地域と一致するところが発行しているものが有効な旅券という判断によるものだった。

2019年８月、再び韓国に渡航することになったため、東京出入国在留管理局の再入国の窓口を訪れたところ、今度は向こうから「韓国の臨時パスポート（旅行証明書のこと）はもらいましたか？」と聞かれた。「はい、先にもらっています」と答えると、なんと窓口の人の答えは、「だったら『再入国』不要ですよ」というものだった。「朝鮮」籍の人にも「臨時パスポート」が発給されるようになったので、それと特別永住者証明書があれば「みなし再入国」の対象になる、という。不安になり、2018年に使った再入国許可書

を見せ、「昨年は必要でした。本当に大丈夫ですか？」と念を押すと、再入国出入国記録（EDカード）をわたされ、他の旅券所持者同様、そこに再入国の意思表明のチェックさえきちんと入れたら大丈夫だと言われた。そして実際にそのとき以来、複数回の韓国渡航において、みなし再入国制度によって無事日本に再入国することはできている。

　本稿を書くにあたって、改めて法務省出入国在留管理庁の広報部に問い合わせたところ、2012年7月のみなし再入国制度が始まったときから、韓国政府発行の「旅行証明書」は有効な旅券扱いだという回答だった。とはいえ実際、窓口の不手際なのか周知の不徹底なのかの詳細は不明だが、2018年3月の時点では認められなかったし、認められるようになった後の数回の渡航でも、成田や羽田の入国審査をスムーズに通過できたためしはない。税関で不愉快な思いをしたこともある。最近でも筆者同様、「朝鮮」籍の知人が韓国への旅行証明書を取得したうえで、立川入管でみなし再入国の対象となるかどうか確認したところ、そこではわからず無知から来る余計な質問をされたうえ、たらいまわしになったという話を聞いた。

　3万人にも満たない「朝鮮」籍コリアンのうち、韓国に渡航する人数が年間何人いるかと考えても、たしかにレアケースかもしれない。だがそもそも永住者にもかかわらず再入国許可が必要なこと自体が不当かつ理不尽なことであり、かつそれは生活の拠点に戻ることができなくなるかもしれないという死活問題と直結しているのだ（実際、初めて再入国許可証をもたずに渡航した韓国から日本への帰国の入国審査は本当に不安だった）。そもそも「帰る」国などない在日コリアンの歴史的経緯と現状を考えても、もう少し誠実な対応ができないものだろうか。

　所轄官庁の法務省がこの程度なわけで、他の官公庁の対応は推し

て知るべしだろう。大きく報じられた事例としては、2014年5月ごろ、運転免許証で「朝鮮」籍在日コリアンの本籍表示を「北朝鮮」と記したケースが各地で見つかったという出来事もあった。

　在留外国人の場合、免許証のICチップに搭載された本人情報の本籍欄には、住民票記載の国籍などが表示される。「朝鮮」籍の在日コリアンの場合は当然ながら「朝鮮」と記されるのだが、東京新聞2014年6月2日付によると、同紙が確認しただけで東京都、千葉県、広島県で、免許取得や更新にともない「北朝鮮」と表記された人が存在した。

　同紙が取材したところ、警視庁は2013年8月、各都道府県警に対し、運転免許事務のシステムにおける国籍等の名称について「外務省が使用している国名に合わせる」よう求める通達を出していた。警視庁、千葉県警、広島県警の表記変更は、これにもとづいて行われたものだったのだ。警察庁の通達は、2012年7月の新たな在留管理制度への移行にともない「台湾」や「パレスチナ」が「国籍等の地域」として追加されたことによる道路交通法施行規則の改正を受けたものだったが、外務省が使用する国・地域の名称に「朝鮮」は存在しない。

　「朝鮮」は国名ではなくそれに代わるような地域名としても存在していないので、外務省のリストにないのは当然のことである。繰り返しになるがそれは、かつて日本が支配していた朝鮮半島という地名の呼称としての在留管理上の表記であり、つまり、警察庁が「朝鮮」籍の意味、つまり歴史的経緯について何も理解していない現状が改めて明らかになったということだ。なおその後、免許証の表示は当事者の抗議を受けて「朝鮮」に戻され、警察庁も同紙の取材に対して、運転免許証の国籍表示は従来どおり住民票の記載にもとづくとし、「朝鮮籍は朝鮮籍と表記する」と回答した。

また筆者の知人の話だが、最近、こんなこともあった。都内某大学院の院生だったその知人が博士論文を提出した際、大学院の事務から「文科省に博士学位の申請を出すにあたって国籍欄に不備がある」との連絡があって確認したところ、なんと「朝鮮」という表記が「不備」だとして、「書きづらいご事情があるかもしれませんが、どうか正式な名称を」と指示されたという。つまり「朝鮮」籍の存在を知らず、それを「北朝鮮」国籍だと勝手に誤解したうえで、正式な国名を書けということだ。特別永住者証明書を見せていねいに説明すると、謝罪されたうえで無事そのまま提出されることになったという。

　所轄官庁の法務省をはじめ公共的な機関がこのような状態だ。民間および一般の人びとが無理解なのはいうまでもなく、まちがった報道をする報道機関もまれではない。金融機関やカード会社、携帯電話会社などの身分証明において「国籍」を求められる場面は多く、対応における無知や無理解は、日本で「朝鮮」籍として生き日常生活を送る者にとって思いのほか大きな負荷となる。

　不勉強というのは簡単だが、政府自らこのような状況を放置するどころか、意図的に利用している節もある。その証左が、冒頭で紹介した分離集計だ。

5　分離集計のその先と朝鮮学校の処遇

　2012年からの分離集計が明らかになった2016年3月、筆者は、当時報道されたように「日本に住む『北朝鮮国籍者』が実数以上に大きく見える」という自民党の一部議員らによる強い要望により始まったのだとしたら、それは「朝鮮」籍をもはや「誤解」ではなくなかば公式に「北朝鮮」国籍とみなしたいのだということ、またそ

の目的が事実上の対北朝鮮「制裁」としての「朝鮮」籍コリアンの排除であるという疑いをもたざるをえなかった。

　そこで当時の筆者が表明したのは、分離集計の次があるとしたらという可能性として、「みなし北朝鮮国籍者」としての「朝鮮」籍在日コリアンの、もしかすると在留資格なのではないかという憂慮だった[11]。日本政府は1965年の日韓条約締結後、1947年の外国人登録令施行の時点では全員「朝鮮」籍だった旧植民地出身の在日コリアンのなかで、1950年から変更可能になった「韓国」籍者にのみ協定永住資格を付与した。その後、1991年に特別永住資格に一本化されたが、再び1965年のように分断され、排除されるのではないかという不安が頭をよぎったのだ。

　ヘイトデモを繰り広げてきた排外主義者らが2016年3月13日、大阪市の「ヘイトスピーチ抑止条例」に反対するとして開いた集会では、在日全体ではなく「朝鮮」籍者を攻撃して在日に分断をもち込むことを今後の目標に云々、という発言があったという。また2014年10月、橋下徹・元大阪市長が「特別永住」資格を「在日特権」だと主張する在特会の当時の会長と面談した翌日、特別永住制度を見直して一般永住制度への一本化を目指すとの考えを示したこともある。

　排外主義団体の者ばかりか政治家がこのような提案を公言してはばからなかったなか、大きな反発が予想されるすべての特別永住者ではなく、北朝鮮との関係という口実を盾に「みなし北朝鮮国籍としての朝鮮籍」に切り詰めればそれは十分可能で、「国民の支持」を得ることができるだろう、と思ったのは杞憂だろうか。

　それは杞憂だとしても、日本政府が、「北朝鮮」と関連づけが可能な個人、集団については、そもそも国内の外国人問題ではなく外交問題、政治問題として取り扱っているのは事実だろう。象徴的な

のが、2010年4月に当時の民主党政権が実施した高校無償化・就学支援金制度における朝鮮学校の取り扱いだ。法的には就学支援金の支給が定められている各種学校の資格をもちその条件を満たしているにもかかわらず、北朝鮮との関係をことさら取り上げ不法、不当に支給を遅らせ続けた。さらに政権奪還に成功した自民党政権は2013年、ついに省令（施行規則）改定で朝鮮学校を「正式」に除外するという行動に出た。

　日本政府は朝鮮学校に対し、戦後一貫して「各種学校」としてすら認めるべきではないという立場を取ってきた。1940年代末には東西冷戦下におけるGHQの圧力を背景に、強制的な閉鎖にまで追い込んでいる。1960〜70年代には、1950年代半ばから再建され始めた朝鮮学校を直接管理下において恣意的な弾圧を容易にする目的の「外国人学校法案」がたびたび国会に提出されてきたが、世論の反発もあって、同法案が成立することはなかった。むしろこの時期、各種学校の許認可権をもつ各地方自治体は政府の方針に反して次々と朝鮮学校を認可した。

　そのため政府は1975年、学校教育法第82条2において「我が国に居住する外国人を専ら対象とするものを除く」とわざわざことわりをつけた「専修学校」という新たなカテゴリーを設け、各種学校の上に位置づけた。つまり、朝鮮学校を排除する目的のために、同じ各種学校資格をもつ多くの他の外国人学校やインターナショナルスクールを丸ごと切り捨てることすらいとわなかったのだ。手続き上、そうせざるをえなかったからである。

　高校無償化・就学支援金制度をめぐって政府は、こうした手続き主義的な「建前」さえも取り払ってしまい、法のロジック的には切り離しがたいはずの朝鮮学校と他の外国人学校を、強引に、そしていとも簡単に切り離し、排除した。これを不当だとして全国5か所

の朝鮮高級学校や卒業生、在学生らが国を相手取り起こした訴訟で国側は、誰が見ても明らかな朝鮮学校除外の真の理由を否定して責任を原告側の疑惑に転嫁し、各裁判所も国側の主張を追認するかのような判決を下している[13]。

　このように朝鮮学校の扱いから見えてくるのは、「北朝鮮とのつながり（の可能性）」というマジックワードさえあれば、「国民感情」を口実に他と分断し、排除し、迫害することが可能になってしまっているという事実である。

6　おわりに

　本稿で取り扱ったのは、2000年代のバックラッシュ状況において、「朝鮮」籍コリアンに向けられた「上」——主に政府や制度の側——からの排除の事例だ。それは、「下」——排外主義的な国民感情——に支えられている。冒頭でも述べたように、このようなバックラッシュの時代に先立つ1990年代は、日本の経済大国化および90年の入管法改正によって外国人が多様化、増加し、国が積極的になることはなかったものの、地方や民間、また一般市民のムードとして、多文化共生への空気が、現在振り返ってみれば例外的に醸成された時期でもあった。こうしたなか、それまでの在日コリアンの権利獲得運動の成果もあって、外国人地方参政権法案や国籍取得緩和法案[14]が検討されることもあった。だが実は、こうした時期においてもそのたびに議論になり、その実現のための「ネック」になってきたのは、「北朝鮮との関係」を口実にした「朝鮮」籍在日コリアンの扱いであった。

　2018年以降、南北・米朝関係の進展と日韓関係の悪化といった外交関係をめぐる環境変化のなかで、「上」にとっても、また「下」

にとっても、その排外主義的な矛先としての北朝鮮の位置づけが相対的に低くなっているようにも見受けられる。2019年末現在の法務省の統計によると、在留外国人数は293万3127人となり、90年代に比べても日本ははるかに多国籍、多文化な国になった。また前述したように、2012年末の統計から分離集計されるようになった「朝鮮」籍の人数は2万8096人である。

　こうしたなか今後、本稿で述べてきたような「朝鮮」籍コリアンの排除を狙うような動きに変化はあるのだろうか。だが外交関係の変化や国内世論、在日外国人の動向と関係なく、当然のことながら「朝鮮」籍コリアンの人権は守られなくてはならないし、そこにかかる負荷は軽減されるべきだろう。日本政府には、その歴史的、道義的な責任がある。

◉本研究の一部はJSPS科研費19K02053「在日コリアンの「移動権」から見た新たなシティズンシップ研究の構築」（代表：筆者）の助成を受けたものである。

1　ハン・トンヒョン2019「外国人・移民：包摂型社会を経ない排除型社会で起きていること」小熊英二編著『平成史【完全版】』河出書房新社。

2　この改定と関連しては、同日をもって在日コリアンが「不法滞在」となるので入管に通報すれば「強制送還」されるというデマが流布され、排外主義者たちが一部は「リスト」も提供するなどして「通報」を呼びかけ、実際に入管に通報が相次ぐという事件が起きている（韓東賢2015・7・9「悪質な『7月9日在日強制送還デマ』で、扇動した者たちと扇動された者たち、そして温床となった入管行政」Yahoo!　ニュース個人）。

3　それまでは、法務省入国管理局が入国や在留資格更新の手続きを担い、市町村などの自治体が外国人登録証を交付して住所や世帯状況を把握してきた。

4　韓東賢2016・3・7「朝鮮・韓国籍」分離集計の狙いとは？──3月公表の2015年末在留外国人統計から」Yahoo!ニュース個人。

5　この際、韓国国籍者にのみ永住権が認められることになったため韓国国籍に変更する者が増加した。期限だった1971年までの5年間で、当時の在日コリアンの半数以上に及ぶ35万人以上が申請したとされる。なお、在日コリアンのルーツの90％以上は現在の朝鮮半島南部にある。

6　在日コリアンをめぐる南北朝鮮両政府の「駆け引き」については、ロジャース・ブルーベイ

カー、ジェウン・キム「ドイツと朝鮮における越境的メンバーシップの政治──国境外の民族同胞問題の再編成」『グローバル化する世界と「帰属の政治」』(明石書店)に詳しい。

7 別件逮捕で家宅捜索が行われるような、朝鮮総連関係機関、関係者への弾圧は断続的に続いている。そうしたなか 2018 年 2 月には、右翼団体活動家と元暴力団組員が朝鮮総連中央本部に発砲する事件も起きている。まさに「上」と「下」が共鳴しているのだ。

8 韓国外交部によれば、2012 年の発給率は 45.4%(申請は 44 件)。その後、朴槿恵政権下でも同じような数字が続いた。なお参考までに 2007 年までの盧武鉉政権当時は、ほぼ 100% 近い発給率だった(申請は年間 2000 ~ 3000 人ほど)。

9 2020 年 2 月 19 日、筆者自身が法務省入国在留管理庁広報担当者に電話で確認。

10 2018 年 5 月 11 日、成田空港の税関で、日本政府発行の再入国許可証と韓国政府発行の旅行証明書の両方を見せたところ、「行ったのは韓国だけ?」と聞かれた。「はい」と答えると、にやにやしながら「今はまだ韓国から朝鮮行けないんだよね?」と言われた。「今はまだ」は、明らかにその直前にあった現体制初の南北首脳会談を念頭に置いたニュアンスで、実際にはありえないことを知りながら、「朝鮮」籍である私の韓国経由での「北朝鮮への渡航」をけん制するような発言だったと思う。

11 注 4 に同じ。

12 1948 年 1 月、GHQ の指示を受けた日本政府は各都道府県知事にあてて、「朝鮮人学校の取り扱いについて」という文部省学校教育局長名の通達を出し、「(日本国籍を保持するとされた)朝鮮人は知事の認可を受けた学校に入学させねばならず、教科書及び教育内容は学校教育法を守らなければならない」として朝鮮人学校の閉鎖を指示した。こうして各地で出された閉鎖命令に対し、大阪では 4 月 23 日と 26 日に府庁前に数万人が集まり抗議集会が開かれたが、武装警官により弾圧され、1 人の少年が射殺されたのをはじめ多数の負傷者や検挙者が出た。兵庫では同 24 日に県庁前に集結した在日朝鮮人らが知事に撤回要求などを突きつけたが、非常事態宣言が出され、やはり多数の検挙者が出た。その後、49 年 10 月までにほとんどの朝鮮学校が閉鎖に追い込まれた。1948 年 4 月の大阪と神戸での激しい抗議行動は、「阪神教育闘争」と呼ばれる。

13 2020 年 12 月現在、大阪、東京、愛知で原告側敗訴が確定している。東京の裁判については、韓東賢 2017・9・17「教育と外交を切り離したはずの高校等就学支援金制度──理念ねじ曲げそれをなかったことにする国、かばう司法」、2018・11・3「子どもたちを犠牲にする政治、救おうとしない司法──朝鮮高校『無償化』訴訟東京高裁判決」(いずれも Yahoo! ニュース個人)に詳しい。

14 2017 年秋の衆院選挙を前に小池百合子東京都知事が設立した希望の党(当時)は、公認候補に承諾を求める政策協定書に、この 10 年、政治の場で争点にもなっていない外国人地方参政権問題をあえてもち出し、その付与に反対するという項目を盛り込み、その排外主義的な姿勢が注目された(韓東賢 2017・10・3「希望の党の性格露わにした『政策協定書』──幻の外国人参政権を踏み絵に」Yahoo! ニュース個人)。

コラム3 「思想としての朝鮮籍」を追って

中村一成

　朝鮮籍を生きる在日一世、二世の作家や詩人、社会運動家、教育者計6人への聴き取りを元にしたルポルタージュ『思想としての朝鮮籍』（岩波書店）を2017年1月に上梓した。

　「あなたにとって朝鮮籍とは？」。この問いを手掛かりに「人間」を描きたいと思い立ったのは2000年4月のこと。当時、私は新聞記者6年目だった。「在日のことしか書かない奴」「記者ではない人権活動家」などと、上司や同僚から陰口を叩かれつつも、在日外国人を取り巻く人権問題をテーマに取材し執筆していた。

　新聞記者時代に記事にした問題は、大半が日本国籍を有しないことを「理由」にした制度的な排除、社会的権利の否定、制限だ。外国籍者（当時の対象は大半が在日だった）の公務員採用をめぐり、「国籍こそが忠誠の証、公務員になりたければ『帰化』して日本国籍を取ればいい」と言い放った元自衛官の自治体首長や、「参政権が欲しければ『帰化』するのが筋」と嘯く地方議員らとも議論し、ときに激しく怒鳴りあった。

　国籍などを利用した制度的差別は、他者の痛みへの想像力を遮断し、加害者の内奥で燻る「疚しさ」に蓋をする。コロナ禍をめぐり、さいたま市が2020年3月、朝鮮幼稚園への備蓄マスク配布を拒んだ問題も構造は同じだ。後に撤回、配布したが、核や拉致問題を境に激化してきた朝鮮人、朝鮮学校への差別が、幼児の命を分別して恥じぬメンタリティを役人のなかに形成していた。制度による

権利格差は「合理的区別」と認識されやすいのだ。

　畏敬していたある部落解放運動の地域リーダーに、公営住宅入居など社会保障制度からの在日排除について話した際、「それは差別じゃなくて区別や」と言われて愕然としたこともある。彼が「差別」の認定基準とするのは「意図」だった。1950年代から取り組まれてきた同和対策事業、すなわち部落民に対する福祉や教育、就労支援の数々は、あからさまな意図や、直接的な差別言動がなくとも人を貶める制度的レイシズムに対する否のはずだった。しかし、より明確な制度的差別である「国籍条項」は彼には「区別」だったのだ。歴史をたどれば分かる差別が「区別」として得心されてしまう。そこには「国民（臣民）としての平等」を求めた水平社以来の思想的限界も垣間見えた。彼にとって朝鮮人差別とは「チョンコ」と嘲られることであり、賃貸の際に外国人には当時なかった住民票を求められること（そして、体よく入居を断られること）、あるいは拉致や核問題の度に続発したチマチョゴリの切り裂きなど、あからさまで面と向かった差別のことだった。敗戦後、戸籍から国籍に再編された「レイシズム」の構造的障壁が「差別」とは見做されない、その無理解に私は歯軋りしていた。

　そんな折、大阪・猪飼野で催された「済州4・3」の慰霊集会に参加し、そこで聞いた作家、金石範の言葉がその後の私を規定した。来場者から「朝鮮籍」を固持する理由を聞かれた金は、事実上の無国籍であり続ける思いを語った上で、当時、今では想像できないほど前向きな見通しを持てた、日朝国交正常化の可能性に言及して言ったのだ。日朝が国交を結べば朝鮮籍は自動的に朝鮮民主主義人民共和国（以下、DPRK）の国籍とされるだろう。そうなれば私は韓国国籍も朝鮮国籍も拒否して、完全な無国籍になると。自分はあくまで統一国家を求める、との問題提起だったが、当時の私に刺

さったのは何よりも「無国籍になる」との言葉、そして、檻として
の国籍を拒んで、現実への順応を迫る政治と闘うとの意志、その実
践だった。

　「貴方はなぜ朝鮮籍を堅持するのですか？」。この問いから見える
生き方をいつか形にしたい。その思いとともに、さまざまな人びと
に聴き取りを始めた。戸籍から国籍へのレイシズムの再編と、植民
地帝国の長だった裕仁の免責、存在それ自体が差別であり歴史的責
任の隠蔽に他ならない天皇制の継承で「戦後という欺瞞」を始めた
この国で、国籍による旧植民地出身者、外国籍者への差別は社会制
度と「国民」意識の隅々にまで浸透している。その上、朝鮮籍は、
「＝ DPRK」との認識に基づく敵視、弾圧の的だ。海外渡航もまま
ならない。「それでも朝鮮籍を保持するのは？」図々しい質問を繰
り返した。

　予備的な聴き取りで終わった方を入れれば、朝鮮籍をテーマに対
話した人は 50 人を超える。「分断を認めたくない」「どちらも祖国
だから一方を選ばない」「後からできた韓国籍には変えない」……
様々な答えが返って来た。なかにはこちらの緊張に肩透かしを食わ
せるように「切り替えの手続きが面倒臭いだけ」という人もいた。
特に 2002 年 9 月の拉致事件発覚以降、DPRK、総聯と自らの距離
を強調したい意識が働いているのだろう、「事実上の無国籍」とし
ての朝鮮籍を強調する人が増えたとも感じるが、現実問題として朝
鮮籍者の多くは朝鮮学校で教育を受け、総聯コミュニティで生きて
きた者たちだ。DPRK の旅券を持つ者も少なくない。日本政府が
認めていないだけで、彼らは DPRK のれっきとした在外公民であ
る。その多くにとって朝鮮籍とは、民族的少数者として日本で生き
る上での誇り、自分が何者であるかを担保するアイデンティティの
根幹をなすものだ。「在外公民だから朝鮮籍で当然」で話が終わる

人や、「故郷は南、祖国は朝鮮（DPRK）」と解答する人も少なくなかった。

　故郷の墓の管理や親戚とのつきあいを円滑にするため、夫婦の一方が韓国籍に切り替えているケースも複数あった。一組を除いて、切り替えたのは女性である。「誇り」を貫く生き方は、男性上位の価値観に支えられていた現実にも気づかされた。

　切り替えに伴う親子、地域での軋轢を聴くのは辛かった。とりわけ同胞間の分断は1965年、米国の世界戦略に後押しされた日韓国交正常化が実現する過程で先鋭化した。1952年の「外国人化」以降、店晒しだった在日の在留資格を、韓国民になれば安定させると謳って、切り替えを促進したのである（だが実際には、旧植民地出身者の不安定な法的地位が改善されるのは、協定永住〈＝韓国籍〉と、後で設けられた特例永住〈≒朝鮮籍〉が「入管特例法」に基づく「特別永住」に統合された91年、国籍喪失から40年後のことだった）。田川市などの革新自治体では逆に、韓国籍から朝鮮籍への切り替え運動が取り組まれたほど、総聯組織、活動家は反発した。

　切り替え阻止闘争をした地域もある。宇治市のウトロ地区もその一つだった。住民の大半は慶尚道の出身だが、解放後、京都で初めて朝鮮人学校（国語講習所）が出来るほど左派が強かったウトロでは、韓国籍取得は当時、「禁忌」であり「裏切り」だった。人目を忍んで切り替えに行った親子が役所前で見たのは、ピケを張る地域の住民だった。「このまま故郷に行けないままオモニに死ねっていうんか、責任とれるんか」と涙ながらに訴える息子に、「分断を認めるのか」「祖国を捨てるのか」と隣近所の人間が怒号する。彼らの異郷暮らしと分断対立をもたらした日本国の役人が侮蔑を含んだ眼差しを向ける前で、在日朝鮮人同士が罵り合うのだ。そのわだかまりは尾を引いた。「しばらくは村八分やった……」。目を潤ませな

がらそのときの光景と思いを語った息子の姿が忘れられない。

　取材を重ねるなかで、韓国籍の在日から「朝鮮籍の物神化」「（朝鮮籍）保持者を英雄視している」と批判されたこともある。「国籍なんて便宜、利便に過ぎない」「アナクロな拘り」と当事者を冷笑する者もいた。フェティシズムでも「英雄視」でもないことは、同書を読めば分かるはずだが、一方で彼らのそうした発言に、国籍変更への忌避意識が今より遥かに強かった時代に国籍を変更し、陰に日向に「裏切り者」呼ばわりされる時代を生きた者特有の反発を感じたのも事実だ。ルポにはご登場いただかなかったが、聴き取りをするなかでも、自分が朝鮮籍を堅持してきたことを人間的な優位性として語ったり、それをもって韓国籍や日本国籍を選んだ者たちの生き方を問い糾す人がいた。朝鮮籍から韓国籍へではなく、それらを捨てて旧宗主国の国籍を取得した後、裁判で民族名を取り戻した者たちの闘いを取材した経験からも、国籍を変更した者に対する同胞の厳しい視線や風圧は想像できる。なにより父系ではない日本籍の「ダブル」である私自身、「民族的正統性」を誇示する者に幾度も侮辱された経験がある。確かに切り替え者を批判／非難するのは筋ちがいだと思う。だが、そこから逆に振れ切ったように、朝鮮籍を保持するという個人の「選択」を「囚われ」や「固執」として裁断するのもおかしい。そこに自らの生き方を懸ける者もいるのだ。

　あるハルモニの一言を思い出す。独居の彼女と差し向かいで晩酌をしていたとき、彼女は唐突に呟いた。「私、裏切ってもうてな……」。死ぬまでに一度、故郷に行きたいと韓国籍に切り替えたことを告白したのだ。彼女が「誰に」「何に」申し訳ないと思っていたかが見えるだけに、「国籍は便宜、利便だから」「政治の問題だから」などとは言えなかった。彼女が鬼籍に入った今も言えないと思う。

最初は世代を跨いだ取材を続けていたが、聴き取りを進めるなか
で、朝鮮籍者を通し、この社会の退廃の根を照射したいとの思いが
強まり、対象は一世と、一世に近い年代の二世になった。人数を絞
りながらさらに聴き取りを重ね、雑誌連載後に追加取材を行い最終
的に六人に絞り込んでいった。結果的に登場人物は、イデオロギー
としてではなく、譲れない一線として朝鮮籍を生きる人たちになっ
た。

　様々な言葉を受け取った。「私にとっての朝鮮とは父親、だから
変えない」と言ったのは作家の高史明である。「国民国家の捨て子」
を自認する高は、現実事象への絶えざる批判ともいえる仏教の「空」
を具現するものとしても「朝鮮籍」を捉えていたようだ。割り切れ
ない存在、排除される存在から「国家」という人知の産物をラジカ
ルに問うとの意味である。詩誌『ヂンダレ』の元編集長で詩人の鄭
仁は、「元々朝鮮だから変える必要はないよ。抵抗がある」という
一方で、「本当は韓国と朝鮮（ここでは DPRK のこと）と日本の三つが
欲しい。自由になりたい」と打ち明けた。盟友の詩人、金時鐘が
「承知で負ける側につける男」と評した鄭は、「少数派こそが正しい
という思いも、朝鮮籍を変えない根底にある」と語った。「同胞社
会で生きる」と決意し、日本国籍から朝鮮籍に切り替えた民族講師
の朴正恵は、韓国籍、日本籍への変更を迫る政治と構造への怒りも
固持の動機に挙げた。そして金石範である。分断への否、政治と対
峙する武器としての朝鮮籍……。

　刊行から４年近くになる。至福の時間をくれた先人のうち、すで
に２人が鬼籍に入った。2020 年３月に死去した広島県朝鮮人被爆
者協議会の創設者、李実根にとって朝鮮籍は、日本共産党時代の地
下活動で投獄され、韓国への「強制送還」の危険に日々向き合いつ
つ（当時の左派朝鮮人活動家にとって反共国家への送還は「死刑」と同じ響き

があった）、硬軟取り混ぜた当局の転向要請を撥ねつけた「非転向」の象徴だ。と同時に、自らが青年活動家として「祖国」に見送った者たち、そのなかでもとりわけ広島で被爆した在朝同胞と最後まで共にあるとの「約束」でもあった。

　2018年5月に死去した朴鐘鳴にとってそれは、「思想」だった。彼は幾度も言った。「思想というのはね、衣類を着たり脱いだりするものとは違うと思うんですねえ。私は思想を変えるのは生皮を剥ぐ痛みを伴う行為だと思うんです。変えるのがダメだと言ってるんじゃないですよ。なぜ自分が変えたのかを明確にして、それまで語って来たことに対して場合によっては謝罪をしてケジメをつけるべきだと思うんです」。DPRKの金日成絶対体制の確立や総聯組織の在り様への反発などから、1960年代以降、総聯系文化人の多くが組織と訣別した。朴は、少なくとも私には、離脱それ自体をもって誰かを指弾することはなかった。だが組織人としての自らの言動を総括せず、「古巣」を批判する者への批判は静かだが、激越だった。

　彼らにとって朝鮮籍とは、順応に抗う武器であり、岐路に立ったときに立ち返る場。そして、今はないけれど、将来「在り得べきもの」に至る扉だった。多くはそれを「統一祖国」の言葉に託した。「事実上の無国籍」を生きる第一世代、そこに近い第二世代は、自らに様々な仕打ちを繰り返した国民国家の孕む問題を指摘、厳しく批判したが、いわゆる「コスモポリタン」ではなかった。翻弄され続けてきたからこそ「国」の重み、それがある者とない者のちがいを身に染みて感じていたのだろう。彼らが求めたのは、あくまで「祖国」である。とりわけその希求が厳しかったのは朴鐘鳴だった。建国を跨ぎ、親日派と右派勢力を追放したDPRKの「正統性」に共感する一方で、日本同様に米国の「戦略拠点」として誕生した韓

国で、長らく続いた軍事独裁に抑圧されながら、夥しい犠牲を払って民主化を実現した若者たちの姿に、理想とする「朝鮮」の民衆像を見つめながらも、最後まで「どちらかを選び、どちらかに背を向ける」ことを拒み、国家が人を分かち他方を「否」とする現実を拒否した。

　彼彼女らへの私のなかの思いを肉付けしていったのは、ほぼ同時期に始めたパレスチナ訪問とパレスチナ難民との出会いだった。イスラエル建国で難民とされたまま世代を重ねる彼らが求めるのもまた、「祖国」だった。その祖国とは、自分たちを「国民」として庇護し、国際社会の一員としての発言権を有する「国家」というものに止まらない。レバノンの難民キャンプで出会ったある女性はこういった。「祖国とは私たちに尊厳を与えてくれるものなのです」。その言葉は、そこに自らの「尊厳」を見出せるだけの「祖国」を創造することをも意味していると思う。イスラエルの在り様、それを生み出した国民国家体制の病理を乗り越えた先に、彼女たちの目指す祖国はあるのだろう。それは私、私たちが求めるべき祖国でもあるはずだ。アラビア語で祖国は "وطن"（ワタン）。英語の Homeland がそうであるように、国だけでなく、故郷をも意味する。地域共同体が近代以降の国民国家として拡張されていった歴史を示すと同時に、「その先」を想像することを、この言葉が我々に要求しているようにも思える。

　「あなたにとって朝鮮籍とは」との問いは、狭義の政体に止まらぬ「祖国とは何か」の問いに接続されていった。だからこそ、その「問い」の中間報告は金石範の言葉で締めた。「私は統一祖国を欲する。実現すればそこの国籍をとり、国民となる。ただそのとき、私はもはや民族主義者ではない。それ以降は、必要に応じて国籍を放棄するつもりでいる」と。このラジカルな問いかけこそが、「思想

としての朝鮮籍」を追う次の道標になると思ったのだ。

　「朝鮮籍」をめぐる探訪は、今も続いている。この間、16年にわたる探訪の末に私が辿り着いたのは、「祖国」を求めるという生き方だった。それはこの日本、東アジア、世界の現状を拒み、「在り得るかもしれない」もう一つの世界の実現に賭けること。そのとき歴史との対話がはじまる。新たな国が得てして前体制への報復と敗者の粛清で始まったこと。そして近代の産物たる国民国家体制下で起きた二度の世界大戦、新国家樹立が自国民虐殺で始まった事実の連なり。ネイションステイトへの渇望として生まれたイスラエルの暴虐の数々……。人間の歩みとは、歴史の天使が後ろ向きに吹き飛ばされながらみつめる破局の山だった。これらを踏まえ我々はどのような共同体を求めるのか。他者とどのように共に生きるのか。そのスタートであり到達点は「このようなすべてが起こらないこと」だ。「祖国」を目指すことを通じて、私は繋がりたい。先人たちと、そして世界の、国民に非ざる者たち、措定された境界の外から「私たちの祖国」を希求する者たちと。

第4章 韓国入国問題を通して見る朝鮮籍者の政治的多様性の看過

金雄基

1 はじめに

　解放後も戻ってこられないままでいる同胞も数多くいます。在日同胞の場合、国籍を問わず人道主義的次元で故郷訪問を正常化させます。[1]

　2017 年 8 月 15 日、日本による植民地支配からの解放を祝う文在寅大統領の光復節記念式典における演説のうちの一部である。21世紀に至ってもなお、国籍やそれをめぐる政治的理由によって大韓民国（以下、韓国）に入国することができない在日コリアン[2]が存在するという事実が本稿の論議の出発点である。正確には国籍ではなく朝鮮籍という、帝国日本による朝鮮統治の残滓によって、戦後の一時期、すべての在日コリアンが持たされた日本国内における法的地位を現在なお維持している人びとのことである。帝国の時代、すなわち戦前において日本臣民とされてきた朝鮮人にとって、朝鮮籍とは「非日本人」かつ無国籍を表す一方、「国籍未選択」という意味も有している。今日においてもなお、朝鮮籍を持ち続けている在日コリアンは 2019 年 6 月時点で 28,975 人[3]存在し、植民地時代から日本に居住してきた者およびその子孫を指す、いわゆるオールドカマー (old comer) の在日コリアンのうち、約 10％を占めている。

　一方、韓国社会における朝鮮籍に対するイメージはといえば、皆

無というのが実際のところである。韓国社会において、在日コリアンという存在は極めて不可視的である。それゆえ、朝鮮籍者のイメージ——「朝鮮」が想起させる朝鮮民主主義人民共和国（以下、北朝鮮）と強く結びついた存在——は韓国政府によって構築されてきた。韓国の国是が反共であることを想起すれば、ごく自然なことである。韓国において、「朝鮮」は個人の政治的志向を測るリトマス紙として機能しており、一般大衆が朝鮮籍と聞けば「北・アカ」と認識するのは想像に難くない。ましてや、朝鮮籍者内部の政治的多様性が省みられることなど、北朝鮮や在日本朝鮮人総連合（以下、総連）との関連性を持つ当事者や彼らを支持する一部の市民運動の側ですら、「おまけ」程度にその存在事実のみが言及されてきたに過ぎない。

　分断国家の片割れである韓国にとって、北朝鮮が主敵であることは文在寅政権においても変わりはない。しかし、南北対話を積極的に行ってきたことからもわかるように、リベラルの文在寅政府が持つ対北認識は「北朝鮮／総連＝対話・包摂の対象」である。一方、前任者である李明博・朴槿恵前大統領に象徴される保守政権の下においては、国是そのままに「北朝鮮／総連＝主敵」だった。こうした両極端な選択肢しか持ち得ないことが、韓国政治の振り幅を極端に大きなものとする要因として作用している。

　しかしながら、本稿の論議にとって重要なのは、リベラル—保守のあいだにおける「対話・包摂の対象」、「主敵」という差異ではない。「朝鮮籍＝北朝鮮／総連」という、政治的理念や信条の対立を超えた共通認識こそが問題なのである。日本に暮らす在日コリアンにとって、自らのルーツのある韓国との関係性の始まりは入国問題である。上述の文在寅大統領による演説は、前任者が事実上、朝鮮籍者の韓国への入国を封鎖し続けてきた問題に関し、大幅な政策転

換、すなわち国家の裁量による入国制限の緩和を行う意思を明らかにしたものである。

　それにもかかわらず、筆者は文政府のこうした政策に批判的である。なぜなら、韓国社会の朝鮮籍者に対する認識の変化が伴わない限り、こうした施策は決して「人道的次元」へと昇華することはないからである。その理由については後述するが、先に結論をいえば、朝鮮籍者をはじめとする在日コリアン総体が、５年ごとの大統領選挙の結果次第で進歩・保守政権のあいだの極めて大きな振り幅を持つ「政治的裁量」に振り回され続ける構造には何ひとつ手がつけられていないからである。

　したがって本稿は、朝鮮籍者に対する韓国政府や社会における共通認識が朝鮮籍者を含む在日コリアン総体にとって、いかにネガティブな影響を与えてきたのかについて論ずることを意図している。本稿においては朝鮮籍者のみに対象を限定しているが、在日コリアン総体が韓国の内国人および他の在外同胞と同様、実際には政治的多様性を持った存在であることを論議の前提としている。文政府を含む歴代の韓国政府は、全世界750万人と言われる韓国の在外同胞のうち、唯一在日コリアンに対してのみ「北への忠誠、南への背反」という疑念を今も持ち続けており、甚だしくはそれが制度化すらされている。朝鮮籍者のなかに政治的多様性が存在することへの認識に伴う制度的改善は、こうした疑念からの解放を意味し、さらには、韓国の在日コリアン政策を、文大統領が言うところの「人道主義的次元」へと昇華させることにも繋がるのである。

　本稿の構成は以下の通りである。本節に続く２節では、朝鮮籍者をはじめとする在日コリアン総体が、日本において歴史的にどのように扱われてきたのかについて概観する。３節では、朝鮮籍者内部における国家観、統一観といった政治的多様性について論ずる。特

に「南でも北でもない」という、朝鮮籍者共通の信条の内訳が、政治的属性ごとにどのように異なっているのかに関する検討を行う。なお、これは特定の朝鮮籍者の主張に対する支持、もしくは批判を目的としていない旨を明記しておく。4節においては、韓国政府および社会が朝鮮籍というものを今日までいかに認識し、また法的に規定してきたのかを論ずる。5節では、これまで韓国社会において不可視的存在だった北朝鮮／総連との繋がりを持たない朝鮮籍者が、韓国のオンライン請願システムである国民申聞鼓[4]を通して行った請願の内容を検討し、北朝鮮／総連との関係性もしくは親和性を有する朝鮮籍者や、彼らを支援する韓国の市民運動らによる主張との差異を検討する。そして、結論である6節において、政治的に多様な朝鮮籍者の主張に対し、韓国社会がどのように呼応していくべきかについて論ずる。

2　日本における朝鮮籍者をめぐる処遇の歴史的変遷

　在日コリアン社会は未だ植民地支配と冷戦のなかにおり、南北分断による深刻な政治的対立が依然として大きな位置を占めている。具体的には属性の異なる同胞同士の疎通が今日においても困難であることを意味している。こうした政治的緊張を日常的に抱える韓国の在外同胞集団は世界的にも在日コリアンのみであり、特殊かつ例外的存在となっている。

　このような在日コリアンの特徴、特に本稿の論議の中心である朝鮮籍者を含むオールドカマーの特徴を韓国の在外同胞という観点から要約すると以下の通りである。

　まず第一に、政治的自由が南北分断国家による干渉によって制約されている。これまで在日コリアン同士の自発的交流はことごと

く阻まれてきた。第二に、世代交代が他の在外同胞に比して急速に進行している。在日コリアンの日本への移住は、中国朝鮮族や旧ソ連高麗人と同様、20世紀初頭という、朝鮮民族の海外移住史のなかで比較的早期に始まったディアスポラとしてのものである。第三に、権利による居住国（在日コリアンにとっては日本）国籍の取得が不可能である。サンフランシスコ条約体制による、国籍選択権を伴わない日本国籍はく奪と血統主義により、現実的に民族的アイデンティティの放棄もしくは隠蔽を伴う帰化以外に国籍取得の方法が存在しない。第四に、近年まで、韓国の在外同胞統計から唯一、居住国（日本）国籍取得者が除外されてきたことからわかる通り、血統的に朝鮮民族であるにもかかわらず、韓国系日本人（Korean Japanese）は韓国における在外同胞という概念から排除されていた。血統的に朝鮮民族であれば、在外同胞としての法的地位は国籍の如何にかかわらず持ち得るものであるが、在日コリアンに対してのみは「民族＝国籍」という、というまったく異なる概念が適用されていた。[5]

　今日、日本国籍を取得していない在日コリアンの約90％が韓国国籍を持つきっかけとなったのは、1965年の日韓基本条約の付属条約である、いわゆる在日韓国人地位協定である。韓国政府は1951年から始まる日本政府との外交交渉において、初期から在日コリアンを自国民であると強硬に主張していた。[6]日本政府は在日コリアンに対する日本国籍付与とそれに伴う社会保障の給付を避けたかったことから、これに同調した。

　1952年サンフランシスコ講和条約発効によって日本が独立を回復すると、日本政府はただちに朝鮮人など、旧植民地出身者の日本国籍をはく奪した。在日コリアンを外国人──当時、南北朝鮮双方との国交がなかったので、「非日本人」という意味──としたことは、在日コリアンを日本における参政権や福祉受給権はもちろんの

郵便はがき

1 0 1 - 8 7 9 6

5 3 7

料金受取人払郵便

神田局
承認

7846

差出有効期間
2024年6月
30日まで

切手を貼らずに
お出し下さい。

【 受 取 人 】

東京都千代田区外神田6-9-5

株式会社 **明石書店** 読者通信係 行

‖‖‖·‖·‖‖‖‖‖·‖‖‖‖·‖‖‖‖·‖·‖·‖·‖·‖·‖·‖·‖·‖·‖·‖·‖‖‖·‖

お買い上げ、ありがとうございました。
今後の出版物の参考といたしたく、ご記入、ご投函いただければ幸いに存じます。

がな		年齢	性別
前			

所 〒　　-

TEL　　（　　　）	FAX　　（　　　）
ルアドレス	ご職業（または学校名）

書目録のご希望	*ジャンル別などのご案内（不定期）のご希望
ある	□ある：ジャンル（　　　　　　　　　　　）
ない	□ない

書籍のタイトル

◆本書を何でお知りになりましたか？
　　　　□新聞・雑誌の広告……掲載紙誌名[
　　　　□書評・紹介記事……掲載紙誌名[
　　　　□店頭で　　　　□知人のすすめ　　　　□弊社からの案内　　　　□弊社ホームページ
　　　　□ネット書店 [　　　　　　　　　　　] □その他[
◆本書についてのご意見・ご感想
　　　■定　　　価　　　□安い（満足）　　　□ほどほど　　　□高い（不満）
　　　■カバーデザイン　□良い　　　　　　　□ふつう　　　　□悪い・ふさわしくない
　　　■内　　　容　　　□良い　　　　　　　□ふつう　　　　□期待はずれ
　　　■その他お気づきの点、ご質問、ご感想など、ご自由にお書き下さい。

◆本書をお買い上げの書店
　　[　　　　　　　　　　　市・区・町・村　　　　　　　　　書店　　　　　　　　店
◆今後どのような書籍をお望みですか？
　　今関心をお持ちのテーマ・人・ジャンル、また翻訳希望の本など、何でもお書き下さい。

◆ご購読紙　(1)朝日　(2)読売　(3)毎日　(4)日経　(5)その他[　　　　　　　　新聞
◆定期ご購読の雑誌 [

ご協力ありがとうございました。
ご意見などを弊社ホームページなどでご紹介させていただくことがあります。　　□諾　□否

◆ご 注 文 書◆　このハガキで弊社刊行物をご注文いただけます。
　　□ご指定の書店でお受取り……下欄に書店名と所在地域、わかれば電話番号をご記入下さい
　　□代金引換郵便にてお受取り…送料+手数料として500円かかります（表記ご住所宛のみ）

書名	
書名	
ご指定の書店・支店名	書店の所在地域
	都・道　　　　　　市 府・県　　　　　　町
	書店の電話番号　　（　　　　）

こと、居住権からも排除しようとする根拠として機能した。

　では、韓国政府が民族愛や同胞意識から在日コリアンを自国民として処遇しようとしたのかといえば、まったくもってそうではない。主権の及ばない日本において、北朝鮮／総連からの切り離しを目的とする政治的監視や統制に目的があった[7]。韓国は1968年まで経済的に北朝鮮に比して劣勢であり、在日コリアンの多くは北朝鮮／総連の影響下にあった。15年、7次にわたる外交交渉において激しい対立を見せたものの、韓国政府／民団と日本政府は反共という面では利害を共有していた。こうして両政府は在日韓国人地位協定によって、（協定）永住資格を定め、韓国国籍を取得要件と定めることに合意した。

　これが勢力低下に直結するという危機感を持った総連は大々的な反対キャンペーンをくり広げた。しかし、居住権や生活基盤が不安定だった多くの在日コリアンが一気に韓国国籍の取得へと舵を切った。こうして在日コリアン社会における南北間の均衡は韓国／民団優位へと変貌していくのだが、韓国国籍取得を拒み続けた者の法的地位こそが本稿のテーマである朝鮮籍である。そして、南北間の競合とは別の理由から朝鮮籍を維持し続けた者が存在する事実もまた重要である。

　朝鮮籍は日本統治下の朝鮮戸籍に由来している。朝鮮戸籍は内地人、すなわち日本人を対象に編制された内地戸籍とは別途の朝鮮人を編制するためのものであり、戸籍間の移動は厳格に制限された。戸籍の差異を根拠として、日本人とは異なる法的処遇が行われていたからである[8]。1945年8月15日の解放後、日本政府は朝鮮人の日本臣民としての地位を停止する一方、1948年に外国人登録令による管理統制を始めた。その際、朝鮮人は国籍欄に朝鮮と記載されたのだが、それは「外国国籍者（foreign nationals）」ではなく、「非日本

人（non-Japanese national）」を意味していた。日本政府は1950年から韓国を支持する朝鮮人については外国人登録令上の記載を本人の申し出によって「韓国」と表記することを許容し始めたが、当時は総連およびその前身である在日本朝鮮人連盟が優勢だったことから、少数に過ぎなかった。こうした状況が1965年まで続いた。

　その後の1990年代初頭、韓日両国政府間の外交交渉によって締結された、いわゆる在日韓国人3世地位協定は朝鮮籍者に対しても（特別）永住資格を付与することが定められた点に大きな特徴がある。韓国側の交渉者は1980年光州民主化運動の際に鎮圧者の一員だった保守の盧泰愚政府であった。しかし、1988年ソウルオリンピックを成功裏に終え、中ソとの国交正常化や韓国内における民主化プロセスが進んだ上、在日コリアン社会における南北競合においても勝負が決したという、ある種の余裕が反映された結果といえよう。日本社会もまた、1980年代半ば以降の経済的ピークを迎え、それに伴う人権意識の高まりが当時は存在していた。

　しかし、21世紀に入るとすぐに状況は一変した。2002年9月、日朝首脳による平壌会談の席上、金正日国防委員長は諜報機関による日本人の拉致を認め、小泉純一郎首相に対して公式に謝罪した。これが今日に至る北朝鮮バッシングのきっかけとなったのは周知の事実である。北朝鮮政府に追従する総連支持者らの動揺と失望は極めて大きく、総連からの大量離脱や韓国国籍への変更事例が頻発した。これに伴う総連社会の縮小は自給自足的コミュニティの縮小を招き、それがさらなる離脱の原因になっている。総連組織本体だけでなく、朝鮮学校、金融機関や芸術団など、雇用のパイが著しく縮小しているからである。

　このような過程を経てもなお、今日約3万人の在日コリアンが朝鮮籍を維持しているのである。今日、朝鮮籍を持ち続ける者のなか

には、北朝鮮国家に対する所属意識を持つ者もいれば、国家や総連とは距離を置きつつも、コミュニティとの交流は続ける者など、温度差が存在している。しかし、いずれにせよ、彼らの価値観の中心には総連コミュニティの核心的理念である「祖国統一」がある。大きく縮小したとはいえ、総連コミュニティの強固な結束力自体はこの政治的理念によっていまだ健在である。

　しかしながら、統一を総連側の専有物と断定するのは妥当ではない。なぜなら後述するとおり、総連、とくに朝鮮学校式教育に基づかない統一論理に則り、自発的な政治的選択の発露として朝鮮籍を保持している者が少なからず存在しているからである。このように３万人という少数のなかにおいても、各自の信条や価値観、政治認識などにおける差異が存在しているのである。次節ではこうした点に対する検討を行う。

3　南北朝鮮との関係性によって明らかになる
　　朝鮮籍者の政治的多様性

　２節で論じた朝鮮籍者をめぐる歴史的経緯は以下の通り要約することができる。

　1945 年、解放直後に日本国籍者としての地位が停止され、1948年、外国人登録令によってすべての朝鮮人は「非日本人」、すなわち日本国民としての権利からの排除を意味する朝鮮籍という法的地位を有することとなった。1965 年、韓日基本条約の付属条約である、いわゆる在日韓国人地位協定に伴い、永住資格取得に際して韓国国籍取得が要件と定められたことから朝鮮籍からの離脱が進行し、総連優位が崩れはじめた。1991 年、韓日両政府間による、いわゆる在日韓国人３世地位協定によって、永住資格の付与対象が朝鮮籍にも拡大され、居住権の安定が図られた。しかし、2002 年金

正日国防委員長による日本人拉致事実の是認と謝罪が総連コミュニティからの大量離脱、さらには朝鮮籍の放棄現象を引き起こした。その一方で、総連コミュニティとは関係性を持たない朝鮮籍者も存在している。今日において朝鮮籍を維持する在日コリアンはオールドカマー総体のうち約10％まで減少している。

　このように朝鮮籍者の政治的類型は総連コミュニティとの関係性によって２つに区分される。本稿では論議を分かりやすくすることを目的として、総連コミュニティや朝鮮学校式教育の影響の多寡のちがいはあるにせよ、関係性や親和性を有するという意味で「親北」、これらを持たない朝鮮籍者を「非北」と便宜上の呼称を使用することとする。前者が熱狂的な北朝鮮／総連支持者ばかりではないことに留意されたい。たとえば総連組織やコミュニティが生活困窮者の問題に対処してくれた義理から、関係性を断ち切ることのできないでいる高齢者といった事例なども含まれるからである。いずれにせよ、総連コミュニティを背景とする「親北」朝鮮籍者は集団的かつ実存的である。

　対照的に「非北」朝鮮籍者は極めて個人的かつ観念的である。金日成一人独裁体制やその代弁者である韓徳銖初代総連議長による支配に反発して総連を離脱した在日一世の知識人らに加え、このような背景を持たず、自らの意思と努力によるアイデンティティの模索によって朝鮮籍を選択した二、三世も存在している。彼らは日本社会で生まれ育ち、総連コミュニティのような、密接な在日コリアン同士の関わりを持ち得なかったケースである。韓国社会には「ウリマル（韓国・朝鮮語）やウリ・ムンファ（韓国・朝鮮の文化）を知らずにアイデンティティなど持ち得ない」と吹聴する向きがあるが、これは在日コリアンに対する認識の欠如の最たるものといえよう。

　「非北」朝鮮籍者の存在が韓国社会において詳細に認知され、政

治的意見の表明が行われたことはこれまで『火山島』の作者である小説家金石範や詩人金時鐘など一部を除けば皆無に等しかった。「親北」朝鮮籍者の権利擁護を主張する韓国の市民運動によって、その存在事実のみが付言されてきたに過ぎず、その具体的主張に関心が示された形跡は見当たらない。このことは、「朝鮮籍＝『親北』」と見なしているのは韓国政府だけでなく、市民運動もまた、「北」として擁護の対象としてきたことの証左である。

　このような様相は韓国の民主化後においても変化がない。たしかに文在寅政府による「人道主義的」対応によって、本稿執筆時点（2020年11月）までのあいだにおいて、朝鮮籍者に対する入国制限はほぼ解消されている。しかし、その恩恵を享受することができるのは「親北」朝鮮籍者、もしくは「親北」と認識されることをいとわない「非北」朝鮮籍者に限定されているのが現実である。その他の「非北」朝鮮籍者はその存在すら認知されておらず、彼らが「親北」という政治的レッテルを貼り付けられることを受け容れない限りにおいて、祖国の門戸は閉ざされたままなのである。なぜなら韓国政府は「朝鮮籍＝『北』」を制度化しているからである。その制度とは次節で詳述する南北交流協力法にもとづく韓国政府発行の旅行証明書による入国である。これに対し「非北」朝鮮籍者三世の詩人、丁章は以下の理由から旅行証明書による韓国入国を拒否している。

　　南北統一の信条により、分断論理に従うことを望まない私としては、臨時旅券（旅行証明書、筆者注）の使用を拒否せざるを得ず、したがって（日本政府発行の、筆者注）再入国許可証の使用による入国を求めます。私は南北双方の国家を共に国家として認めております。しかしながら、同時に南北いずれかの存在の

みを肯定したり否定したりする立場にもありません[9]。（下線は筆者による）

　このように、丁章が旅行証明書（臨時旅券）の使用を拒否する最たる理由は、「南北統一の信条」によるものであり、南北分断国家いずれの権威にも追従しないというものである。この点において、不承不承であれ、究極的には旅行証明書を発行する韓国政府の権威を受け容れている「親北」朝鮮籍者とのちがいは歴然である。

　丁章は自らの法的地位である朝鮮籍を根拠として、日本に生まれ育った事実をもって唯一発給を受けることのできる日本政府発行の再入国許可証に対する、韓国政府による入国ビザの発給を求めて駐大阪韓国総領事館にくり返し申請を行っている。彼は韓国を「国家として認める」ゆえ、ビザの発給を行う政府の権威を認める一方で、「南北いずれかの存在のみを肯定したり否定したりする立場」にないことから、韓国の権威に従うことを意味する旅行証明書の使用は拒否しているのである。再入国許可証の使用を望んでいる点は、彼が「親日」——大日本帝国に迎合し、同族である朝鮮人を搾取迫害することで利益を享受する行為——だからではなく、彼が植民地支配という歴史的経緯の延長線上から日本で出生し、暮らしてきた事実をもって、発給を受けることが可能な唯一の公的身分証明手段だからに過ぎない。つまり、史実を体現するところに目的がある。

　一方、「親北」朝鮮籍者の信条に対する検証も必要である。ある朝鮮籍者は以下のように自らの信条を語っている。

　　私は貧しい、つまらん人間ですけど、朝鮮人としてのプライドを持って、曲げず、おもねらずに生きてきたつもり。これが

誇りです。朝鮮人として生まれ、民族と祖国を取り返して生きてきた。朝鮮籍でいるのは別の大した理由じゃない。後でできた韓国の国籍に替える必要はないし、ましてや日本に替えるなんてありえません。<u>韓国にだってアメリカにだって堂々と朝鮮籍で、朝鮮民主主義人民共和国の国籍で入りました</u>。私のプライドですよ。[10]（下線は筆者による）

　このように自らの信条を明らかにした1929年生まれの広島出身の朝鮮籍者二世李実根。約9万3000人の在日コリアンが北朝鮮へと渡った帰国事業において同胞を説得し、送り出すことにまい進した総連活動家である。その後、北送された同胞のなかに被爆者がいるのが明らかになったことから、その救援活動に従事する一方、日本の被爆者運動から在日コリアンが排除され続けてきたことを問題提起した人物でもある。北朝鮮にいる被爆者の治療問題に日本政府が責任を負うことを求める活動を行ってきた。

　「親北」朝鮮籍者が必ずしも北朝鮮国籍を有しているわけではなく、むしろ少数であるなか、李実根は北朝鮮国籍の所持を公言してアメリカに入国した初の人物である[11]。米朝間に国交が存在しないことから、日本政府発行の再入国許可書にアメリカ政府発行のビザの発給を受けて入国したものと思われる。筆者の知る限りではあるが、こうした形による朝鮮籍者のアメリカ入国はその後も続いているからである。一方、韓国への入国に際しては旅行証明書を受け容れたものと推定されるが、それは上述の通り、韓国における南北交流協力法の適用を受けたと考えるのが合理的だからである。「韓国にもアメリカにも、堂々と朝鮮籍で、朝鮮民主主義人民共和国の国籍で入りました」という彼の言葉からは、「朝鮮籍＝北朝鮮国籍」という認識を垣間見ることができる。

このような認識の差異は、朝鮮籍者として、祖国の統一過程にいかに関与していくのかをめぐる認識においても現れている。前出の丁章は、統一の過程には関与しないという「非北」朝鮮籍者の統一観と相通じるものがあり、統一のプロセスに積極的に関与し、自らの役割を果たす意思を持つ「親北」朝鮮籍者とは正反対である。また、南北に等距離な彼の国家観は民族学校であると同時に北朝鮮の国民教育機関でもある朝鮮学校式教育を受けた「親北」朝鮮籍者が「北は祖国、南は故郷」として認識しているのと異なっている点もまたしかりである。このようなちがいは「非北」三世の丁章のみに限定されない。総連コミュニティとの関係性を持ち続けつつも、辛辣な批判を行った在日一世の文芸人鄭仁の認識は、むしろ丁章に通じるものがある。祖国に関する問いに対し、彼は以下のように語っている。

　　やっぱり一応は統一した祖国やろうなあ。なんせストレートにいえば、今の北朝鮮の政権にも朴槿恵の政権にも俺、帰属感ないもん。でも出自は朝鮮人や。これは間違いない。そういう出自に対する愛はあるよ。あるけど、国家権力に対する帰属感はない。あえていえば自分自身に帰属してるとしかいいようがないよ。朝鮮籍なのもそこ。[12]（下線は筆者による）

　鄭仁は総連組織で長く働くなかで、詩人金時鐘などと共に総連文芸誌『チンダレ（진달래）』で活動し、編集長も務めた人物である。その過程で朝鮮語を話せない二世らが日本語による文芸活動を行うことを総連組織から否定され、その承認なしに作品の掲載を許さない政治的介入に反発して組織を離れた、いわゆる「チンダレ論争」の中心人物である。彼は北朝鮮国家までが介入した批判にもかかわ

らず、「本国」への従属をあくまでも拒絶した。当時は日本の文壇において在日コリアンが文芸活動を行う途が閉ざされていたため、鄭仁らの行動は「食い扶持」、すなわち己の生存をかけた闘いだったといえる。

　これに比して、朝鮮学校の卒業生である在日三世李正愛の統一観は極めて明快であり、鄭仁とは対照的である。韓国男性と婚姻した彼女は自らを「総連同胞」と称し、「ウリハッキョ（朝鮮学校）に通った同胞」であるゆえ、「北も南も理解でき、双方を愛することができる」として、朝鮮学校の卒業生こそが祖国統一の過程に貢献が可能という強い自負を持っている。祖国に暮らし、人的交流の体験を持つ一世とは異なり、三・四世ともなると、言語と文化の理解がある朝鮮学校の卒業生が韓国社会との関係性を持つ実在的な在日コリアンの最大多数となりつつあるのが近年の現象であることは事実である。

　「北は祖国、南は故郷」という「親北」側の認識からは、南の正統性に対する疑義を読み取ることができる。金日成主席の恩恵があってこそ朝鮮学校が存在しているという認識は、すでに分断国家の一方に寄り沿っている事実を如実に示している。こうした点から、「南でも北でもない」と主張している「親北」朝鮮籍者の自己認識は、実際には「北でありつつ、南でもあろうとする」と理解するのが正確なところであるといえよう。一方、南北双方に属さずに等距離を保ち、統一の過程にも介入する意思を持たないという点において「南でも北でもない」を厳密に体現しているのは「非北」朝鮮籍者とするのが妥当である。

　だからといって、「南でも北でもない」ことをもって「非北」朝鮮籍者の側が南北朝鮮の行方に関心がないというわけではまったくない。双方に対して批判的という点にこそ特徴がある。済州四・三

事件をモチーフとする長編小説『火山島』の執筆に生涯を捧げた在日一世の金石範は南北双方に対し、辛辣な批判を行っている。

　　北朝鮮が人の暮らせる場所であり得ようか。私は南にいても死んでいただろうし、北にいたなら銃殺されていたであろう。
　　親日派、民族反逆者勢力を中心に作られた李承晩政府が（上海）臨時政府の法統を継承できたのか。ここに歴史の歪曲、虚偽が露見したのであり、これに対抗するため単独選挙と単独政府樹立に対する反対闘争が起こり、その同一線上で起こったのが四・三事件である[14]。

　一方、総連の側に属しつつ、生涯をかけて民族教育活動における牽引車的役割を果たしてきた 1928 年生まれの在日一世朴鐘鳴は 2018 年に死去するまでのあいだ、南北双方の土を踏むことは一度もなかったが、その認識は李正愛のそれとは異なっており、世代による差異をうかがい知ることができる。

　　私は第一に民族です。南か北か、総連か民団かとかではなくて、民族としてどうあるべきかを考えてほしいと若い人にも言ってきた。その民族がより良い在り方を生きるために国を形成する、その理念を現に運営、展開するために政府がある。たとえば大韓民国という国がある。いまだに反共が国是で、理念として表現されている部分は問題がある。実際、軍事独裁政権が続きましたが、青年たちが膨大な血潮を流し、その何万の犠牲の上、民衆の力が、韓国を民主主義の国として基本的に定着させた。つまり、韓国にいる、わが民族の相当部分の人が、韓国とはどういう国であるべきかの一点で、民衆の思いを実現で

124

きる国に押し上げていった。これが素晴らしい。今、政府（朴槿恵政府、筆者注）は批判しますが。[15]（下線は筆者による）

　「親北」の内部においても、こと国家や統一を巡る認識に関しては、上述の李実根のような事例もあることから、世代のちがいによる多様性が存在していることだけはまちがいない。さらにいえば、差異の存在に関しては三世の場合も同様である。高校まで朝鮮学校に通った在日三世の歴史学者鄭栄桓は以下のように韓国メディアで自らの信条を明らかにしている。

　　　韓国社会において朝鮮籍は「南北のいずれにも属さない境界人」と理解されています。もちろんそうした理解が間違ったものではありません。この問題はほんとに説明が難しいのですが……（しばし沈黙）（韓国の）メディアや進歩陣営で朝鮮籍を南でも北でもない人たちとひとまず規定しています。しかし、私が強調したいのは、私は「北でないわけではない」ということです。在日朝鮮人のこれまでの歴史を見ると、北と様々な縁を結んで生きてきましたし、私は（高校まで）朝鮮学校に通っていました。今も総連系人権団体（在日本朝鮮人人権協会）の理事を務めています。私が国家的アイデンティティを必ずしも北にのみ置いているわけではありませんが、北も認めざるを得ません。これまで私が自ら選択しながら生きつつ活動してきたのに、それを否定したいとは思いません。（下線は筆者による）

　こうした彼の信条をめぐる告白は極めて率直なものである。このインタビューは、彼が駐大阪韓国総領事館に旅行証明書の発給を拒否されたことに対する訴訟が韓国で行われていた時点に行われてお

り、判決に悪影響を及ぼしかねない状況だったことから、大変な勇気をもって発した発言と想像させられる（実際に大法院〈日本の最高裁にあたる〉での敗訴確定）。

　以上のように、これまで定説となっており、韓国の市民運動やアカデミアにおいて受容されてきた朝鮮籍者の「南でも北でもない」という自己認識を詳細に検討してみたところ、多様性が存在し、同じ属性を持つ者のなかにも揺らぎや幅といったものが存在している。朝鮮籍という法的地位の誕生した経緯が南北分断国家とは関わりのないところにあることから、「親北」朝鮮籍者の自己規定もまた「南でも北でもない」と理解されがちであったが、その主張を検討してみると、実際には「北でありつつ、南でもあろうとする」存在であるという点が確認できる。一方、法的地位、政治的立ち位置のいずれも「南でも北でもない」のは「非北」朝鮮籍者のことを指しているという点も確認できた。こうした検証は「親北」、「非北」のいずれかに正統性があるのかを問うのではなく、朝鮮籍者の内部に政治的多様性が存在するという事実を提示することに目的がある。なぜなら、文在寅大統領のいうところの「人道主義的次元」によって、朝鮮籍者の韓国入国問題の解決を目指すのなら、政治的主張の如何を問わず、また、政権ごとの裁量によって振り回されない形によって、朝鮮籍者すべてを在外同胞として受容すること、すなわち、韓国政府だけでなく韓国社会全般が共有する「朝鮮籍＝北・総連」という等式を崩すことが不可欠だからである。

4　韓国は朝鮮籍者をどのように処遇してきたのか？

　ここでは韓国の法や制度といったものが朝鮮籍者をどのように扱っているのかについて検討を行う。結論からいうと、朝鮮籍者の

韓国内における法的地位は、韓国国民ではあると同時に無国籍者であり、血統を根拠とする法的地位としての在外同胞からは排除されているという、複雑怪奇かつ荒唐無稽な存在と規定されている。

　朝鮮籍者と韓国のあいだにおける関わりの始まりは1975年朴正煕政府による総連系在日同胞母国参墓団事業である。この事業は当時、中央情報部次官補を経て駐大阪総領事館総領事に任命された趙一済のアイデアよるものである。植民地時代に日本で育った彼の在日コリアンに対する認識は実体験に基づく情報部門の専門家らしいものだった。韓国の右派言論人趙甲済は次のように彼を評している。

　　　彼（趙一済）は18歳の時に大阪で解放を迎えた在日同胞出身である。同胞社会の生理を熟知している彼は、朝鮮総連とはいえども<u>筋金入りの共産主義者は少数に過ぎない</u>と判断していた。また、北送（帰国事業によって北朝鮮に渡った・筆者注）同胞が9万3000人にも及ぶので、朝鮮総連であれ、民団であれ、<u>在北同胞と縁のない者はほとんどいなかった</u>。このような事情を無視し、朝鮮総連加入者30万人全てを敵に回す修辞式アプローチに疑問を抱いていたのが趙総領事だった。
　　　当時、対共捜査機関はスパイ捜査の実績を上げるため、空港に網を張り巡らせ、北朝鮮との関わりのある<u>在日同胞を些細な件で連行し、国家保安法違反容疑をかけて無理な捜査を行っていた</u>。[16]（下線は筆者による）

　ちなみに、ここで言及されている「在日同胞」とは朝鮮籍者のことではない。「些細な件で連行し、国家保安法違反容疑をかけて無理な捜査」の対象となったのは、主として母国韓国への修学によっ

て大学や、その準備段階である韓国語教育機関で学んでいた、韓国国籍の在日二世の若者たちだった。ここで本稿の論議の流れとは多少かけ離れてはいるが、背景知識として必要であるという点から、韓国国籍の在日コリアンの韓国との関係性について論じてみたい。

　東京小平市にある朝鮮大学を頂点とし、幼稚園から小中高に至る学校教育システムを整備した総連に対抗するため、1960年代初頭から韓国政府と民団が始めたのが母国修学事業である。少なからぬ韓国国籍の在日コリアン二世の青年らが韓国語の習得や現地の大学進学を目的として韓国に赴いたのであるが、韓国社会における人的ネットワークが希薄だったことから、情報当局の対共捜査部門による格好のターゲットとなった。その多くが「北のスパイ」へと捏造されたのだが、その目的はレッドコンプレックスと反日感情の強かった韓国社会の軍事独裁に対する反発の矛先を在日コリアンへと向けさせることにあった。

　趙一済はこうした捜査がでたらめであることを理解していたゆえ、自らの大阪での体験をもとに「今後、在日同胞を連行する際には必ず私の許可を受けるように」と指示したのである。160人以上といわれる在日コリアン青年が捜査当局に連行され、拘禁、拷問、強姦に遭っただけでなく、甚だしくは死刑判決を受け、拘置所で24時間手錠を嵌められたまま数年間過ごした者さえいた。こうした事情が在日コリアン社会に伝わったことから、母国修学を諦めることで人生設計が変わるなど、間接的に影響を受けた者も少なくなかった。スパイ捏造の被害者は主として大学生をはじめとする20代が多く、彼らは韓国の民主化後に再審請求を行っている。これまで36人連続で無罪を勝ち取っているが、その人生は国家賠償という金銭によっては決して補償し得るものではない。

　ここで重要なのは、こうした経緯によって、非総連系の在日コリ

アン社会が母国との架け橋となり得る人材を一気に失ってしまった点である。令状なしに逮捕拘禁され、長期拘束の末に釈放された後にもほとんどの者が社会の一線に立つことができなかった。学生がほとんどだった彼らが韓国社会における足場を持ち得なかったことは、今日、非総連系在日コリアンの存在そのものが韓国との関係性が決定的に希薄になってしまった原因となっている。

また、こうした史実は今日の韓国メディアが在日コリアンといえば総連系もしくは朝鮮学校出身者であるかの如く報じる状況を生み出したことにも繋がっている。なぜなら、朝鮮籍者が個人として韓国訪問が可能となったのは、韓国が民主化後の2000年6・15南北共同宣言以降のことだからである。つまり、彼らが韓国社会との関係を持ち始めたのは安全が確保された後のことなのである。実際に総連との関連性を持つ彼らが今日における韓国社会で自らの信条を自由に公言できる状況こそはまさしく民主化の果実といえよう。しかし、このことが在日コリアン総体の政治的自由度が高まったことを意味しているわけではないことに留意すべきである。

ここで論を戻すこととする。朝鮮籍者の韓国入国に際して必要な旅行証明書の根拠法は南北の統一問題に関する専門部署である統一部が主管する南北交流協力に関する法律、いわゆる南北交流協力法である。同法第10条は以下の通り、朝鮮籍を同胞として扱いつつも韓国の外部者と定義している。

　　第10条（外国居住同胞の出入りの保証）<u>外国籍を保有せず、大韓民国旅券を所持しない外国居住同胞</u>が韓国を往来するためには、「旅券法」第14条第1項の規定による旅行証明書を所持しなければならない。（下線は筆者による）

問題なのは韓国政府がこの法を根拠とし、朝鮮籍者を一様に「北」として制度的として定義づけている点である。この条文が今日においては事実上、唯一朝鮮籍者のみを対象として作られたものといえるのは、第一に「外国籍を保有せず」、第二に「大韓民国旅券を所持しない」、第三に「外国居住同胞」集団は今日において朝鮮籍者が唯一だからである。過去においては日本の植民地支配によって現在のサハリン（樺太）に徴用された朝鮮人が解放後、旧ソ連もしくは北朝鮮国籍の取得を拒否し続けたことによって無国籍者として存在し続けたケースがこれに該当していたが、韓ソ間の国交が正常化して往来が可能となったことから韓国国籍の取得が進んだ。

　さらに問題なのは、第10条の条項がなぜ南北交流協力法に含まれているのかという点である。同法を読み進めると、残りの44の条文はすべて韓国人の北朝鮮との人的交流や投資などに関するものであり、突如として第10条で朝鮮籍者の問題に触れているからである。取ってつけた感じというのが筆者の印象である。いずれにせよ、南北交流協力法こそは韓国政府が朝鮮籍者を「すべて『北』」と見なしている証拠である。

　しかも矛盾したことに、韓国政府は別の法律によって朝鮮籍者を大韓民国国民と規定している。[17] 3節で言及した「親北」朝鮮籍者の李正愛は韓国人の夫と婚姻した後、韓国外交部によって旅行証明書の発給を拒否され、入国を阻まれた経験を有している。彼女は2010年、韓国法務部に対し、外国人に対して発給される配偶者ビザの申請を行ったのであるが、韓国外交部領事課が朝鮮籍者は無国籍者であるとくり返し説明を行っていたことから、彼女はビザの発給を期待していた。しかし、法務部は彼女を韓国国籍所持者、すなわち自国民と判断し、その申請を却下したのである。その根拠となったのは彼女の父親が血統的に朝鮮民族という事実である。

法務部の判断を根拠に、李正愛は次に外交部を訪れ、韓国旅券の発給を申請した。しかし、外交部は彼女の要求をあくまでも拒否した。なぜなら、外交部は朝鮮籍者を大韓民国の国民と見なすものの、あくまでも旅行証明書によってのみ身分証明が可能とする既存の制度に固執しているからである。その目的は「朝鮮籍者＝すべて『北』」という認識の制度的固定化にあるといえよう。こうした状況は今日、文在寅政府が朝鮮籍者の韓国への入国機会を「人道的次元」から保障すると表明した後においてもなお変化がない。

　一方、「親北」朝鮮籍者の立場を擁護する韓国の市民運動は韓国往来の制約が文在寅政府によってほぼ解消されたことで現在は小康状態となっている。しかし、こうした理解や運動方式をもってしては、政権が変わるたびに政治的裁量に基づく寛容な入国許容と排他的な封鎖がくり返されるだけである。つまり、彼らもまた、韓国政府と同様、朝鮮籍の韓国入国問題を普遍的人権もしくは人道主義といった観点ではなく、政治的論理によって活動を行ってきたと見なさざるを得ないのである。

　さらに、朝鮮籍者の曖昧かつ脆弱な地位は南北交流協力法によってのみ規定されているわけではない。統一部管轄の南北交流協力法において朝鮮籍者をひとまず「外国居住同胞」と定義しているのとは異なり、外務部管轄の在外同胞の出入国と法的地位に関する法律（以下、在外同胞法）は朝鮮籍者を在外同胞の定義からすら排除している。その根拠となるのが同法第2条である。

　第2条（定義）

　この法で「在外同胞」とは、次の各号のいずれかに該当する者をいう。

　1　大韓民国の国民として外国の永住権を取得した者もしく

は永住する目的で外国に居住している者（以下「在外国民」という）

　2　大韓民国の国籍を保有していた者（大韓民国政府樹立前に国外に移住した同胞を含む）もしくはその直系卑属として<u>外国籍を取得した者</u>のうち、大統領令で定める者（以下「外国国籍同胞」とする）（下線は筆者による）

　外交部が在外同胞の要件として、韓国であれ外国であれ国籍の所持を定めているのは、それを持たない朝鮮籍者の排除に繋がっており、在外同胞法第2条はこの点を意識して意図的に設計されたという疑念すら持たざるを得ない。このことはまた、朝鮮籍者と日常的な関わりを持つその他の在日コリアンに対する韓国社会の疑念を固定化させる要因としても作用している。

　これまで検討してきた朝鮮籍者の韓国内における地位を再度要約すると、韓国の国民として定義されることで厳格な管理統制を受ける一方、韓国における居住権や市民権は保障されてはいない。また、朝鮮籍者は海外に居住し、朝鮮民族の血統を有しているにもかかわらず、唯一法的地位としての在外同胞の範疇から排除されている。こうした状況は、韓国の法廷専門記者李範俊がいみじくも「国際迷子」と評した状況そのものである。[18]

　ここから再び浮かび上がってくるのは、韓国の政府、市民運動のいずれもが「親北」朝鮮籍者を政治の領域で捉えているという事実である。韓国政府や社会にとって、南北分断がいかに大きな問題であるかを示唆していると言えよう。その根本には3節で論じた朝鮮籍者の政治的多様性に対する意図的もしくは無意識的な認識の欠如がある。なぜなら、朝鮮籍者内部における政治的多様性が認知されるならば、そもそも南北交流協力法第10条の根拠である「朝鮮籍

者＝北・総連」という公式そのものが成立しないからである。

5 「非北」朝鮮籍者による韓国社会に対する
　　政治的主張

　本章では、一人の「非北」朝鮮籍者が韓国のオンライン請願システムである国民申聞鼓において訴えた請願内容（全文は〈資料〉参照）に対する検討を行う。これを取り上げる理由は、「非北」朝鮮籍者による自らの存在をめぐる政治的主張が初めて韓国で行われることの意義がどのようなものなのかについて論ずるためである。彼の主張には何が含まれ、どのような対案が提示されているのかを見ていきたい。結論からいうと、彼の示した対案は韓国の政情がいかに変容しようとも、「人道的次元」での対応を可能とするに値するものである。

　3節で述べた通り、在日三世の「非北」詩人丁章は大学までのすべての教育課程を日本の学校で修めており、彼の両親も含めて総連コミュニティとの関わりは一切ない。韓国語や文化を学ぶ機会がほとんどなく、彼が通っていた大阪郊外の公立小学校に設置されていた民族学級という、在日コリアン児童生徒のためのアイデンティティ教育の場で週1時間の課外授業を受けたのがすべてである。

　地域社会のなかで自らの努力によってアイデンティティを回復し、朝鮮籍という法的地位を選び取った彼の作品のなかには南北分断国家との関わりに関する作品も散見される。南北双方に対して等距離を置いていることが作品にも反映されている。この点は世代や背景は異なるものの、彼は総連を離脱し、日本社会のなかで民族や統一をテーマに文芸活動を行ってきた「非北」朝鮮籍の知識人たちと相通じるものがある。そして、何よりも故郷である分断以前の朝鮮を望んでおり、分断国家の一方に追従することを是としていな

い。

　彼の人生に影響を与えたのはこうした在日知識人の先達と共に、同じ地域に暮らしていた司馬遼太郎の存在である。在日知識人たちの多くが総連組織から離脱したことによって文芸活動の場を失っていたなか、司馬をはじめとする文化人らの助力によって日本の文壇に活躍の足場を築くこととなった。そのなかで彼らの多くが朝鮮籍を統一の象徴として維持していた。

　「非北」朝鮮籍者は数的に極めて少数である。しかし、その多くが日本社会において表現活動に従事していることから、その発信力は決して小さいものではない。小説家金石範はその代表的人物であるが、彼は1948年ごろから済州島で始まった李承晩政権による民衆虐殺である四・三事件を逃れて日本に渡ってきた。その後、総連の前身である朝連、民戦で文芸活動に従事したが、金日成の独裁とそれを支持する総連に反対して離脱した。

　したがって、彼は南北双方に対して批判的な立場であり、上述した済州平和賞の受賞スピーチの他の箇所にもそれが現れている。

　　　南と北に真っ二つになった片割れではなく、統一祖国の国籍
　　を望む私は「国籍」によって支えられた祖国を持たないのに等
　　しい。もともと祖国は一つであり、植民地時代においても南北
　　は一つだった。[19]

　この発言は済州四・三事件という民間人虐殺事件が反共論理に基づく共産主義者に対する懲罰であったとして正当化する姿勢を堅持する韓国の保守層を激昂させた。四・三事件の再評価と韓国国家の正統性に対する疑義を提起した金石範は「親北」論者として検察に刑事告発されたのだが、彼が総連に反旗を翻し、辛辣な批判者であ

る事実が省みられた形跡は一切ない。その後、彼は文在寅政府になるまで韓国に入国することができないでいたのだが、それは旅券業務を主管する外交当局が何ら明確な理由も示さないまま、その裁量によって旅行証明書の発給拒否を続けたからである。

　朴槿恵前大統領の弾劾に伴う2016年の大統領選挙において、文在寅をはじめとする多くの候補者が情報部門を担当する国家情報院の国内査察機能、すなわち国民監視機能の廃止を公約に掲げた。民主化をより前進させるという観点から韓国社会からはおおむね歓迎されたのだが、その一方海外については現状維持を続けるということの問題に関心が払われた形跡はほとんどない。これが在日コリアンにとって何を意味するのかといえば、軍事政権当時と同様、同胞同士の自由な交流や対話に対してこれまで通り制約が加えられることを意味している。統一を掲げて南北対話に積極的な文在寅政府にしてこれである。

　こうしたなか、丁章は2018年11月、韓国政府による朝鮮籍者への処遇の改善を求めてオンライン請願システムを通して問題提起を行ったのである。韓国語を解しない彼がこのような請願を日本語で行うことができたのは、多言語対応を行っているシステムの賜物であるが、これは韓国の多文化社会や在外同胞に対する関心の高まりの影響といえよう。以下、彼の請願書[20]の内容に沿って論を進めることとする。

　まず、丁章は自らの地位について「私は貴国の国民としてではなく日本に特別永住する在日同胞」とし、「南北どちらの国家の構成員にも」、「南北どちらの在日組織の構成員になったこともありません」としている点で「親北」朝鮮籍者とは立場を異にしている。彼はその理由を「私の意志により、国籍選択を保留しているから」としている。

次に、「国籍選択を保留」している理由については、「将来私が国籍選択をおこなう場合、その選択の対象となる国家が、南北両国家の話し合いにより合意した民主的で平和的な方法によって成立する統一国家であると考えているから」としているが、こうした国家観は一見「親北」側のそれと類似しているように見える。しかし、南北どちらにも属さない立場からのものという点でやはり根本的に異なっている。

　また、彼は旅行証明書使用拒否について、「法的根拠が南北分断の論理に基づかれている」ことを理由としているが、それは「自己の志操を曲げてそれに従うことが私にはできないから」であり、ゆえに彼は韓国への入国ができないままなのである。彼が求めてきたのは、「日本国法務省発行の『再入国許可書』を使用」することであり、一般の外国人と同様、韓国政府発行のビザの交付を再入国許可書に受けることである。これは朝鮮籍者以外の無国籍者に対しては実際に行われていることである。韓国政府が彼の請求を却下し続けているのは、前章で見た通り、韓国政府が制度的にすべての朝鮮籍者を「北」と見なすと同時に韓国国民と法的に規定しているからである。

　そこで彼は対案として、南北交流協力法ではなく、在外同胞法の改正を請願したのである。前節で言及した通り、朝鮮民族の血統を根拠とする在外同胞という一般的な認識とは異なり、在外同胞法においては国籍を持たない朝鮮民族、すなわち朝鮮籍者を法的地位としての在外同胞から排除していることを特徴としている。そこで彼は「私のような『在外国民』でも『外国国籍同胞』でもない在外同胞が見落とされて」いる点を指摘する一方、「『旅行証明書』の使用に同意することは、自らが『在外国民』や『外国国籍同胞』であることに同意すること」であり、「私の志操に反する」としている。

こうした理由から、丁章は「私が『旅行証明書』を使用して貴国に入国するために、海外同胞法の定義の改正を貴国に提案したい」とし、同法第2条に朝鮮籍者を前提とする「無国籍同胞または国籍未選択同胞」を在外同胞の定義に含めるよう、以下の条項を新設することを提案している。

　　　追加案
　　　第2条3　大韓民国の国籍を保有した者（大韓民国政府樹立前に国外に移住した同胞を含む。）又はその直系卑属であってどの国籍も取得せず（無国籍状態で）外国の永住権を取得した者又は永住する目的で外国に居住している者（以下“無国籍同胞または国籍未選択同胞”という）

　韓国社会に人的ネットワークを持たない丁章がこのように請願を行うのは「一家の父親である私の祖父母の地を家族揃って旅行してみたいという素朴な想い」によるものである。こうしたささやかな希望を叶えることについて、彼は「韓国憲法第4条『大韓民国は、統一を指向し、自由民主的基本秩序に立脚した平和的統一政策を樹立し、これを推進する』という精神にも決して反するものでない」としている。

　一方、韓国の市民運動の側は韓国入国のための旅行証明書発給審査における韓国政府の裁量権の範囲を限りなくゼロに近いレベルまで縮小することを求めているが、これは主権国家としての体を放棄せよと主張しているのに等しい。こうした主張がその支持対象である「親北」朝鮮籍者の利益を擁護する観点から提起されていることは、ひとたび韓国の政情が保守に傾いた場合、「非北」朝鮮籍者をはじめとするその他の在日コリアンまでもが反共国家韓国において

「北／総連」のレッテルを貼り付けられかねない。したがって、こうした主張が説得力を持ち、広範な支持を得るためにも朝鮮籍者のなかに存在する政治的多様性を理解し、多様な立場を精緻に理解した上で、各々の主張を収斂した上で論理を再構築していくことが必要なのである。

一方、丁章の請願について検討すると、彼は在外同胞法の定義ゆえに旅行証明書の使用に同意できないとしているが、この点に関して筆者は上述の通り、「朝鮮籍＝北／総連」を法的に定義する役割を果たしている南北交流協力法こそがもう一つの問題の根源であると認識している。朝鮮籍者に対する旅行証明書の根拠法を南北交流協力法から在外同胞法へと変更、もしくは別途の法律によって規定することもまた必要である。

朝鮮籍者をめぐる韓国の法体系がこのように整備された場合、「朝鮮籍者＝『北』」と見なすことはもはや不可能となる。こうすることで、韓国の政情が保守、進歩のいずれに傾くにせよ、政治的裁量が介入できる余地を少なくとも論理的には最小化することが可能となる。しかし、現状は韓国政府や市民運動の側による文在寅大統領のいうところの「人道主義次元」は単なるレトリックに留まっているといわざるを得ない。法や制度、認識のいずれの枠組みにおいても何ら変化が生じた形跡がないからである。本気で人道主義を実現する意思があるのなら、自らを政治的二分法の一方に置き、敵か味方かという観点で朝鮮籍者をはじめとする在日コリアンを裁断するのではなく、その政治的多様性の存在を前提とした上で、政情に左右されない枠組みを構築することこそが、多様な価値観との共存を可能とするといえよう。

6　結論

　唯一、在日コリアンのみが韓国社会で絶えず突き付けられるのは
「（南か北か）どっちだ？」という疑念である。忠誠心に疑いのある
在日コリアンの良心や信条の自由の重みなど、分断国家韓国におい
てはこの程度のものに過ぎない。1970-80年代にかけて、こうした
疑義は在日コリアン青年の生死にかかわるものだった。社会的無理
解と孤立という弱みにつけ込まれ、国家暴力によって人生そのもの
を台無しにされた者も少なくない。こうして非総連系の在日コリア
ンは祖国とのつながりを喪失していった。

　その一方で、今日、まるで他の政治的属性を持つ在日コリアンな
どそもそも存在しないかのごとく、韓国メディアでは総連や朝鮮学
校と近い在日コリアンに関する報道が連日行われている。文在寅政
府が熱意をもって統一問題に取り組んでいるのと軌を一にしている
のかも知れない。しかし、逆説的にこうした現象は韓国社会がいか
に分断論理に毒されているのかを示している。

　本稿において筆者は在日コリアン、そのなかでもわずか10％に
過ぎない朝鮮籍者のあいだにおいても二分法では裁断することので
きない政治的多様性が存在することを論じてきた。こうした不可視
的存在がこれまで韓国、日本を問わず認知された形跡はほとんどな
かった。しかし、多様性の認識は朝鮮籍当事者や韓国の市民運動に
よる主張が普遍的人権の論理に立脚し、より説得力を高めるために
も必要なことである。少なくとも、「親北」朝鮮籍者以外の在日コ
リアンの利益に逆行することだけは避けられるともいえよう。こう
した状況の背景には進歩でなければ保守という二分法、すなわち韓
国政府における中道政治の不在が背景にあるのだが、これもまた朝
鮮半島の南北分断による弊害である。

さらに本稿は、南北双方からこぼれ落ちてしまう「非北」朝鮮籍者が統一を望みつつ、南北双方に等距離を置いていることについても言及した。丁章はこうした政治的信条から韓国への入国が果たせていないままでいるが、文在寅政府が「人道主義次元」を本気で唱えるのなら、「朝鮮籍者＝北／総連」という等式を崩した上で、新たな制度設計を行えばいいのである。血統的に朝鮮民族であれば少なくとも社会通念的には韓国の在外同胞となり得るはずだが、韓国政府が朝鮮籍が国籍ではない点を悪用し、朝鮮籍者を排除する制度を作り上げたとするなら、民主化は口先だけのものといわざるを得ない。

　ここまでの論議を通して筆者が思うのは、在日コリアンの側もまた、各自の政治理念を超えた総体の利益、いわば公益といえる視点が希薄だったということである。公益として語られてきた多くの事象が、実は組織や信条を等しくする者同士の利益に留まっていたのではないだろうか。在日コリアンにとっての統一とは、実は各自の身近なところに暮らす他者の存在に思いを馳せるところから始まるものなのかも知れないと考えさせられた次第である。

参考文献

『연합뉴스』;『제주도민일보』;『한겨레』

길윤형 ,「조선적도 한국 입국도 끝내 포기할 수 없는 이유는」,『한겨레』, 2016. 7. 6, http://www.hani.co.kr/arti/politics/defense/751112.html (2020 년 5 월 17 일 검색)

김범수 ,「박정희 정권 시기 "국민"의 경계와 재일교포 : 5·16 쿠데타 이후 10 월 유신 이전까지 신문 기사 분석을 중심으로」,『국제정치논총』제 56 집 제 2 호 , 2016. 6. 163-206 쪽 .

김웅기 ,「조선적자의 다양성과 문재인 정부의 입국 허용정책을 둘러싼 쟁점」제 114 집 , 2018, 193-214 쪽 .

리정애, 임소회, 「재일동포 리정애의 서울 체류기 : '우리학교'를 보셨나요？」, 『민족 21』, 2008. 3.

박현정, 「그들의 시간은 1945 년에 멈춰 있다」, 『한겨레 21』, 2013.11.15, 제 986 호 .

조갑제, 「조총련 母國방문 기획 趙一濟 전 정보부 차장보 별세」, 2018. 10. 21. www.chogabje.com/board/view.asp?C_IDX=80387&C_CC=BB (2020 년 5 월 17 일 검색)

홍정규, 「「신동빈 청문회''박원순 공방'…포털 독과점 논란도 (종합)」, 『연합뉴스』, 2015. 9. 17. https://www.yna.co.kr/view/AKR20150917097151001 (2020 년 5 월 17 일 검색)

在留外国人統計「国籍・地域別　在留資格（在留目的）別　在留外国人」2018 年 12 月。

徐京植『半難民の位置から：戦後責任論争と在日朝鮮人』影書房、2002。

丁章「韓国国民のみなさまへ：在外同胞の定義を改正するよう請願します」国民申聞鼓、2019。

丁章「詩 南の領事館へ」『抗路』第 2 号、2016 年 5 月 126 頁。

鄭榮桓「在日朝鮮人の『国籍』と朝鮮戦争（1947-1952 年）：『朝鮮籍』はいかにして生まれたか」『PRIME』40 巻、2017、36-62 頁。

中村一成『思想としての朝鮮籍』岩波書店、2017。

閔智焄『韓国政府の在日コリアン政策：包摂と排除のはざまで』クレイン、2019。

〈資料〉　丁章による請願書

韓国国民のみなさまへ──在外同胞の定義を改正するよう請願します

丁章

謹啓

　저는 우리말을 잘하지 않기 때문에 이하 일본말로 실례하겠습니다 .

　私は在日サラム (사람) 3 世の丁章という者です。日本国大阪府の猪飼野の東はずれにある東大阪市で家業と詩業を営んでいます。このたび貴国への入国を求めて、韓国国民のみなさまに私の想いを訴えます。

　私は貴国の国民としてではなく日本に特別永住する在日同胞です。日本政府

が発行する特別永住者証明書の国籍等の欄には「朝鮮」と記されております。この「朝鮮」は北韓（朝鮮民主主義人民共和国）の国籍を表すものではありません。いわゆる「記号」または「地域名」もしくは「無国籍」としての「朝鮮」です。

　これまで私は南北どちらの国家の構成員にもなったことがありません。同様にまた、南北どちらの在日組織の構成員になったこともありません。それは私が、私の意志により、国籍選択を保留しているからです。私が南北の国籍選択を保留し、また他国の国籍も取得せずに、事実上の無国籍者であることを選択して日々を暮らしている理由は、将来私が国籍選択をおこなう場合、その選択の対象となる国家が、南北両国家の話し合いにより合意した民主的で平和的な方法によって成立する統一国家であると考えているからです。つまり私は우리半島の平和統一への望みと、そして우리民族の志操を「無国籍」を貫くことによって表している者です。

　それゆえに私は普段、海外旅行に出かける時は、日本国法務省発行の「再入国許可書」を使用しています。

　私は「再入国許可書」を使用しての貴国への入国を求めて、これまで過去に４回、貴国の大阪領事館に査証申請をおこないました。しかし貴領事館担当者の回答は、貴国発行の「旅行証明書」を使用しての入国でなければ認められないとのことで、毎度入国を断られてきました。

　私がこれまで貴国が求める「旅行証明書」の使用を拒んできたのは、旅行証明書の法的根拠が南北分断の論理に基づかれているため、自己の志操を曲げてそれに従うことが私にはできないからです。つまりここで私が言う「南北分断の論理」とは、「韓国政府が韓半島の唯一の正統な政権である」という論理のことですが、私は貴国がその論理を保持することに異議を挟むつもりは毛頭ありません。ただ、その論理の視点からは見落とされる現実が存在することを私は訴えたいのです。

　「旅行証明書」に係わる法律は、「旅券法」や「南北交流協力に関する法律（南北交流法）」、そして「在外同胞の出入国及び法的地位に関する法律（在外同胞法）」がありますが、私が旅行証明書の使用に同意できない理由の最たるものが、在外同胞法第２条の「定義」にあります。

　　第２条（定義）この法律において＂在外同胞＂とは次の各号のいずれか

に該当する者をいう。

　　1　大韓民国の国民であって外国の永住権を取得した者又は永住する目的で外国に居住している者（以下＂在外国民＂という。）

　　2　大韓民国の国籍を保有した者（大韓民国政府樹立前に国外に移住した同胞を含む。）又はその直系卑属であって外国国籍を取得した者中大統領令で定める者（以下＂外国国籍同胞＂という。）

　以上の定義では、私のような「在外国民」でも「外国国籍同胞」でもない在外同胞が見落とされています。この定義を根拠にした「旅行証明書」の使用に同意することは、自己が「在外国民」や「外国国籍同胞」であることに同意することであり、それは私の志操に反することになります。

　そこで私は、私が「旅行証明書」を使用して貴国に入国するために、海外同胞法の定義の改正を貴国に提案したいとおもいます。

　　追加案

　　第2条　3　大韓民国の国籍を保有した者（大韓民国政府樹立前に国外に移住した同胞を含む。）又はその直系卑属であってどの国籍も取得せず（無国籍状態で）外国の永住権を取得した者又は永住する目的で外国に居住している者（以下＂無国籍同胞または国籍未選択同胞＂という。）

　以上の条項を追加すれば、私も海外同胞の定義に含まれることになり、旅行証明書を使用しての入国に同意できます。

　私の妻は日本人であり、わが子2人は二重国籍者です。一家の父親である私の祖父母の地を家族揃って旅行してみたいという素朴な想いからも、この請願書をしたためています。貴国は文在寅大統領政府のもとで南北両国の平和統一に向けての和解と交流がこれからますます盛んに進んでいくことかとおもいます。貴国が、私のように国籍選択を保留し、無国籍の立場でいる在日同胞にも観光旅行の道を開くことになれば、それが南北分断の国家的論理を超えた、私たち全同胞の民族的悲願である祖国統一への道を拓く一歩となるのではないでしょうか。祖先の地を自由に旅してみたいという人間として当たり前な私の望みが、どうかかないますことを私は祈る想いで待ち望んでおります。そしてこの私の志操は、貴国の憲法第4条「大韓民国は、統一を指向し、自由民主的基

本秩序に立脚した平和的統一政策を樹立し、これを推進する」という精神にも決して反するものでないと私は信じています。

　このひとりの小さな詩人の声に、貴国のみなさまが耳を傾けてくださいますよう、どうかよろしくお願いいたします。

　그럼 실례하였습니다. 잘 부탁드립니다.

艸々頓首

＊　本稿は김웅기,「조선적자의 다양성과 문재인 정부의 입국 허용정책을 둘러싼 쟁점」,『일본학보』제 114 집 , 2018. 2., pp193-214; Kim, Woongki, "Outcomes of ROK's Misperceptions of Chōsen-seki Zainichi Koreans," *Journal of Japanology*, No 122, 2020. 2, pp.195-220. をもとに修正・加筆を行い、日本語による執筆を行ったものである。This work was based on the Humanities Korea Plus Program (HK+) conducted by the Institute of Japanese Studies of Hallym University, supported by the National Research Foundation of Korea Grant funded by the Korean Government (MOE). (2017S1A6A3A01079517)

1　文在寅大統領による第 72 周年光復節慶祝辞。「[전문] 文대통령 " 모든 것 걸고 진쟁 막겠다 " ……72 주년 광복절 경축사 」,『YTN』, 2017. 8. 17. https://www.yna.co.kr/view/AKR2017081502600001(2020 年 6 月 10 日検索)

2　本稿では日本に暮らす韓民族を指す様々な用語のうち、「在日コリアン」を使用することとする。多様かつ葛藤に充ちた政治的属性を網羅するにあたっての最善 (best) の対案だからである (最上〈most〉とは主張しない)。その際、「在日朝鮮人」は下部領域のなかの一集団という意味付けとなる。「在日朝鮮人」という用語が歴史的存在、すなわち日本による朝鮮植民地化の影響により日本へと移住し、定住しているコリアン・ディアスポラ (Korean Diaspora) を意味していることについては筆者も同意するところである。しかしながら、今日に至るまで南北分断が厳存し、朝鮮民主主義人民共和国 (北朝鮮)／在日本朝鮮人総連合 (総連) 支持という意味を内包していることもまた否定しがたい。一方、「在日コリアン」は日本社会においてますます激しくなっている「北朝鮮バッシング」を回避する手段として総連自らが使用している事例も散見される。このような状況を考慮すると、「在日朝鮮人」を総称として使用することに固執することは、一種の「政治的選択」と見なすことができる。しかしながら、戦前時期及び総連誕生以前の事象を論ずる際には本稿においても「朝鮮 (人)」を使用することとする。

3　「第 1 表の 2 国籍・地域別在留資格 (在留目的) 別総在留外国人」、法務省入国管理局、『在留外国人統計』2019 年 6 月。https://www.e-stat.go.jp/stat-search/files?page=1&layout=datalist&toukei=00250012&tstat=000001018034&cycle=1&year=20190&month=12040606&tclass1=000001060399 (2020 年 6 月 10 日検索)

4　国民参与ポータルシステム (e-people) とも称される韓国の統合型オンライン公共請願窓口を指す。政府機関である国民権益委員会によって運営されており、朝鮮王朝時代における申聞鼓制度をモチーフとしている。政府機関による不合理、不公正かつ不当な政策や意思決定、慣行などによる権利侵害や告発を目的としており、韓国語を含む 15 の言語で受け付けてい

る。日本語のホームページには「世界のどこでも利用できる『国民シンムンゴ』は、たとえ小さな問題でも国民の民心に耳を傾け、創造的なアイデアを積極的に受け入れることにより、新しい韓国を作りあげていきます」（e-people ホームページ： https://www.epeople.go.kr/foreigners/pps/pps.npaid）と記されており、韓国国籍を持たない者の訴えも可能である。

5　韓国外交部の主張は『民団がそれ（日本国籍者の排除）を求めているから』というものだったが、統計を作成するにあたって他の在外同胞と異なる基準を適用することを、こうした政治的理由をもって正当化してきたのは論外である。こうした慣行もまた、在日コリアンを他の在外同胞とは異なる処遇を行ってもかまわないという認識の延長線上にあると言える。

6　この件に関しては閔智焄、『韓国政府の在日コリアン政策 (1945‐1960)：包摂と排除のはざまで』、クレイン、2019 参照。

7　日本との国交正常化前から国民登録制度（現在は在外国民登録）が存在しており、その発給を受けた者は南に属していることを示す、政治的リトマス紙の役割を果たしてきた。在外国民登録なしには韓国旅券は発行されず、こうした形で韓国政府は在日コリアンを統制しているといえる。

8　たとえば移動の自由である。日本人の朝鮮渡航に制限がなかったのに対し、朝鮮人の日本渡航には警察の発行する渡航証明書が必要だった。また、日本の傀儡国家だった満州国への移動においても日本人は旅券の必要はなかったが、同じ日本臣民だった朝鮮人についてはやはり渡航証明書が必要だった。

9　丁章 (2016. 5)、「詩　南の領事館へ」、『抗路』第 2 号、126 頁。

10　帰国事業（北送）によって北朝鮮に「帰国」した在日被爆者に対する支援活動の中心にいた李実根の証言。中村一成 (2017)『思想としての朝鮮籍』、岩波書店、179-180 頁。

11　上掲書、171 頁。

12　上掲書、110 頁。

13　리정애・임소희 (2008.3)、「재일동포 리정애의 서울 체류기：‘우리학교’를 보셨나요？」、『민족 21』、159 쪽.

14　金石範による第 1 回済州平和賞受賞スピーチの内容。『済州道民日報』、2015 년 4 월 2 일.

15　朴鐘鳴の証言。中村一成、前掲書、70 頁。

16　조갑제 (2018.10.21)、「조총련 母國방문 기획 趙一濟 전 정보부 차장보 별세」、www.chogabje.com/board/view.asp?C_IDX=80387&C_CC=BB (2020 년 5 월 17 일검색)

17　朝鮮過渡政府法律第 11 号第 3 条第 1 項および制憲憲法第 3 条は誰が韓国人であるかを定めた法律であるが、これによると、「朝鮮人の父から生まれた者は朝鮮人」と規定されていることから、朝鮮籍者は韓国国民という解釈が可能である。高希麗 (2019.6.30)、「法的側面からみた朝鮮籍者：日本・韓国の立場から」、日本移民学会年次大会ラウンドテーブル「『朝鮮籍』からみるトランスナショナリズム」発表資料。

18　이범준、「한국인 인정 못 받는 ' 조선적 ' 동포, 대법 판결 따라 ' 국제미아 ' 될 수도」、『경향신문』、2012 년 12 월 9 일.

19　『제주도민일보』、上掲記事。

20　丁章、「韓国国民のみなさまへ――在外同胞の定義を改正するよう請願します」、2018 年 11 月。全文は〈資料〉を参照。

海外の「無国籍」コリアン

李里花

　海外に出ているときに、もし自分の国がなくなってしまったら、どうなってしまうのでしょうか。トム・ハンクス主演の映画「ターミナル」（スティーヴン・スピルバーグ監督、2004年公開）は、旅先の空港に降り立ったものの、機上にいるあいだに祖国がクーデターによって消滅してしまい、入国も帰国できずに空港ターミナルで長い年月を過ごした男性が主人公の物語です。映画では彼が空港ターミナルのなかで仕事を得て、恋に落ち、空港職員と友情を育んでいく様子がコミカルに描かれていますが、この映画は実際に1988年からパリのシャルル・ド・ゴール空港に18年暮らしたイラン人男性がモデルになっています。

　有効なパスポートとビザをもたないと「合法的」に国境を越えることも、滞在することもできません。もし映画の主人公のように、ある日突然、自分の国がなくなってしまったらどうしたらいいのでしょうか。

ハワイへの出稼ぎ

　20世紀はじめに朝鮮半島からハワイに渡った人びとも、渡航先で同じような状況に立った人びとです。これらの人びとは、1903年から1905年にかけてハワイのサトウキビ農場に働きにでていた出稼ぎ労働者でした。すでにハワイには1852年から中国からの労働者が、1868年から日本からの労働者が働いていたものの、日本

人労働者の数が1900年に6万人に達し、人口の4割（農場労働者の7割近く）を占めるようになると、経営者は日本人労働者が団結してストライキを起こさないよう、日本以外の国々から労働者を集めようとします。労働者のあいだに競争意識を芽生えさせ、生産力をあげようとするねらいもありました。これを受けて朝鮮から約7800人の労働者が太平洋を越えていきました。

　朝鮮人労働者は、出稼ぎを目的とした年齢の若い、独身の男性が中心でした。ただ初期は、西洋で信仰の自由を叶えようとしたキリスト教徒とその家族が労働者としてハワイに渡っています。また当時の朝鮮で英語を話すことができたのは、キリスト教会の牧師であったことから、彼ら（全員男性でした）が通訳として労働者に随行し、現地でも指導的な役割を担いました。このような背景から、朝鮮人労働者は血縁・地縁関係がほとんどない人たちによって構成されましたが、現地でキリス教会を中心とする自助組織やコミュニティを築いていきました。

　当時の朝鮮人労働者は、船賃を仲介会社から借り、現地で働いて得た賃金から毎月返済することに「合意」した人びとでした。しかし労働を条件に渡航費を借りて渡米することは、米国政府が奴隷制の廃止とともに禁止していたため、朝鮮人労働者は事前に「契約」はせずに、「合意」してハワイに渡っていきました。ただ渡航費といっても、当時は朝鮮半島から日本まで移動し、さらに太平洋航路に乗り換えてハワイまで幾日もかけて船で移動する時代です。費用を返すためにハワイで2年近く働き、さらに十分なお金を稼いで帰国の途につくまでには多くの時間がかかりました。

　滞在が長期化していくなかで、家族を呼び寄せる人もいましたが、渡航時に独身だった人も多かったことから、日米紳士協定（1908～1924年）の下で日本人労働者のあいだで行われていた「写真

結婚」という制度を通して結婚した男性もいます[3]。これは男女が仲人を通して写真を交換し、お見合い結婚するしくみでした。1924年まで951人の朝鮮人女性が「写真花嫁」として太平洋を渡っていったといわれています[4]（以後、ハワイの朝鮮半島出身者とその子孫を「コリア系（移民）」といいます）。

「無国籍」となる──祖国独立運動の発展と凋落

　韓国併合（1910年）によって、朝鮮半島が大日本帝国の支配下に入ると、ホノルルの日本領事館はハワイに滞在するコリア系住民に対して帝国臣民としての登録を済ませるよう通達します。しかしコリア系の人びとは自分たちが大韓帝国のパスポートを持ってハワイ（当時のハワイはアメリカ領土）に入国したことを理由に、この呼びかけに応じませんでした。

　ただ当時は、アメリカの国籍を取得する道も開かれていません。戦前のアメリカでは、アジア生まれの外国人が「帰化不能外国人」に分類され、アメリカ国籍を取得することが認められていませんでした。出生地主義によってアメリカ生まれの二世はアメリカ国籍を自動的に取得できたものの、一世はどこの国からも庇護を受けることができない「事実上の無国籍」になってしまったのです（「事実上の無国籍」については第1章を参照）。

　このとき、人びとはどうしたのでしょうか。まず急速に高めたのは、朝鮮の独立を支援する運動でした。アメリカにはすでに朝鮮の独立運動を率いるリーダーが亡命していましたが、彼らがこの頃から活動の拠点をハワイに移していきます。後に韓国（大韓民国）初代大統領となる李承晩も、このときハワイの地を踏んだ一人でした。独立運動の気運が高まるなか、政治組織や教育機関が組織され、軍事訓練も実施されました。コリア系が集まるキリスト教会や

附属学校も重要な活動拠点となったことで女性や子どもも関わりながら運動が展開し、祖国に対するナショナリズムを急速に高めていきました。

　しかし朝鮮半島で独立示威運動の「三一運動」（1919年）が起こると、上海に大韓民国臨時政府が樹立され、独立運動のリーダーやその支持者たちが次々とハワイを離れ、上海に向かいます。ハワイの人びとは上海の活動を引きつづき支援したものの、独立運動家がハワイに残していった政治的対立やコミュニティの分裂に翻弄され、独立運動に対する熱烈な関心を失っていきます。その様子は、当時のホノルルの日本領事館が「ハワイ方面の独立運動は次第に衰える傾向」（1925年）と本国政府に報告するほど顕著な変化でした。[5]

二世の台頭──コリアでもアメリカでもない

　次に台頭したのは、アメリカ生まれの二世の活動です。1930年にはコリア系のなかでアメリカ生まれの人口が集団の54％を占め、世代交代が進みます。[6]二世は、祖国独立に奔走した親の背中を見ながら育ったものの、英語を母語とし、「アメリカ人」としての教育を受けた世代です。

　そのため新しい世代のあいだで帰属をめぐる二つの語りが展開します。一つは、自分たちが「コリアンでもあり、アメリカ人でもある」という主張でした。二重の帰属意識をもっていくことを積極的に評価していこうとするこの考えは、コリア系のみならず、同じように世代交代を経験していた日系などの移民コミュニティにおいても台頭した若者たちの主張でした。当時のハワイでは、「どこの国を出身とするか」という「出自国（national origin）」をもとにコミュニティが形成され、自己と他者を分ける境界線がつくられていました。「コリアン」や「ジャパニーズ」、「チャイニーズ」などに分か

れ、出自国にもとづく分類が所与のものとなるなかで、二世は「出自国」に属することも、アメリカで生まれた「アメリカ人」としての帰属も肯定的に捉えようとしたのでした。

しかしコリア系の二世のあいだには「出自国」に対しても、「アメリカ」に対しても複雑な想いがありました。まず、「コリア」が実際の国家として存在しないことに葛藤がありました。さらに親世代は「無国籍」のままです（なかには、大日本帝国臣民としての登録をすませている人もいましたが、そこには一様ではない複雑な事情もありました）。一方で、「アメリカ人」であるといわれながら育ったものの、アジア人であることを理由に二等市民としての待遇を受け、「移民国家」アメリカの理念と現実が結びつかない現状も目の当たりにしていました。そのため二世のあいだで、自分たちには帰属する国がないのではないか、という声が台頭していきます。ここで「国がない」という考えを抱いた人のなかには、どこにも帰属しないと考える人もいれば、ハワイ生まれであることに帰属意識を持とうとする人もいれば、信仰の世界に自分たちの存在を見出そうとする人もいましたが、いずれも自分たちの帰属意識がコリアかアメリカのどちらか一つの国家にあるわけではない、と考えていた点で共通していたといえます。

戦時下で「敵性外国人」となる

しかしコリア系移民の状況は、真珠湾攻撃と日米開戦によって一転します。戒厳令が敷かれたハワイでは、日本人移民が「敵性外国人」に範疇化されますが、ここでいう「日本人」のなかにコリア系も含まれ（厳密にいうと戒厳令政府は日本人移民とコリア系移民を区別しなければならないという認識がなく）、コリア系も「敵性外国人」の対象となります。ハワイでは日本人移民の人口が多かったことから、ア

150

メリカ西海岸で実施されたような大規模な強制移住は行なわれませんでしたが、かわりに市民の生活が厳しい監視下に置かれ、日常生活や経済活動に多くの制限が課せられる形で戦時下の生活が始まりました。

　コリア系の人びとは、当初自分たちが「日本人ではない」と主張し、それを証明するために祖国独立運動を通して日本の帝国主義と戦ってきた歴史を強調します。しかしこの語り口が、日本人移民が多く暮らすハワイでは戦時下の「市民の調和」を著しく乱すものだと見なされ、逆に戒厳令政府から危険視されてしまいます。

　そのためコリア系の人びとが代わりに語りだしたのは、アメリカへの忠誠と戦時協力を誓うことでした。自分たちがアメリカの「友好的外国人」であることを強調することによって、コリア系の人びとは自分たちが「敵性外国人」ではないことを主張しようとしたのでした。しかし戒厳令政府がコリア系の声を聞き入れることはなく、1943年になるまでコリア系の人びとを「敵性外国人」から外すことはありませんでした。

記憶される歴史と忘却される歴史

　戦後は、大韓民国からアメリカに移住する人が急増し、アメリカ合衆国にはコリア系をルーツにする人びとが約182万人（2015年）存在するようになりました。ハワイも1970年代から韓国系移民が増え、2010年にはその数が2万4千人（コリア系をルーツにする多民族的背景をもつ人を含めると4万8千人）に上りました[8]。

　コリア系をルーツにする人がアメリカ国内で増えていくなかで、戦前のハワイにおけるコリア系移民の歴史は、「パイオニア」の歴史として記憶されようとしています。2003年の移民百周年祭では、ハワイのコリア系移民の歴史が礎にあるからこそ、今のコリアン・

アメリカンがなしとげたアメリカン・ドリームがあるのだとハワイ
のコリア系移民が辿った足跡が称えられ、「アメリカにおけるコリ
ア系移民の 100 年の歴史を認める宣言書（Historical Significance of 100th
Anniversary of Korean Immigration to the United States)」が米国連邦議会で承
認され、公的な記憶となっていったのです。

　さらにハワイで展開した朝鮮独立運動の歴史にも近年は注目が集
まっています。帝国主義の時代に国をなくし、苦難の歴史を辿った
のは、ハワイのコリア系のみならず、朝鮮半島の人びとが辿った道
のりです。2003 年の移民百周年では、独立文化院という祖国独立
運動に関する資料館が開館し、祖国独立のために多大な貢献をした
「無名」の志士を称える慰霊碑も建立されました。この一連の記念

남가주 100주년 기념사업회에서 발행한 2004 1월13일
Korean American Day 기념 Post Card.

2003 年の移民百周年後、毎年 1 月 13 日を「コリアン・アメリカン
の日」としてその歴史を記念する動きが活発化した。
写真は 2004 年の記念ポストカード。「キング牧師の日、セザール・
チャベスの日、シンコデマヨ……今こそアメリカ合衆国に対するコ
リアン・アメリカンの貢献を祝おう」と記載されている。

行事に韓国政府から、81万ドルの経済的支援が寄せられています。こうしたなか、地元の百周年祭の委員長は次のような言葉を残しています。「1903年1月13日はすべてのコリアンにとって象徴的な日である……この日はコリアンがグローバル・コミュニティの一員として誕生した日を印すのである」。

　しかし記憶される歴史もあれば、忘却される歴史もあります。独立運動が発展した歴史に焦点が当てられても、それが凋落した経緯に注目されることはほとんどありません。またナショナリズムに奔走した姿に光が当てられることはあっても、自らの拠り所を国家とは別の次元で築こうとした姿にスポットライトが当てられることは稀です。つまり、アメリカ・ドリームをなしとげた移民の成功物語や、民族解放や国家独立のために身を捧げた物語は、アメリカ合衆国や大韓民国のナショナル・ヒストリーのなかでスポットライトが当てられるものの、そこに登場しない歴史にはほとんど光が当てられないまま、記憶の彼方へと葬り去られてしまうことが多いのが現状です。

　しかし忘却される歴史に注目すると、海外で帰属先国家をある日突然失い、世界のどこからも庇護を受けることがなく、自らの力で生きる基盤を見出そうとした人びとの姿が浮きあがってきます。そして彼ら／彼女らが隣り合って生きてきたのは、「無国籍」という状態に30年近く置かれながらも、「出自国」によって人びとが分類され、戦時下に「敵性外国人」に範疇化されてしまう「国」や「国籍」が支配する世界です。つまり歴史をていねいに解いていくと、彼ら／彼女らが生きたもう一つの世界が見えてくるのです。

　ディアスポラ（離散する民）といわれる人びとは世界各地に暮らしています。朝鮮半島をルーツにするコリアン・ディアスポラは、749万人存在するといわれています。このなかには、ハワイのコリ

ア系移民のように「無国籍」になった人もいれば、国の境界線が変わってしまったことによって国籍が変わってしまったサハリン島や中央アジアのコリアン・ディアスポラもいます。さらに視野を広げると、アジアをルーツにする日系やインド系、華僑などのディアスポラも存在し、人類の歴史が始まってから人の移動の歴史が続いてきたことに気づきます。しかしここで大事なことは、この人の移動をめぐる歴史のなかで、いまも 1000 万人近く「無国籍」の人が存在し続けることです（詳しくは次のコラム 5 を参照）。

　今日も続くこの歴史の流れを私たちはどのように考えることができるのでしょうか。まずはこれまで歴史の舞台に登場することがほとんどなかった「くにがない世界」や「くにがなくなった人」にも想いを巡らせてみることから出発できるのではないでしょうか。その上で、国がある人もない人も、パスポートやビザをもつ人ももたない人も、希望をもつことができる世界を切り開いていくことが、今の私たちに求められているのかもしれません。

1　ハワイ報知社『アロハ年鑑：ハワイのすべて』56; Schmitt, Robert C, *Demographic Statistics of Hawai.i: 1778-1965.* (Honolulu, University of Hawai,i Press, 1968), p. 75.

2　ハワイ労働局には、男性 67,171 人、女性 677 人、子ども 465 人の記録が残っていますが、乗船リスト（http://www.korean-studies.info/pdf/pass2001.pdf）には 7291 人の朝鮮人の名前が残されています。（*Report of Commissioner of Labor Statistics in Hawai,i 1915, 64*).

3　韓国併合によって朝鮮人が日本帝国臣民となったため、日米紳士協定の下で朝鮮人も家族や「写真花嫁」を呼び寄せることが可能となった。

4　Warren Y. Kim (Kim Won-yong), *Koreans in America* (Seoul: Po Chin Chai Printing Company, 1971), 22-23.

5　在ホノルル帝國総領事館『布哇朝鮮人事情（大正 14 年 12 月）』（外務省外交史料館）.

6　Eleanor C. Nordyke. *The Peopling of Hawai.i* (Honolulu: University of Hawai,i Press, 1989), 196.

7　李里花「ハワイ戒厳令下のコリアン移民のナショナリズム：『敵性外国人』から『友好的外国人』への語りの形成」『アメリカ研究』42（2008 年）

8　http://files.hawaii.gov/dbedt/census/Census_2010/SF1/HSDC2010-7_Korean.pdf

9　Donald Kim, Chair, "The Centennial of Korean Immigration Banquet Program", Centennial Committee of Korean Immigrations to the United States, Honolulu, Hawai'i, January 13, 2003, 1.

10　http://www.mofa.go.kr/www/wpge/m_21509/contents.do

参考文献

李里花『「国がない」ディアスポラの歴史——戦前のハワイにおけるコリア系移民のナショナリズムとアイデンティティ』（2015 年、かんよう出版）

第5章　済州島、三河島、そして朝鮮籍

文京洙

1　一世と二世

　仕事がら、一世、もしくはそれに近い世代の研究者や文学者とおつきあいさせていただくことが少なくない。かつて『季刊青丘』という雑誌があり1989年から97年にかけて25号まで発行されている。この雑誌の後半期に編集委員として加えていただき、金達寿、姜在彦、李進熙といったみなさんとご一緒した。さらに、ほぼ同じ頃からになるが、済州島四・三事件にかかわる取り組みの、主に済州島出身者（以下、済州人）からなるネットワークに身を置き、いまに至っている。『火山島』で知られる金石範さんと四・三事件の渦中を生きた詩人の金時鐘さんとは、四・三事件の記憶と文学をめぐる二日に渡るお二人の対談の進行役を務めさせていただいたこともある。

　よく知られているように、以上のみなさんは、かつて総連系の組織活動や民族教育に携わってきた人たちである。国籍はいうまでもなく朝鮮籍であった。韓国がまだ軍事政権下にあった時代には「母国（韓国）訪問」の問題とも絡みあって、「朝鮮籍」とは「譲れぬ一線」、さらには「鬼門」や「踏み絵」として表現されるような、ある種の試金石の意味をもっていた。2003年に国籍を「韓国」に変えた金時鐘さんに語った金石範さんの次の一節に、この世代の朝鮮籍をまつわる状況や思いの一端をうかがい知ることが出来るかもし

れない。

　　……昔は、「在日」の作家の多くが政治工作や裏取引があっ
　て国籍替えている。私に言わせれば「総崩れ」ですよ。別に韓
　国籍を取ることや韓国に行くこと自体がいけないと言っている
　わけではない。しかし、「在日」の作家にとって、「韓国」は
　「鬼門」だったんだよ。過去形だけどね。「鬼門」というのは、
　その門をくぐると、だいたい結果として文学がダメになる。時
　鐘から最初……国籍替えるという話を聞いた時、私は泣いたん
　だよ。「朝鮮」籍は俺一人になるんじゃないかって[2]。

　私自身は、戦後生まれの二世であるが、この間、こうした一世の
みなさんの朝鮮籍についての語りや思いの丈にたびたびに触れてき
た。中村一成のまとめた『思想としての朝鮮籍』（岩波書店）を読ん
でも、一世の「朝鮮籍」への熱い思いに気押され、おいそれとは立
ち入り難い時代の聖域に気づかされたりする。在日の一世が青年期
を駆け抜けた戦中から戦後にかけての時代は、何といっても一人ひ
とりの人間の解放が"民族"の解放の問題として考えられていた時
代であった。朝鮮籍とは、この"民族"、もっといえば"統一"へ
の悲願を表象し、一人ひとりの存在証明がそこにかけられていたで
あろう。
　ところが、日本の高度経済成長期に人格形成を果たした私たち戦
後生まれの二世は、"民族"や"国民国家"といったそれまで自明
視されてきた価値や規範が揺らぎ始めた時代を生きてきた。もちろ
ん二世といっても人それぞれであるが、金石範さんの語りに込めら
れた「朝鮮籍」への思いを共有できる二世はそれほど多くない。
　私自身も、三河島という済州人のコミュニティで総連系の民族学

校に通い、40代になるまで「朝鮮籍」を維持していた。だが、私が国籍を替えた1990年代ともなると、韓国籍への変更や日本国籍の取得を「裏切り」とする風潮はかなり衰えていた。グローバル化が進んでアイデンティティや帰属の拠り所としての"国籍"という考え方がとても古めかしく思える時代ともなっていた。

　韓国籍であれ朝鮮籍であれ、私にとって大切なのは"民族"の一員の証としてのそれではもはやないかもしれない。大切なのは、"三河島"や"済州島"といった生活世界の日常に根差す人びととの関係性なのでは、との思いがいまではつよい。私が「朝鮮籍」という言葉で触発されるのは、済州人が暮らし、国籍といえばほとんどが「朝鮮」だったかつての三河島の貧しい日常の記憶である。それは、良かれ悪しかれ、よわい70になろうとしている私自身の人となりを育んだ世界でもある。

2　三河島の済州人──泉靖一の調査から

　済州人の日本への渡航が本格化するのは大阪・済州島間の直通航路「君が代丸」（尼崎汽船会社）が1922年（23年という説もある）に就航してからのことである。日本への年間の渡航者は1922年の3500人からピーク時（33年）には3万人近くに増え、在日済州人は1万人から5万人へと膨らみ、30年代の半ばには、実に島の人口の四分の一が日本にあるという異常な事態となった。済州人の日本での主な渡航先は大阪であったが、30年代半ばには大阪以外にも北は北海道・樺太、南は台湾・南洋まで及んでいた。東京にもおよそ2000人の済州人が住み、小規模であるが各地にコミュニティが生まれた。東京の済州人のコミュニティとして最もよく知られているのが三河島である。

この三河島を含む荒川区は 1932 年、東京市の北東部外郭にあった北豊島郡の南千住町、三河島町、尾久町、日暮里町の四町が合併して成立した。1978 年、「三河島」から「荒川」への町名変更があり、大阪の「猪飼野」もそうであるが、いまでは「三河島」という行政地区の名称は存在しない。一般に「三河島」という名で呼ばれる地域は、およそ現在の JR 三河島駅を中心とした「荒川」と「日暮里（現在の東日暮里と西日暮里）」の二つの地区を指すと考えてよい。

　いまの荒川区の人口は 20 万人あまり、そのうち 5 千人あまりが韓国・朝鮮籍で東京では足立区についで多い。JR 常磐線の三河島駅を中心に在日の病院、総連や民団の支部、韓国教会（大韓イエス教東京福音教会）、さらに後に詳しく触れるが日本で最初の民族学校だといわれる朝鮮学校などがある。いまではニューカマーの韓国人が多くハングルの看板をかかげた焼き肉店や美容院、旅行代理店、食材店や雑貨店などがところどころにたち並んでいる。三河島駅を降りて東に 2、3 分ほど歩くと、左に入る路地に沿って食材店が数件集まった朝鮮市場があるが、ここはなぜか"市場"とはいわず朝鮮"マーケット"と呼ばれてきた。地元の済州人はもとより、遠方から訪れる客も多く、最近ではキムチ、豚足、チャンジャ、チャリ（スズメダイ）など本物の味を知る日本人の客も少なくないという。

　この地の市街化は、上野・浅草など市内にあった履物産業や、カバンなどの皮革産業、屠殺場などが移され始めた 1890 年代にまで遡るといわれる。履物もカバンも零細な家内工業を営む在日済州人に縁の深い産業であり、屠殺場から排出される豚の耳、しっぽ、内臓などは、済州人にとっては最高の食材となった。荒川区にも第一次大戦以降に急激な人口流入（1910 年の 4 万人から 1925 年には 20 万人以上となった）があり、朝鮮人の数も 1928 年年には 3 千人近く、荒川区の誕生を経た 1937 年には 5 千人近くにまで膨らんだ。このう

ち半数近くが済州人で、三河島ではとくに高内里（涯月面）出身の済州人が多かった。軍需関係の官営工場の下請け会社で成功した高内里の人が故郷の友人や親族を呼び寄せたのがきっかけだったと伝説のように語り継がれている。

　三河島の済州人コミュニティの拡大は解放後も続いた。済州島四・三事件、南北分断、そして朝鮮戦争と続く混乱期に、この地は、大阪の猪飼野と並んで、済州島から日本に逃れたり、解放後一度は帰郷したもののふたたび舞い戻って来たりしたたくさんの済州人の拠り所ともなった。

　日本の敗戦から間もない時期の三河島の済州人の状況を知るうえで極めて興味深い調査が、済州島研究で知られる文化人類学者の泉靖一の手でなされている。調査は、朝鮮戦争の勃発した 1950 年の三河島を中心に荒川区（論文では X 地区とされている）に住む済州人を対象に実施されている。この調査によれば、当時、荒川区に住む済州人の世帯数は 481 世帯（およそ 2 千人）、同区の全朝鮮人 921 世帯のほぼ 52％を占める。〈図 1 〉はこの済州人世帯の分布を黒点で示したものであり、〈図 2 〉は 200 メートル四方の区画に住む済州人の世帯数を示している。ちなみに〈図 2 〉の破線で示された町界線の北東側が三河島（現在の荒川）、西南側が日暮里（現在の西日暮里と東日暮里）である。

　一見して三河島駅を囲む地帯に済州人の集住密度が高く、なかでも「朝鮮マーケット」を含む区画が 38 世帯と最も多い。私たち家族の家もこの区画内の「朝鮮マーケット」の西側にあった。泉の調査は、この荒川区の済州人世帯のうち 250 世帯を対象に実施する計画であったが、朝鮮戦争の勃発によって実際に実施しえたのは 73 世帯にとどまった。調査は多岐にわたるが、目ぼしいところを紹介すると、一世帯 4.3 人の核家族が中心であり、職業は、一般に朝鮮

〈図1〉

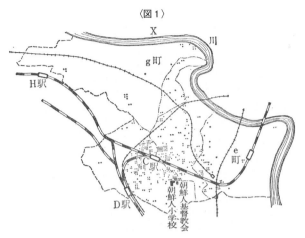

X川（荒川）、g町（町屋）、C駅（三河島）、e町（南千住）、D駅（日暮里）、H駅（田端）

〈図2〉

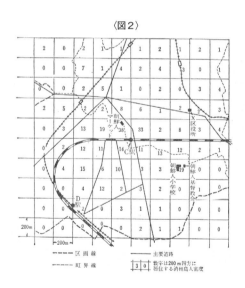

人は土工・人夫が多いといわれるが、調査ではゴム加工とミシン加工が大半であったとされる。「男女の生活」についての調査では

「済州島人の気性は、非常に激しい、とくに日本人と比較すると済州島の女性の気性の激しさが目立つ」という。

　教育面では、「男でまったく学歴のないものは、全体のわずか3.1パーセントであるのに対して女子では63.2パーセントに達する」。「子女の教育程度」については「子女154人のうちからすでに教育を終ったもの、およびその頃新制中学以上のものを抜きだすと、男36人、女41人」であり「学校にゆかなかったものが男女かく1名しかいない」とされ済州人の教育熱の高さをうかがわせている。

　〈図1〉〈図2〉にある「朝鮮人小学校」は、解放直後の1945年12月「国語講習所」として始まり、東京では最も初めに立てられた朝鮮人の小学校であった。阪神教育闘争以後の学校閉鎖でおそらく当時は都立朝鮮人学校となっていて、泉によれば教員は朝鮮人がほとんどであったが、校長は日本人であったという。その後、朝鮮人による無認可の「自主学校」となり、59年には中級部も併設して、現在の「東京朝鮮第1初中級学校」となった。泉が調査した50年当時では、この朝鮮人小学校に300人の子どもが通いそのうちの半数が済州出身であった。調査対象の世帯でいうと四分の三が朝鮮学校に通い、残りの四分の一は日本学校に通っていたという。

　朝鮮戦争の勃発した1950年は、49年の団体等規正令によって解散を余儀なくされたとはいえ、朝連（在日本朝鮮人連盟）と民団（大韓民国居留民団）の勢力が厳しく対立する時代であった。泉の調査は、こうした政治にかかわる問題や国籍についてはまったく触れていない。当時、三河島では朝連系が民団系を圧倒していて、浅野順の調査では「当初（総連結成以後の50年代後半）、この地区の9割の人々は総連に属していた」としている。国籍についても、当時は在日全体としても朝鮮籍が9割前後（50年の3月で92.5パーセント、同年12月で85.8パーセント）を占めていた時代であり、三河島では朝鮮人住民の

ほとんどが「朝鮮籍」だったといっても過言ではない。主として済州人からなる「朝鮮籍」住民の世界、それがまさに当時の三河島であった。

1962年5月、私が朝鮮学校の中級部に上がりたての頃、三河島で日本の鉄道史上最大といわれる凄惨な事故が起きた。「列車脱線多重衝突事故」といういかにも悍ましい名称で、死者は160人にも及んだ。事故現場は、〈図1、2〉でいうとちょうど朝鮮学校の北側の地点で、一部の車両が高架下南側に転落しているのを、私たちは朝鮮学校の四階校舎の屋上から見ることが出来た。実は、同じ線路の高架下の北側にはほとんどの家がマッコルリづくりを生業とする朝鮮人部落が高架沿いにへばりつくように軒を連ねていた。おそらく戦後のどさくさのなかで非合法に占拠してそこに住みついていたのかもしれない。〈図1〉の朝鮮学校付近の線路沿いの北側に黒点が数多く並んでいてよいはずだが、ほぼ空白になっている。おそらく正規の住民としては扱われていなかったのであろう。泉の調査も、マッコルリや鉄屑収集のような半合法的な職業についてはカウントされていない。この点は、いかに文化人類学の大家の仕事といえどもより踏み込んだ検証が必要なのかもしれない。

3 「朝鮮籍」を生きて

私が両親とともに三河島で暮らすようになったのは1954年、私は4歳になっていた。1913年生まれの父は、十代の半ばで同郷のつてを頼りに大阪に渡って活字拾いの職工となった人で、同じ金寧里（済州島北部の海岸村）出身で1歳年下の母とともに解放の年まで大阪で暮らした。父たちは、解放とともに済州島に帰ってはみたものの、父はそもそも畑仕事や漁の出来る人ではなく、46年には早々

と大阪に退散し、翌年には母も、三人の子（私の兄と二人の姉）を外祖母に委ねて父の後を追っている。だから、父も母も1948年に起きた四・三事件の惨禍には見舞われなかった。植民地期から解放、四・三事件へと向かう歴史の大河のなかで、まるで木の葉のように漂いながら二人は大阪に舞い戻ったわけである。勝手知ったる大阪への、ちょっとした出稼ぎ気分の密航だったかもしれない。だがその後、父は1989年に朝鮮籍のまま亡くなるまで済州の土を踏まなかったし、母が故郷に立つまでには半世紀以上の歳月が流れていた。

　大阪でも暮らしが立たなかったのか、父たちは食い扶持を求めて一足飛びに岩手にまで移った。そこでマッコルリ用のヤミ米の商いをしていたようである。私はこの岩手（の花巻？）で生まれているが、後に述べるように登録上は台東区の浅草雷門で生まれたことになっていて、正確に岩手のどこかというのは定かでない。父も母も岩手時代のことはほとんど語ろうしなかった。

　その岩手から三河島に移り住むようになった事情は分からない。ミシン加工で小さな成功を収めていた母の妹夫婦（叔母夫婦）がやはり三河島にいてそのつてがあったのかもしれない。三河島では大家も店子も済州人で20世帯ほどが入ったOアパートで暮らした。アパートは、すでに述べた通り、〈図2〉の朝鮮マーケットのある、38という世帯数が書き込まれている区画に位置していた。朝鮮マーケットには、旧正月や秋夕（チュソック）の頃ともなると、地元だけではなく遠く千葉や神奈川からも同胞たちがやって来て、たいそうな賑わいぶりだった。貧しかったが、雨露はしのげたし、少なくとも日々の食べ物に窮するということもなかった。近隣の済州人の社会では、家同士の垣根が低く互いに頻繁な行き来があり、郷里での生活を再現するような共同体的な絆が保たれた。泉の調査でも三河

島の済州人の共同体的な暮らしぶりが次のように表現されている。

　　……彼らは他の朝鮮本土人に比べると、またちがった団結様
　　式をもっている。たとえば東京の済州島人はその出身の郷里あ
　　るいは本貫姓氏が異なっていても、おたがいに親戚のように付
　　きあう。挨拶もせず、ずかずかと他人の家に上りこんでゆくこ
　　とが、かなり広い範囲にわたって暗黙のうちに許されているの
　　である。[10]

　泉の調査では済州人の職業はゴムやミシン加工が大半であったと
されているが、アパートの住民のほとんどは、密造やパチンコの景
品買い、あるいは当時「ニコヨン」[11]と呼ばれていた日雇いの工夫
だった。さらに、やはり泉の調査では触れられていないし、私自身
もその頃は気づかなかったが生活保護の受給者も多かったであろ
う。1955 年の在日朝鮮人の生活保護受給者の比率（保護率）は 24.1
パーセントで、日本人の 2.2 パーセントよりもはるかに高い[12]。1950
年に在日朝鮮科学技術協会が東京のもう一つの在日朝鮮人の集住地
域であった枝川町（江東区）で行った調査[13]では、116 世帯のうち 89
世帯（約 77 パーセント）が被保護世帯であった。
　父は 60 年代になるとポリエチレン加工の機械を一台買い入れて
なんとか暮らしを立てるが、それまでは専ら母が景品買いで暮らし
を支えていたようである。1950 年代半ばの日本は、「大衆社会」の
入り口にあって飲食や娯楽にかかわる新興の産業が勃興し、その多
くは朝鮮人にも開かれていた。とくにパチンコは、誰でも気楽に楽
しめる娯楽として 53 年には一大ブームとなりパチンコ店（ホール）
はもとよりパチンコ台製造や景品買いに参入する朝鮮人が増えた。
タバコを売買した当時の景品買いは、「専売法」違反での取り締ま

りによる逮捕者が絶えず、それは一か八かの危うい稼ぎ口でもあった。母も何度か警察に留置され、私は、父や周囲の大人の指図で「母一人子一人の可哀そうな子」の役回りを演じて警察から母をもらい受けたこともあった。

　Oアパートの子どもたちは学齢期になるとほとんどみな朝鮮学校に通った。私が入学した頃は、「朝鮮学校ボロ学校、あがってみたらいい学校」という囃子言葉があるほど、いかにも老朽化した木造の校舎であった。だが、当時は民族教育の全盛期で、中学が併設された59年には3階建ての鉄筋校舎、61年には4階建ての鉄筋校舎も竣工し、近隣の日本人学校に比べても決して見劣りのしない校舎となった。1960年代のはじめは、北朝鮮への帰国ブームもあって日本で朝鮮学校に通う生徒は4万人を超えていた（1960年で4万6294人[14]）。三河島の朝鮮学校にも1500人あまりの生徒・学生であふれかえり、校舎の改築時には、臨時のプレハブ校舎で午前と午後の二部授業が実施された。

　三河島では朝鮮人の子どもたちは、学校はもとより地域でも自分たちだけの遊び集団に結ばれて、ときには日本人の子どもがいじめや差別の対象となった。当時の三河島は、東京の場末の貧しい土地柄だったが、どこか牧歌的なたたずまいを残していた。子どもたちは、空き地や路地裏で、親たちの立ち入ることのできない自立した時間と空間をもち、「ガキ大将」に率いられる遊び集団として大人社会も顔負けの「社会関係」を結んでいた。塾とかテレビとか、子どもたちを時間と空間の双方で大人社会の学歴主義や消費の論理に縛り付ける装置は、ほとんど普及していなかった。そういう「自由」だけは、まだひもじさの残る朝鮮人の子どもたちにもひとしく享受されていた。

　1959年12月、北朝鮮への帰国の道が開かれ、そういう三河島か

らも少なくない済州人の家族が帰国した。叔母夫婦も、私と同級生だった娘やその双子の兄とともに帰国した。小学生の高学年の頃だったが、クラスからは一人二人と歯の抜けるように帰国のために去っていった。クラスで帰国する生徒が出るたびに教室で机を車座に囲みお菓子やジュースで送別会をした。その光景はいまも忘れない。その頃は父が総連組織の末端の「分会長[15]」をしていて、私の家も帰国の話が持ち上がったようであるが、三河島に踏みとどまった。済州の地に外祖母や子どもたちを残していたためかもしれない。その頃、北に帰った従妹や同級生のことを思うと、人の一生の分岐が「紙一重」との思いを禁じえない。

　ところで、すでに述べたように私は、岩手でも三河島でもなく、台東区浅草雷門で生まれたことになっている。〈図3〉は1990年代に韓国での戸籍整理のために台東区役所で取得した出生届の受理証明書である。受理日が1956年の1月27日となっている。父と

〈図3〉

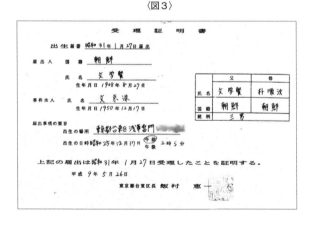

母は、密航で大阪に舞い戻って以降、偽の外国人登録証を所持していたようであった。私の朝鮮学校への入学を控える頃になってよう

やく、叔母夫婦の世話で登録を作成し出生届も出したのである。そのためもあって私の出生地ばかりか、父の生年月日（実際は1913年）も母の名前も韓国の戸籍上のそれとはちがっている。私の出生日時についても、午前2時5分などと誠しやかに書かれているが、実際は、陰暦で記憶していた日にちを届けたようで正確かどうか定かでない。

　戦後間もない頃の朝鮮人の本人確認の書類にはこんなふうにいい加減なものが少なくなかった。泉の調査でも面接した73戸の世帯主の住所姓名を区役所の登録原票（「外国人登録申し込み票」）と照合したところ「僅か40パーセントが登録資料と一致したに過ぎなかった。しかも、生年月日、職業、その他の記入されている項目と完全に一致したのは73戸のうち30パーセントにも達しなかった」とされるほどであった。この頃は、朝鮮半島の分断から戦争に至る混乱期で大量の不法入国者の存在などひどく流動的な時代であった。

　解放とともに日本にいた済州人の多くも解放された祖国に帰還することになるが、父と母がそうであったように、一度帰還した済州人の多くが四・三事件を前後する混乱期に再び大阪など日本に戻っている。日本占領軍（GHQ）は一度帰還した朝鮮人の日本への渡航を禁じたのでこの時期の朝鮮人の日本行きは密航という手段をとるほかはなかった。2000年代以降に発掘された資料や研究[16]によると1946年に1万7千人から2万人あまりの朝鮮人の密航者があり、外国人登録令が五月に施行される47年には6千人に減少したが、その後48年に約8千人、49年には8千人台後半にまで増加する。この数値は水際で逮捕された検挙者でその大部分は韓国に強制送還された。だが、49年、地方軍政を指揮する第八軍は、検挙者は実際の密航者の50％と推定しているので、四・三事件を前後する3年間に2万人あまりが密航に成功した勘定になる。このうちの少な

くとも半数以上が済州出身であるとされるので四・三事件を前後する時期に少なくとも1万人あまりが難を逃れて日本に渡ってきたことになる。

　この間の密航者の多くは、金時鐘さんがそうであるように、総連系の生活世界に身を置きながら、在日朝鮮人社会の一角を占めるようになる。朝鮮籍の世界とは、こうしてその一角に戦後の"難民"ともいうべき集団を含んでいる。その法的地位は、サンフランシスコ講和条約以後、「引き続き在留資格を有することなく本邦に在留することができる」とされた法律第126号第2条6号の該当者以上に不安定であった。父と母の戦前からの在留実績は認められず、私たちの親子は、いわゆる特在（在留特別許可）で「法務大臣の裁量的な処分」で日本での在留が許されただけで、当初は1年に一度（後に3年に一度）、親子三人がうち揃って品川の入管詣でをしなければならなかった。入管では、在留を希望する理由、家族状況、生活状況、素行などがいちいち確認され、いかにも日本での在留が許された「外国人」の体であった。

　品川入管（東京出入国在留管理局）は、品川駅の東口（港南口）からバスで5、6分ほどの品川埠頭に位置している。品川駅がいまのように橋上駅舎となって東西連絡通路（レインボーロード）が出来たのは1998年のことである。当時は、山手線や京浜線のホームと東口の間には広大な操車場が横たわっていて構内から出るには下を抜ける長い地下トンネルをくぐり抜けなければならなかった。しかもトンネルを抜けたところで広がる東側の光景は、工場や倉庫が立ち並ぶだけでの埋め立て地で、いまのようにタワーマンションや高層ビル群もなければ、レインボーブリッジやモノレールもない荒涼とした世界にみえた。入管の職員の態度は例外なく横柄で生活の細部にわたって聞き出そうとした。父も母もひたすら低い姿勢でその場を

凌いだ。私たちは一切の歴史のいきさつを捨象された、ただの「外国人」としての処遇に甘んじるほかなかった。

そういう私たちの家族にも、1982年に入管法が「出入国管理及び難民認定法」に改められた際に、法律第126号第2条6号の該当者とともに（特例）永住が認められた。さらに「91年日韓覚書」が交わされ、「特例法」（日本国との平和条約に基づき日本の国籍を離脱した者等の出入国に関する特例法）によって植民地支配に由来する在日朝鮮人の法的地位が「特別永住」に一元化されて私たちもこれを得て今に至っている。

4 「韓国籍」へ

1994年、縁があって京都の立命館大学に赴任したが、赴任早々、研究や業務の双方で中国・韓国への出張の必要が生じた。やや情けない話ではあるが、実は、私はその歳になるまで日本の外に出たことがなかった。いつの頃からか朝鮮高校の修学旅行は北朝鮮に行くのが定番となったようであるが、私が朝鮮高校（東京朝鮮中高級学校）の頃は、どこであったか記憶にないが、少なくとも日本の国内だった。北朝鮮へはいまに至るまで行かずじまいである。

94年の韓国行きは、臨時パスポート（臨パス）によるもので、ソウルでも済州でも安企部（安全企画部、現在の国家情報院）の監視がついた。87年の民主化にもかかわらず保守政権の時代ということもあって、冷戦時代の空気がいまだに立ち込めていた。

なぜ、そこまで「朝鮮籍」を保っていたのか。一世ではないが、やはり、変えることに節操がない、との思いもあったのかもしれない。外祖母のもとで育ち済州で畑を守ってきた兄たちへの「後ろめたさ」もあったのかもしれない。ただただ、面倒に思えた、という

のもなきにしも非ずであった。

　ところが、一方で、その頃には、私の研究や四・三事件の取り組みの双方で韓国の研究者や済州の四・三関係者とのネットワークが築かれていたし、そのネットワークなしに研究も取り組みも続けることができなくなっていた。1989年に父を亡くし一人残された母のこともあってたびたび来日していた済州の兄弟たちとの関係も大切なものになっていた。冒頭で述べたような「生活世界に根差す人々の関係性」という意味ではこの頃すでに「韓国」へのシフトが明らかだった。臨パスでの韓国行きを何度か繰り返した後の1996年、私は国籍を変えた。

　大学の業務や研究、四・三事件の取り組み、母や済州の兄弟のことや子どもの進学といったプライベートにまつわる難題など、とにかく慌ただしいなかでの国籍の変更であった。いまにして思えば、忙しさにかこつけて「朝鮮籍」を捨てるという事実にまともに向き合おうとしていなかったのかもしれない。国籍の変更は、「朝鮮籍」として生きた歳月を葬るようなことでもあった。人生の終盤にさしかかったいま、そんなふうに自覚もなく葬った歳月の意味を深くかみしめている。

1　金石範・金時鐘(文京洙編)『なぜ書きつづけてきたか、なぜ沈黙してきたか―済州島四・三事件の記憶と文学』(平凡社、2001年、2015年に同名による増補版が平凡社ライブラリーとして刊行されている)。

2　同増補版、195頁。

3　済州島廳『済州島勢要覧』(1937年)、68頁。

4　舛田一二『舛田一二地理学論文集』(弘詢社、1976年)、87頁。

5　東京市荒川区編『荒川区史』(東京市荒川区、1936年)、285頁、以下の荒川区全般に関する記述は、主としてこの『荒川区史』および『新修荒川区史、上巻』(1955年)による。

6　こうした荒川区への産業移転や地域形成については浅野順「在日韓国・朝鮮人社会から見た地域社会形成――荒川区日暮里・三河島地区を事例として」(『お茶の水地理』38号、1997年)に詳しい。

7　泉靖一「東京における済州島人」(泉靖一『済州島』、1966年)。

8　浅野順、前掲書、65頁。

9 李光奎『在日韓国人──生活實態勢를 중심으로』（一潮閣）、88 頁。

10 泉靖一、前掲書、240 頁。

11 1949 年に始まる失業対策事業で職安を通じて斡旋された日雇い労働（いわゆる失対日雇）で、日当 240 円で、100 円硬貨 2 個と 10 円硬貨 4 個で「ニコヨン」と呼ばれた。

12 在日朝鮮人の保護率は、1955 年に日本政府による朝鮮人被保護者の大幅打ち切りが断行され 56 年には 15.6 パーセントにまで下がっている。詳しくは、水野直樹・文京洙『在日朝鮮人 歴史と現在』（岩波新書、2015 年）144–146 頁参照。

13 「在日朝鮮人の社会実態」朴慶植編『在日朝鮮人関係資料集成　戦後編』所収。

14 姜在彦・金東勲『在日韓国・朝鮮人　歴史と展望』（労働経済社、1989 年）、142 頁。

15 総連中央→都道府県本部→区や市の支部とあって分会はいわば町内会レベルの総連の末端の組織で、分会長はたいてい非常勤の役職であった。

16 森田芳夫「在日朝鮮人処遇の現状の推移」（『法務研究報告書』第 43 集 第 3 号、法務研修所、1995 年）、武野義治「密入国の概況」（『警察学論集』7（5）立花書房、1954 年）、松本邦彦『GHQ 日本占領史⑯外国人の取扱い』（日本図書センター、1996 年）などがある。詳しくは、拙稿「4·3 과 재일 제주인 재론（四・三と在日済州人再論）」『4·3 과 역사（4·3 と歴史）』第 19 号（済州 4·3 研究所 2020 年）参照。

17 済州四・三の武装蜂起に加担した金時鐘は、1949 年 6 月、済州から北に 30 キロほどの地点にある無人島（クァンタルソム）に 3 日間潜伏して父が用意した密航船で神戸須磨に達し、密航後は大阪で民戦（在日朝鮮統一民主戦線で総連の前身）の在日朝鮮文化協会などで文化活動に従事した（『朝鮮と日本に生きる──済州島から猪飼野へ』〈岩波新書、2015 年〉）。

コラム5　国連と無国籍の解消
——#I Belong キャンペーンを通して

秋山肇

無国籍

　皆さんは国籍について考えたことがありますか。世界には190を超える国があり、出生した国もしくは親の国籍国により国籍が与えられ、その国の法の下に人権が保障されます。人権が保障されると、たとえば学校に通い教育を受けることや、経済的に困窮したときに国の支援を受けることができます。しかし、世界には国籍を持たない人たちがいます。その人たちを無国籍者と呼び、1000万人存在するといわれています。無国籍者は医療保険へのアクセス、子の出生登録が困難になる等、深刻な人権侵害に遭う傾向にあります。こうした状況を防ぐため、国際社会は無国籍への対応を行っています。国連難民高等弁務官事務所（UNHCR）は2014年に #I Belong キャンペーンを開始しました。本コラムは、#I Belong キャンペーンについて紹介します。

#I Belong キャンペーン

　#I Belong キャンペーンは、2024年までに世界からすべての無国籍を解消する取り組みです。「I belong」は直訳すると「私は所属する」であり、「#I Belong」には、すべての人が国籍を通じて国家に所属するという意味があります。UNHCRは1996年以降、無国籍に「関心を持つ国」を対象として、法整備のための技術協力を行っ

てきました。しかし#I Belong キャンペーンは「関心を持つ国」に限らず、無国籍の解消に消極的であった国にも呼びかけ、無国籍の解消を目指します。そのため#I Belong キャンペーンは、UNHCRにとって新たな試みといえます。

　#I Belong キャンペーンは主に以下の二つの活動を行っています。①無国籍解消に向けた各国への働きかけ、②出生登録などの技術協力です。

①無国籍解消に向けた各国への働きかけ

　UNHCR は無国籍解消の重要性を訴え、無国籍条約への加入及び国内法改正などを各国に要請しています。具体的には、無国籍解消に強い関心を持つ有志国である「#I Belong フレンズ（Friends of the #I Belong campaign to end statelessness）」と連携し、無国籍解消に向けて各国に働きかけています。たとえば#I Belong フレンズは、国連人権理事会において無国籍解消の重要性に関する決議を主導しています。また、2019 年 10 月に開催された UNHCR 執行委員会においても、#I Belong フレンズは無国籍解消の必要性について発言しました。このような取り組みの結果、無国籍予防を規定した国際条約である無国籍削減条約の締約国は、75 か国にまで増加し、無国籍解消に取り組む国が増加しています。

②出生登録などの技術協力

　#I Belong キャンペーンは、出生登録などの技術協力も行っています。例として、東南アジアのタイにおける出生登録があります。UNHCR と NGO、タイ政府の協力により、2016 年までに 2 万3000 人の無国籍者がタイ国籍を取得してきました。こうした無国籍解消の動きはタイに留まりません。2019 年 7 月に中央アジアの

国キルギスが、無国籍が無くなったことを宣言しました。[9]

#I Belong キャンペーンをめぐる論点

　#I Belong キャンペーンの推進は無国籍の解消により人権保障が見こまれる一方、問題点もあります。その一つが国籍取得を望まない人に国籍取得を強いるおそれがあることです。例として、「朝鮮籍」在日コリアンを検討しましょう。「朝鮮籍」在日コリアンのなかには、無国籍者がいると考えられています。[10] しかし歴史的な背景から、日本、大韓民国、朝鮮民主主義人民共和国の国籍取得を望まない「朝鮮籍」在日コリアンもいます。[11] UNHCR が #I Belong キャンペーンにより無国籍の解消を推進する一方、国籍取得を望まない人もおり、すべての人に国籍取得を強制するべきであるかを判断することは困難です。国籍の有無に関わらず、人権が保障される社会の構築が求められているといえるでしょう。

おわりに

　本コラムは #I Belong キャンペーンについて紹介してきました。#I Belong キャンペーンを通して、無国籍ならびに国籍について考え、無国籍者を含めたすべての人の人権が保障される社会をいかに構築していくかを検討する契機となることを望みます。

1　UNHCR, *What Would Life Be Like If You Had No Nationality?* 1999, p.3, https://www.unhcr.org/protection/statelessness/3b8f92124/life-nationality.html (7 December 2019).

2　#IBelong キャンペーンウェブサイトは以下。UNHCR, IBELONG, https://www.unhcr.org/ibelong/ (8 December 2019).

3　UN General Assembly, Resolution Adopted by the General Assembly [on the Report of the Third Committee (A/50/632)] 50/152. Office of the United Nations High Commissioner for Refugees. UN Document, A/RES/50/152, 9 February 1996, para. 15, https://undocs.org/en/A/RES/50/152 (8 December 2019).

4　「無国籍条約」とは、無国籍者の地位に関する条約（無国籍者地位条約）及び無国籍の削減に関する条約（無国籍削減条約）の二条約を指します。

5 以下を参照。秋山肇「UNHCR による無国籍の予防と削減に向けた取り組み──その効果と課題」『国連研究』19 号 2018 年、200 頁。

6 UNHCR, High-level Segment on Statelessness at the 70th Plenary Session of the Executive Committee, Statement from Members of the Group of Friends of the #IBelong Campaign to End Statelessness, 7 October 2019, https://www.unhcr.org/5d9c44047 (8 December 2019).

7 2020 年 8 月現在。締約国とは、条約に法的に拘束されることに合意した国のことです。条約は、締約国のみを法的に拘束します。#IBelong キャンペーン開始前である 2013 年末時点の締約国は 55 か国に留まっていました。無国籍削減条約締約国数は以下を参照。United Nations Treaty Collection, Convention on the Reduction of Statelessness, https://treaties.un.org/pages/ViewDetails.aspx?src=TREATY&mtdsg_no=V-4&chapter=5 (18 August 2020).

8 UNHCR, Overcoming Statelessness in Thailand One Case at a Time, 24 November 2016, https://www.unhcr.org/news/latest/2016/11/5836af624/overcoming-statelessness-thailand-case-time.html (8 December 2019).

9 UNHCR, Kyrgyzstan Ends Statelessness in Historic First, 4 July 2019, https://www.unhcr.org/news/press/2019/7/5d1da90d4/kyrgyzstan-ends-statelessness-historic-first.html (8 December 2019).

10 無国籍研究会『日本における無国籍者──類型論的調査』(UNHCR 駐日事務所、2017 年) 104-106 頁。

11 以下を参照。本書第 6 章。丁章「無国籍者として生きてきて」陳天璽編『世界における無国籍者の人権と支援──日本の課題　国際研究集会記録 (国立民族学博物館調査報告 118)』(国立民族学博物館、2014 年) 41-42 頁。

第6章　なぜ無国籍の「朝鮮」籍を 生きるのか？

　私は無国籍の「朝鮮」籍を保持し続けている。なぜなのかと問われることも多い。その質問に私自身向き合ってみようとおもう。

　その前に、まず「朝鮮」籍者となった私の生い立ちを簡単に述べたい。

　私は1968年京都市生まれの在日三世で、両親も共に戦中戦後に日本で生まれた在日二世であり、私が生まれた当時、父は朝鮮籍で、母は韓国籍だった。戦後、日本の植民地から解放された朝鮮半島には、南北に分かれて二つの政府がそれぞれ樹立し、朝鮮戦争の惨劇を経て、今も休戦状態のまま南北に分断されているが、両親が見合い結婚した67年当時もむろん南北の両政府はお互い敵対しているので、朝鮮半島では南北いずれにおいても朝鮮籍と韓国籍の結婚は認められない。ゆえに私の両親の婚姻届は日本の役所にしか提出できず、その後の、私の出生届も日本の役所に届け出るだけで、私は在日外国人として登録された。当時の日本の国籍法は父系血統主義であり、また朝鮮半島の南北両国の国籍法も同様だったために、日本の役所に出生届けを出された私は自動的に父の国籍と同じ朝鮮籍者となったというわけである。

　そしてこの「朝鮮」籍が、じつは事実上の「無国籍」であったため、同時に私は自動的に無国籍者ともなった。

　朝鮮籍というと、「北朝鮮籍」つまり「朝鮮民主主義人民共和国の国籍」だと、普通とられがちだが、じつはそれは誤解である。日

本の法律上の「朝鮮」籍というのは、じつは国籍ではなく、「記号」や「地域名」ということで、事実上は「無国籍」だといえる。そのことについては、本書の各所で述べられているので、詳細はそちらに譲るとして、私なりに簡単に述べれば、そもそも大日本帝国の敗戦後、この列島の法律では、私たち在日同胞の誰もが元は「朝鮮」籍だった。植民地時代、日本国籍（外地籍）をあてがわれていた在日同胞は解放後も法的には引き続き日本国籍を有することになった。当時この日本列島におよそ60万人いた在日同胞に対して、GHQは1947年の外国人登録令によってすべての在日同胞に、日本国籍とは別に「朝鮮」という出身地を表す記号を新たにあてがう。つまりすべての在日同胞はこのとき国籍法上は「日本国籍」を有し、外国人登録令上は「朝鮮」という記号を持つことで統一された。48年の南北両政府による国家樹立以降、在日同胞にも「韓国籍」を希望する者に限って、外国人登録の書き換えが50年頃から可能とはなったが、しかしそれは国籍としてではなく、あくまで記号としての「韓国」籍だった。そして52年の日本国との平和条約（サンフランシスコ講和条約）の発効によってはじめて、すべての在日同胞は日本国籍を失うことになる。そして在日同胞は南北両政府のいずれを支持選択するかにかかわらず、すべて無国籍者扱いとなった。その後65年の日韓基本条約により、日本政府は「韓国籍」については国籍と認めることになったが、朝鮮民主主義人民共和国を支持選択する者の「朝鮮籍」については国交がないゆえに共和国の国籍とは認めず、引き続き記号であり地域名だという見解に立って今に至っている。このように「朝鮮」籍を国籍と認めず無国籍扱いすることは、北共和国の公民（＝国民）であることを望む者にとっては不当な扱いであるにちがいない。しかしながら国籍選択を保留し積極的に無国籍者であることを選んでいる私にとっては、日本政

府のこの見解はまったく妥当なものだといえる。

　　◇

　私が、自分のことを朝鮮人であると知ったのは10歳頃のことで、通学していた日本の公立小学校で先生から「あなたたちはみな日本人ですよ」と教えられたことがきっかけだった。

　私は今でこそ、「丁章」という民族名を名乗って、在日サラム（朝鮮人）の詩人として生きているが、じつは20歳になるまで、自分の本名をハングル読みもできないような、民族的素養のまったくないお粗末な朝鮮人だった。大学に入って独学でハングルを学び、ようやく自分の名前が「チョンヂャン」と読むのだと知った。そのときまで自分の本名は日本語読みの「ていあきら」だとおもっていたほどである。そのように私は自分の本名（＝民族名）もわからないほどに日本人に同化した在日朝鮮人だったが、私の両親もまた同様に、朝鮮人としての素養のまったく無い在日コリアンだった。両親は在日コリアンへの差別が最も厳しかった時代の人である。この世代の在日の人は、ほとんど例外なく、子どものときにチョーセンという差別語とともに石を投げられた経験が有るほど、それほどひどい差別に苦しんだ世代である。両親は朝鮮人としての出自を恨めしくおもって、日本人よりも日本人らしくなろうと懸命に努力するようになった。植民地時代の創氏改名以来、ずっと名乗り続けている日本名を通名にして生き、自分が朝鮮人であることは世間に隠して表向きはまったくの日本人として生きていた。そのような両親のもとで私は育ったゆえに、日本の通名で日本の公立学校に通い、周りの日本人と同じように暮らしていて、幼い頃から自分自身が朝鮮人であることにも気づかずにいるほどの子どもだった。

　そのような私が小学校である日、担任の先生から「あなたたちは

みな日本人ですよ」という言葉を聞くことになったのである。そのように何かの拍子に担任の先生がクラスのみんなに呼びかけた言葉を聞いて、私は「ふーん、そうなんだ」と感心して、家に帰ってから「今日、学校で、みんな日本人だと教わったよ」と両親に伝えた。それを聞いて両親は、今まで言えなかったことを言い出すいい機会だとおもったのだろう、初めて「お前は日本人じゃなくて、朝鮮人なんだよ」と教えてくれた。その意外な親の言葉を聞いて、私は自分がみんなとはちがう朝鮮人なんだと知り、じつはとても喜んだ。みんなとはちがう特別な存在なんだと知って嬉しかったのである。

　私は嬉しさのあまり、次の日学校で、クラスメートのみんなに「ぼくはみんなとちがって朝鮮人なんだよ」と自慢気に話して回った。すると、よほど私が自慢気に話すものだからか、私のことを羨ましがっている子すらいたほど、クラスで話が盛り上がった。そしてその日、家に帰って両親に「みんなに自分が朝鮮人なんだと話した」と得意げに報告すると、両親はびっくりして「人前で朝鮮人だと言ってはダメだ、隠さないとダメだ、いじめられるから、差別されるからダメだ」と私を諭した。それ以来、私は、自分が朝鮮人であることを隠し、日本人のふりをしながら、本当の自分を生きることができないという、地獄の日々を味わう人生が始まったのである。

　人間にとって、自分で自分の出自を受け入れられないことほど苦しいことはない。私は大学生になるまで自分に嘘をつき続ける、そのような苦しい人生を生きなければならなくなった。

　しかし、そのような偽りの人生から解放されたくて、私は朝鮮人として生きる道を求めるようになった。そのためには差別をはじめとする巨大な闇の力と対峙して闘うための力を手に入れなくてはな

らない。私はその力として文学を選んだ。そして紆余曲折の末、今こうして、在日朝鮮人文学の詩人になった。つまり、私は在日朝鮮人という本当の自分になるために詩人になったともいえる。

では私が自分の国籍が「朝鮮」であることを知ったのはいつのことだったろう。やはりそれは外国人登録をした16歳のときだった。1984年当時は特別永住制度も住民基本台帳法も成立する以前、まだ指紋押捺制度があった頃で、生まれて初めて採取された指紋と引き換えにあてがわれた外国人登録証明書の国籍欄に「朝鮮」とあるのを見て自分の国籍を沈鬱な想いとともに自覚した。しかしながら自分の国籍が「朝鮮」だということへの違和感はそのとき以来絶えず私のなかにわだかまり続けた。

私にあてがわれたこの「朝鮮」というのは朝鮮民主主義人民共和国のことなのか？　もしそうならば自分はそこで生まれたのでもない、育ったのでもない、行って見たこともないその国が、自分の国だとは到底受け入れることはできなかった。むろん韓国に対しても同様の想いであり、それは民族的にノンポリな両親に育てられた私の素朴な想いだった。私の父は朝鮮籍で、母は韓国籍。お見合いで好き合った二人の婚姻届は南北いずれかの祖国に提出するために国籍をいずれかに合わせることもなく、そのまま日本の役所にだけ提出された。その手続きは両親の何らかの政治的思想によってなされたわけでは決してなく、好き合う二人の幸せをおもんばかった両家の妥協によるものだった。両家が南北の政治的対立を棚上げして、日本の役所にだけ届け出ることにしたのである。そのようなノンポリ二人の長男として生まれた私の出生届も日本の役所にだけ提出されることになったが、それゆえに私の籍は半島にはできなかった。

それが私の無国籍者となった所以でもある。ともあれ私は、まず
10歳のときに産まれて初めて自分が「朝鮮人」だと知り、16歳の
ときに外国人登録証明書の国籍欄に「朝鮮」と記されていることを
知った。

　そして私が自分の「朝鮮」籍が朝鮮民主主義人民共和国の国籍で
はなく、「地域名」や「記号」であり、事実上の無国籍であるとい
うことを知ったのは、大学生になって在日朝鮮人文学を読むように
なったのがきっかけである。大学で知り合った日本人女性（現・妻）
との交際を通して、それまでの自分の在りようを恥じるようにな
り、朝鮮人として生きたいという意欲に急き立てられるようにむさ
ぼり読んだ数ある在日朝鮮人文学作品のなかに、「朝鮮」が南北分
断を拒む自民族の統一的な総称としての呼び名であり、法的にも南
北分断国家のいずれの国籍でもないという記述を発見したとき、自
分の「朝鮮」籍はまさにこの「朝鮮」籍だったのだと腑に落ちた想
いがしたのである。

　かつて在日朝鮮人文学者には「朝鮮」籍の人が多かった。小説家
の金石範氏は「『朝鮮籍』は準統一国籍」だと主張し、詩人の金時
鐘氏は「総称としての『朝鮮』」と南北の総体を表し、小説家の李
恢成氏は「北であれ南であれわが祖国」と唱えて「朝鮮」籍を維持
していたように、「朝鮮」籍に南北統一の意味をもたせて、在日独
自の在り方の拠り所としてきた。しかし今では韓国の民主化が進ん
だこともあって、韓国籍を取得する人が大多数になった。それは文
学者に限らぬ傾向である。ただ、今なお朝鮮籍へのこだわりを持っ
て生きる在日コリアンがいるのも確かである。その人びとの証言を
克明に追った中村一成氏の著書『ルポ 思想としての朝鮮籍』があ
るが、そのなかでイルソン氏が述べた名言がある。「その人にとっ
て譲れない一線、それを『思想』というのだと思う」私はこの言

葉が好きだが、それは私にとって「朝鮮」籍がまさに「譲れない一線」だからである。ただ、私の場合は「思想」ではなく、「志操」という言葉のほうがしっくりくる。では私はどんな「志」と「操」を守ろうとこだわっているのか？

　事実上の無国籍者である私が、国籍の選択や取得をせず、無国籍状態の「朝鮮」籍を保持する理由は、主にふたつある。

　まずひとつは、祖国統一への想いである。

　私が国籍取得を考えるとするなら、まず第一に、自分のルーツである朝鮮半島の国家について考えるのが自然なことだとおもうのと同時に、戦争によって分断されたままの南北どちらの国籍でもなく、やはり将来平和的に成立するはずの南北統一国家こそが自分の国籍選択を考慮し得る国家であるとの想いが私には有る。祖国が統一されて初めて、侵略や戦争によって奪われた朝鮮民族の尊厳である「独立」が真に回復され、歴史的「恨」が解けるのではないかと。

　もうひとつは国家そのものへの懐疑である。

　なぜ私は国籍選択をしないのか？　生まれながらの無国籍者の視座から正直に答えれば、国民というバケモノにはそう簡単になれるものではない、という想いからだ。人類は国家や国民という名のもとにどれだけの殺戮への加担を繰り返してきたか。たとえば戦時になると国民は国家に否応なく駆り出され、兵士というバケモノにされて、人を殺したくはなくとも殺さなくてはならない状況に追い詰められる。むろん無国籍者だからといって殺戮の加担者としての人類的原罪からは決して免罪されない。だからこそ私の信条に照らせば、国家の殺戮に加担することにもなる国籍選択には慎重にならざ

るをえない。

　国連難民高等弁務官事務所（UNHCR）は無国籍者が発生する原因の一つとして「国家の分裂あるいは国境線の変更」ということを挙げている。それには必ず戦争や紛争というものがつきまとう。近代国民国家が前世紀の世界大戦を経た現代に至ってもなお戦争や紛争、そして難民や無国籍者を生みだし続けているが、それは現代の国民国家が今なお未熟で、その成熟途上にあるからなのか、それとも国民国家自体が本質的に戦争や紛争の発生を永遠に防げないものなのか、その答えは私のような一介の詩人にはわからない。ただ自国を近代帝国に侵略され、そのあと分断国家の内戦によって南北に引き裂かれた祖国をルーツに持つ無国籍者の一人として、私はそうたやすく国籍選択はできないというのが率直な想いなのである。

　ゆえに国籍選択については将来成立するはずの南北統一国家こそが自分の国籍選択を考慮し得る国家であるとの想いが私に有る一方で、その統一国家の国籍を私が選択するかどうかは、現時点では決めていないし、わからない。なぜならその統一国家が反戦主義で軍隊を放棄する憲法を掲げた国家になるかどうかわからないからだ。つまり、たとえ統一してもそれがどのような国家であるかを見極めてからでなければそう簡単に国籍を取得するわけにはいかない。

　私が在日として生まれてきた歴史的因果は、大日本帝国の軍事力による朝鮮侵略と解放後の同族間の朝鮮戦争であり、前者の軍事が私の一族を半島からこの列島に渡らせ、後者の軍事がこの列島に引き留どめる原因を作った。そしてそれらの軍事によって被った在日同胞の不遇は今もつづいている。軍事のせいで不遇を背負わされた者として、国家が軍隊を保有するかぎり人類は真の幸福を獲得することはできないというのが私の信条なのだ。

　そのような信条を持つ私には「戦争放棄」「軍隊放棄」を憲法に

掲げる世界に稀なる国家であるこの日本国におのずと希望を抱かざるをえない。これから将来、どの国家の国籍を選択するかを考えなければならない私にとって、この日本国が掲げる憲法第9条は、じつに魅力的に輝いて見える。旧憲法を掲げた日帝は、軍事により内外に甚大な被害をもたらしたうえに敗戦という破綻によって滅んだ。そして新たな日本国は世界大戦後の人類にとっての平和と幸福への理念を全世界から託された新憲法を掲げて再出発し、今もその更生の途上にある。

　私は日本国民ではないが、私もこの日本に暮らして生きる「自然人」として、また日本の「住民」として、現日本国憲法が掲げる反戦主義と軍隊放棄の国是を日本国民とともに守っていきたいと日々努めているつもりでもある。

　ならばいっそ日本国籍を取得してもいいのではないかと、善意から私に国籍取得を奨めてくれる人もいるが、共和主義者でもある私には現憲法の第1条から第8条までの天皇制への違和感がやはり大きい。たとえばもし黒人や白人の血統を持つ天皇というものをこの日本の国民たちははたして許容できるだろうか？　想像すらできないのではないか？　万世一系や単一民族への幻想をすり込まれて肉体化してしまっている大多数の日本国民に支持されている天皇制への加担を想うと、私にとって日本国籍の取得はあまりにも敷居が高いのである。

　以上のような想いを胸に、私は無国籍の「朝鮮」籍を生きているが、何かと事あるごとに、無国籍でいるよりも国籍を取るべきだと言われることがよくある。排外主義的な観点から言われることももちろんあるが、むしろ善意から、不自由な無国籍者でいるよりも、

韓国や朝鮮民主主義人民共和国、日本国の国籍を取ればもっと自由になれるではないかと、ときには哀れみまで含んだ助言を受けることもある。UNHCR が 2014 年から始めた「無国籍者撲滅運動」もその皮肉な事例であろう。

　そのように国籍取得を迫られるときにはいつも私は心のなかでこう問い返す。どうしてどこかの国の国民にならなければ自由になれないというのか？　ならば、あなたは韓国や共和国や日本国の国民であることで、本当に自由なのですかと。

　人類は近代になって「自然人」という概念を発明し、その自然人の幸福を保障するために「近代国家」を構築した。たとえばジョン・ロックは 1690 年の『統治二論』において、人間の完全に自由で平等な状態を「自然状態」と定義し、その自然状態の衝突（戦争状態）を解決する手段として、社会契約による共同体（国家）の為政機関（政府）に権力行使を委託することを提案した。その提案は世界中で採用され、フランス革命やアメリカ独立などを経て、地球上のあらゆる地域に近代国民国家が成立し、自然人は国民として国家に守られながら幸福を追求できるようになった——はずであったが、残念ながら、人間の幸福のために存在するはずの国家は、しばしば人間を不幸にする装置へと堕落する。本来、人間の幸福のためにあるはずの国家が、国家の都合のために人間の自然権を侵害し、人間を不幸に陥れるという転倒が絶えず起きている。堕落し転倒した国家では、自然人であることを忘れた国民が、嘘つき指導者を支えながら共犯関係を深めてゆく。そのように国民が自然人としての自覚を喪失したとき、国民はバケモノに変貌し、堕落した国家の人権侵害に加担するようになるのだと私にはおもえる。

　国籍を持たない、つまり国民というものではない無国籍者には、近代国民国家がこの世界に成立する以前の自然人の視座から世界を

見渡すことができるのではないか。私は幸か不幸か無国籍者に生まれたからこそ、自然人の視座の大切さに気づくことができた。生まれながらにして国民であり、国籍を有していることが当然自明である人からすれば、無国籍者は奇妙な存在に見えるかもしれないが、自然人の視座から見れば、国民であり有国籍者であることは、決して自明のことではないことに気づくだろうし、国民であることで自分が何に加担しているかを自覚することができるだろう。

　有国籍者から最も多く問われるのは、無国籍者だと困ることが何かとあるのではないかという問いである。だが、日本のなかで暮らしているかぎりにおいて、実際のところ、無国籍の「朝鮮」籍者であることで、普段の市民生活上は日本国に権利を侵害されて立ち行かなくなるということはほとんど無い。なぜなら、私の場合は「特別永住」という在留資格を有しているからである。むろん、日本国籍を持たない者（外国籍者）には選挙権など様々な制限はあるにせよ、現在の日本では在留資格を持つ者には概ねの権利は保障されているといえる。これは国家における住民としての生活は、たとえ国籍を持たずとも在留資格があれば、保障され得るということである。つまり自然人の視座から見れば、国籍の有無よりも、在留資格の有無のほうが重要であることが見えてくるはずである。

　私の視座から見れば、日本国民とは「国籍」という「最高級の在留資格」を有している者で、主権者という名のもとで、日本に居住するすべての自然人を在留資格で選別することに加担し責任を負うはずの者であり、世界中の自然人から日本における統治権を独占している集団に過ぎない。

　話を戻すが、では海外渡航についてはどうか？　無国籍者にはパ

再入国許可書・表紙　　　　　　　再入国許可書

スポートが無いのに、どうやって海外に渡航するのか？　そのように問われることも多いが、私はこれまでも中国、台湾、シンガポール、オーストラリアへと海外渡航を頻繁に経験している。なぜなら私は日本国法務省が発行する「再入国許可書[6]」を所持しているので、海外渡航は不可能ではないのである。再入国許可書とは何かということについては本書の各所で述べられているので詳細は省くが、ごく簡単にいうと、日本に在留する外国人で旅券を持たない者が日本を出入国するときに、日本国がそれを許可するために発給する冊子であり、難民などに発給される特別旅券や旅行証明書のようなものだと考えればいい。ただ法的にはあくまで日本への再入国を許可する証明書に過ぎないため、たとえ旅券に準ずる物であっても、所持者の国籍を証明するものではないため、その効力は不安定である[7]。

　それゆえに、再入国許可書を使用しての海外での移動には問題が

生じることが多々ある。たとえば再入国許可書では渡航できない国があったり、渡航先の国で宿泊施設や交通手段の利用を拒否されたりすることもこれまで何度もあった[8]。

特に、渡航先の国家が再入国許可書に記載されている「朝鮮」籍を「朝鮮民主主義人民共和国の国籍」と見なすことによって生じる問題が私にとっては深刻である。

たとえば2015年の台湾訪問にあたっての私のビザ申請が中華民国の外交部に拒絶されたことがあった。同年6月、台北近郊にある淡江大学で開催される『移動の中の「日本」──空間・言語・記憶』という文学シンポジウムに私は招聘され、「ポスト・ナショナル・アイデンティティへ──人間ならば、国家の国民であることよりも大切なことを想像せよ！」という講演をすることになっていた。私の台湾訪問は94年以来21年ぶりで、ヒマワリ運動で盛り上がる台湾市民や学生たちとの交流を期待して胸踊らせていたが、大阪の台北経済文化弁事処にビザ申請をしたところ、台湾政府からビザが発給されないという事態に陥ってしまった。

私のビザ申請書が不受理となった理由は、大阪弁事処がいうには、私がビザ申請書の国籍欄に「朝鮮民主主義人民共和国」と記入しなければ申請書を受理するなとの台湾外交部からの指示を受けてとのことだった。私が所持している日本国法務省発行の「再入国許可書」の国籍欄には「朝鮮」とあり、「朝鮮」は「朝鮮民主主義人民共和国」であるからだというのが、外交部の言い分だった。しかし事実として、「朝鮮」籍が「共和国の国籍」だというのはまったくの誤認であることはすでに述べたとおりである。ゆえに私が国籍欄に「朝鮮民主主義人民共和国」と記入すれば、それはもはや虚偽申請となってしまう。ゆえに私は、自分の信条によってそうするというだけでなく、ただ単に法律に基づいて、正しく真っ当な申請を

しようとしただけにすぎない。それなのに外交部は自らの誤認を一向に認めようとはせず、それが故意によるものなのか無知によるものなのか、それともITシステム上の問題なのか、まったく不明だが、最後は「朝鮮籍への認識は外交権の裁量だ」とまで言って決して受け付けようとはしなかった。けっきょく私は台湾への渡航を断念せざるを得なかったのである。このような場面に遭遇したときに私は国家の悪しき顔を見る。これは移動の自由を不当に制限する国家の個人（自然人）に対する人権侵害ではなかろうか？

この世界のなかで私にとって入国が困難な地域の最たるものが、じつは南北に分断された両祖国である。南北両政府は「朝鮮」籍者を「自国民」とみなしているため、私に自国民としての入国を求める。しかしこれまで述べてきたように、私はそのような形での入国は望まず、拒否してきた。

しかしながら、自分のルーツがある祖国の地を踏みたいという想いも私は強く持っているのである。特に韓国には私の祖父母と外祖父母の出身地のすべてがある。父方の祖父は慶尚北道義城郡、祖母は慶尚北道善山郡、母方の外祖父は慶尚南道南海郡、外祖母は慶尚南道昌原郡、この4つ故郷から私の両祖父母たちは日本に渡ってきたのである。私にとってはルーツの源流地であり故地である。この4つの地にはぜひとも訪れたいと私は念願している。

じつは私はこれまで5回、再入国許可書での韓国入国を求めて、韓国政府（駐大阪大韓民国総領事館）に入国申請（ビザ申請）をおこなったことがある。

1度目がいつのことだったかは記憶が曖昧だが、金泳三政権下の95年頃ではなかったかとおもう。大阪領事館のビザ申請窓口に直

接並んで、窓口の役人とやり取りした。その役人は「あなたのような信条を持つ在日同胞がいることは私も承知している。しかしあなたの信条はあなたの責任で持つものであり、我々はあなたにビザを発給するわけにはいかない」という旨の返答だった。

　2度目は金大中政権下の2000年3月20日付で大阪領事館に書簡を郵送する形で入国申請を行なった。すると領事から電話があり「入国可能だから領事館に手続きにお越しください」とのことで、半信半疑で心斎橋の領事館ビル上層の領事の部屋に赴くと、韓国の臨時パスポート（旅行証明書）での手続きを求められた。私は「臨時でも韓国国民になる気はないのです」と伝えたところ、領事は「あなたの言い分には同情するが、外交部としては現在の法律ではどうすることもできない。マスコミなどで韓国世論に訴えてはどうか？」と寂しげな表情を浮かべながら私にそう助言した。

　3度目は01年5月20日付で、2度目と同様に書簡を送ると、別の領事から電話があり、「入国できるから手続きをしにお越しください」と前回と同じように言う。行ってみれば、これもまた同様に旅行証明書での入国を求められ、拒絶すると、「みんな旅行証明書で入国できているのに、あなたはバカな人ですねえ」と露骨に不満げな様子だったが、私のほうもこの領事には何を言っても無駄だろうと呆れるほかなかった。

　4度目は李明博政権下、08年8月21日付で同様の書簡を送ると、また別の領事から郵送で返信があり、書面の最後には「貴下が入国するためには、旅行証明書を所持しなければならない」と素っ気のない回答が記され、再入国許可書での入国が認められることはなかった。

　5度目は同政権下の10年8月30日付けの書簡で、それまでと同様の内容に加えて、「朝鮮籍維持者には総聯や北共和国とは異なる

無国籍者としての朝鮮籍者がいることを韓国政府は認識しているのかどうか」と問うた。なぜなら当時の政権は、対北政策の一環として、朝鮮籍者の入国を極度に制限していたため、入国の可否判断において、朝鮮籍者を「北」だと一緒げに決めつけていないかどうかを確認したかったからである。すると新たな領事から電話があった。その領事の回答には目新しい点がふたつほどあった。

ひとつは、韓国政府は「朝鮮籍維持者」のなかには事実上の「無国籍者」もいるということは認識しているが、たとえ無国籍者であろうとも、「在日同胞」であるため、他国出身の無国籍者と同等には扱えない。ゆえに在日する他国出身の無国籍者が再入国許可書で韓国に入国できるのとは異なり、無国籍の「朝鮮籍維持者」も旅行証明書が必要であるということ。

もうひとつは、朝鮮籍維持者には、北共和国や総聯に属する在日同胞とは異なる「無国籍者の立場」を主張する在日同胞が、再入国許可書にビザの発給を受けての韓国入国を望む請願があることを、本国に伝えるとのことだった。

そしてこの領事は電話口で最後に「これからも諦めずに頑張ってください！」と励ましの言葉をくれたが、それにはさすがに私も驚かされた。このことはこれまでおよそ10年間に亘り大阪領事館へ申請し続けた私の働きかけや、鄭栄桓氏の韓国での訴訟などの影響もあって、韓国内における「朝鮮籍」についての関心が徐々に広がってきたことの現れではないかとおもわれる。

しかしその後、朴槿恵政権下では旅行証明書での入国もほぼ不可能な状況になったため、私は申請する意欲も失せ、領事館に直接働きかけするのは中断し、無国籍ネットワークの運営委員としての活動や、詩人としての活動を通して、世界に向けての訴えを続けることにした。そしてそれらの活動を知って、無国籍の「朝鮮」籍につ

いて研究する学者も増えるに至ったのである。たとえば在日総合誌『抗路』で発表した拙詩[10]を、韓国の弘益大学教授・金雄基氏は自身の論文[11]で取り上げ、「朝鮮籍」の多様性についての研究を現在も展開している。むろん本書の刊行[12]もまたその一環の動きのひとつであろう。このような動きは、停滞感に沈んでいた私に少なからずの希望を与えてくれた。

　そこで私は 2018 年 11 月、次のような請願書を文在寅政権下のウェブ申請「申聞鼓」を使って韓国政府に提出した。

　　韓国国民のみなさまへ──在外同胞の定義を改正するよう請願します

　私は在日 3 世の丁章という者です。日本国大阪府の猪飼野の東はずれにある東大阪市で家業と詩業を営んでいます。このたび貴国への入国を求めて、韓国国民のみなさまに私の想いを訴えます。

　私は貴国の国民としてではなく日本に特別永住する在日同胞です。日本政府が発行する特別永住者証明書の国籍等の欄には「朝鮮」と記されております。この「朝鮮」は北韓（朝鮮民主主義人民共和国）の国籍を表すものではありません。いわゆる「記号」または「地域名」もしくは「無国籍」としての「朝鮮」です。

　これまで私は南北どちらの国家の構成員にもなったことがありません。同様にまた、南北どちらの在日組織の構成員になったこともありません。それは私が、私の意志により、国籍選択を保留しているからです。私が南北の国籍選択を保留し、また他国の国籍も取得せずに、事実上の無国籍者であることを選択して日々を暮らしている理由は、将来私が国籍選択をおこなう場合、その選択の対象となる国家が、南北両国家の話し合いにより合意した民主的で平和的な方法によって成立する統一国家であると考えているからです。つまり私は「同胞の半島」の平和統一への望

みと、そして同胞としての民族的志操を「無国籍」を貫くことによって表している者です。

　それゆえに私は普段、海外旅行に出かける時は、日本国法務省発行の「再入国許可書」を使用しています。

　私は「再入国許可書」を使用しての貴国への入国を求めて、これまで過去に4回、貴国の大阪領事館に査証申請をおこないました（窓口での申請を含めると5回）。しかし貴領事館担当者の回答は、貴国発行の「旅行証明書」を使用しての入国でなければ認められないとのことで、毎度入国を断られてきました。

　私がこれまで貴国が求める「旅行証明書」の使用を拒んできたのは、旅行証明書の法的根拠が南北分断の論理に基づかれているため、自己の志操を曲げてそれに従うことが私にはできないからです。つまりここで私が言う「南北分断の論理」とは、「韓国政府が韓半島の唯一の正統な政権である」という論理のことですが、私は貴国がその論理を保持することに異議を挟むつもりは毛頭ありません。ただ、その論理の視点からは見落とされる現実が存在することを私は訴えたいのです。

　「旅行証明書」に係わる法律は、「旅券法」や「南北交流協力に関する法律（南北交流法）」、そして「在外同胞の出入国及び法的地位に関する法律（在外同胞法）」がありますが、私が旅行証明書の使用に同意できない理由の最たるものが、在外同胞法第2条の「定義」にあります。

　第2条（定義）この法律において「在外同胞」とは次の各号のいずれかに該当する者をいう。

　1、大韓民国の国民であって外国の永住権を取得した者又は永住する目的で外国に居住している者（以下「在外国民」という。）

　2、大韓民国の国籍を保有した者（大韓民国政府樹立前に国外に移住した同胞を含む。）又はその直系卑属であって外国国籍を取得した者中大統領

令で定める者（以下「外国国籍同胞」という。）

　以上の定義では、私のような「在外国民」でも「外国国籍同胞」でもない在外同胞が見落とされています。この定義を根拠にした「旅行証明書」の使用に同意することは、自己が「在外国民」や「外国国籍同胞」であることに同意することであり、それは私の志操に反することになります。

　そこで私は、私が「旅行証明書」を使用して貴国に入国するために、海外同胞法の定義の改正を貴国に提案したいとおもいます。

　追加案

　第2条 3、大韓民国の国籍を保有した者（大韓民国政府樹立前に国外に移住した同胞を含む。）又はその直系卑属であってどの国籍も取得せず（無国籍状態で）外国の永住権を取得した者又は永住する目的で外国に居住している者（以下「無国籍同胞または国籍未選択同胞」という。）

　以上の条項を追加すれば、私も在外同胞の定義に含まれることになり、旅行証明書を使用しての入国に同意できます。

　私の妻は日本人であり、わが子2人は二重国籍者です。一家の父親である私の祖父母の地を家族揃って旅行してみたいという素朴な想いからも、この請願書をしたためています。貴国は文在寅大統領政府のもとで南北両国の平和統一に向けての和解と交流がこれからますます盛んに進んでいくことかとおもいます。貴国が、私のように国籍選択を保留し、無国籍の立場でいる在日同胞にも観光旅行の道を開くことになれば、それが南北分断の国家的論理を超えた、私たち全同胞の民族的悲願である祖国統一への道を拓く一歩となるのではないでしょうか。祖先の地を自由に旅してみたいという人間として当たり前な私の望みが、どうかかな

いますことを私は祈る想いで待ち望んでおります。そしてこの私の志操は、貴国の憲法第4条「大韓民国は、統一を指向し、自由民主的基本秩序に立脚した平和的統一政策を樹立し、これを推進する」という精神にも決して反するものでないと私は信じています。

　このひとりの小さな詩人の声に、貴国のみなさまが耳を傾けてくださいますよう、どうかよろしくお願いいたします。

　この請願に対して、韓国法務部から同年12月4日付で次のような回答があった。

　「同じ韓民族として民主的で平和な統一韓国を願う貴下の信念に共感致します。これに関連し、国会で議員立法が推進されていますが、法律案が成立するまでは国民の世論や関連部処の意見を収斂し、多くの人々の同意を求める過程が必要です。改正の法律案が発議されたら、貴下のご意見が反映されるように支援致します。何卒ご希望の通り母国訪問が実現することを願っております」

　今後、韓国において、無国籍の「朝鮮」籍についての認知度が高まり、在外同胞法改正の機運が醸成されてゆくことを期待するばかりである。

　そして私も、将来成立するはずの南北統一国家の「潜在的国籍」を有する者として、その責任を自覚しながら、これからも自分らしく統一に寄与していけたらとおもう。

　『統治二論』においてロックが重きを置いたといわれる権利に「抵抗権」がある。統治の堕落が起きたとき、人びとは国家との社会契約を更新するために抵抗権を行使することができる。現代においてその抵抗権を行使するための最も大きな手段は「選挙」であろう。

私は現在どこの国の国籍も取得せず、むろん選挙権もない。選挙での一票を投じることでしか国家や社会は変えられないとよくいわれる。それが民主主義だとも。私も民主主義者であるのでそのことをしかと認める。しかしながら選挙による多数決のみが絶対的価値ではないことを認めるのも民主主義の鉄則であるはずだろう。

　一片の詩や一枚の絵が、選挙で投じる一票の重さに匹敵する力を持つものだと信じることができる社会こそが民主主義の社会であると私はおもう。

　世界大戦前へと時代が退行してゆくような昨今の日本の情勢、また東アジアや世界の国際情勢に恐ろしいものを感じながら、私が暮らすこの日本列島の地が軍隊を持つことを国是とする国家政府に統治されることが二度とないように、また将来、朝鮮半島にできるはずの統一国家はもとより東アジアや世界中の地において国家が戦争や軍隊を放棄する道へと解放されるように、選挙権を持たない私は無国籍の「朝鮮」籍を生きながら、詩人としての言葉を発してゆくほかない。

　このような私の主張は、夢か幻、子どもじみた戯言でしかないとの声をしばしば聴くこともあるし、私自身が日頃そうおもうこともよくある。それでも奇妙なことにこの子どもじみた夢想を私は少しも重荷とは感じず、むしろ最近は心に馴染んできてさえいるのではないかとすら感じる。よくよく考えてみれば、詩人とは本質的に無国籍者であって、国籍を持っていることのほうが不自然なのではないか。そう考えれば詩人を生きている者にとって無国籍の「朝鮮」籍者であることはまんざらでもないことなのだと、私にはそのようにおもえてくる。

私はかつて朝鮮人という本当の自分を隠して生きていた。自分に嘘をついて生きてゆかねばならない苦しみは、人間にとって耐え難い苦しみである。そのような苦しみはもう二度と味わいたくないという心の声が、今も私の中でしきりに響き続けているのである。

1　金石範、1925年大阪市生まれ。小説家。小説『火山島』で大佛次郎賞、毎日芸術賞を受賞。現在も朝鮮籍を維持。

2　金時鐘、1929年釜山市生まれ。詩人。詩集『原野の詩』で小熊秀雄賞特別賞、『失くした季節』で高見順賞、散文集『「在日」のはざまで』で毎日文化出版賞、『朝鮮と日本に生きる——済州島から猪飼野へ』で大佛次郎賞を受賞。2003年に朝鮮籍から韓国籍を取得。

3　李恢成、1935年樺太真岡町生まれ。小説家。『砧をうつ女』で芥川賞、『百年の旅人たち』で野間文芸賞を受賞。1998年に朝鮮籍から韓国籍を取得。

4　『ルポ 思想としての朝鮮籍』（中村一成著、岩波書店、2017年）。高史明、朴鐘鳴、鄭仁、朴正惠、李実根、金石範のインタビューを収録。

5　「無国籍者撲滅運動」、本書第5章コラム（秋山肇）を参照。

6　（写真）再入国許可書の表紙、見開き。

7　再入国許可書の冒頭ページには以下のような但し書きがある。「この許可書は、出入国管理及び難民認定法第26条第2項に基づき、所持人の再入国許可のために交付するものであり、所持人の国籍を証するものではなく、また、その国籍に何ら影響を及ぼすものではない。」

8　たとえば、海外ではホテルのチェックイン時に、パスポート以外の身分証明書は認められないと言われて宿泊拒否されることがあるが、再入国許可書がパスポートに準ずる証明書だと説明すれば、ほとんどの場合は最終的に認められる。しかしながら手続きに余計な時間がかかり、ときには1時間以上かかる場合もある。同様に、空港でのチェックイン時にも、航空会社のカウンターで職員が再入国許可書の入力方法がわからずに、手間取る場合が多い。このようにITシステム化や電子チップ化にともない、手続きがスムーズにいかないケースが近年増加している。本文後述の台湾のケースもその一例かも知れない。今後、パスポートとは別に、再入国許可書にも対応したITシステムの構築を筆者は切に望む。

9　無国籍ネットワーク（Stateless Network）　無国籍者に寄り添い、彼・彼女らの悩みを真摯に受け止め、国籍の有無で差別されることがない社会を築きたいという思いから、かつて無国籍者であった陳天璽の呼びかけによって、研究者、弁護士、医師等の専門家をはじめ、多くの人々の賛同を得て、2009年1月に発足。2011年にNPO法人格を取得。無国籍の人々を支援するとともに、この問題を国内外に発信し、無国籍であっても住みやすい社会の構築を目指して活動している。ホームページ→ https://stateless-network.com

10　「北の詩人は」『抗路』1号、2015年9月、「南の領事館へ」『抗路』2号、2016年5月。

11　金雄基論文「90% 기민 (棄民) 을 견지하는 대한민국의 조선적과 끌어안기？ —조선적자의 내역과 이들의 입국 허용 문제 (九割の棄民を堅持する大韓民国の朝鮮籍者受け入れ？——朝鮮籍者の内訳とその入国許容問題)」2017 世界韓人学術大会 2017.6　「조선적자의 다양성과 문재인 정부의 입국 허용정책을 둘러싼 쟁정 (朝鮮籍者の多様性と文在寅政府の入国許可政策をめぐる争点)」2018.2 など。

12　本書あとがき（李里花）を参照。

コラム6　国籍の無い、国籍を超えた社会へ

陳天璽

国籍で私を規定しないで……

　グローバル化、情報化の時代に生きている私たちは、国境を越えて海外へ行く機会が増えている。そればかりでなく、自分自身が移動しなくとも、ちがった文化背景を持つ人と出会うことも多い。また、ネット上で海外にいる人とつながることも少なくない。

　新しく知り合う人とのあいだで、しばしば「あなたはナニ人ですか」とか、「どちらの方ですか」と質問してしまったり、されたりする。

　そんなとき、「○○人です」と、国籍で答える人が多い。相手も、往々にしてそのような答えを期待している。そう答えることによって、お互い、その国の言語や文化についての話が膨らむ。そして、相手をいかに理解し、どうカテゴライズすればよいのか、どんな話題を持ち出せばよいのか見当がつくので手っ取り早い。

　しかし、正直いって、私はその質問に答えるのが苦手である。私の帰属を国籍で置き換えたところで、本当の自分を伝えきれないと思うからだ。むしろ、色眼鏡で見られることにならないか不安が残る。

　このトランスナショナルな時代、重国籍者をはじめ移民や難民の背景を持つ人、国際結婚の親から生まれた人、海外で育った人など、私と同じような思いをしている人は増えているのではないだろうか。本書が注目している朝鮮籍の人びとも、似たようなもどかし

さを長らく経験してきたはずだ。

国も私も変わるもの

　私は、ハルピンで生まれ満州国時代を経験し、第二次世界大戦後台湾へ渡った父と、湖南省で生まれ戦後台湾に渡った母のもと、日本で生まれた。生まれて間もなく日本と台湾（中華民国）、そして中国（中華人民共和国）の外交関係の変動の結果、私たち一家は無国籍となった。日本が私に発行した身分証明書には「無国籍」の三文字が記されていた。

　日本で生まれ育ったが、親には「中国人として胸を張って生きなさい」と教えられた。横浜で通っていた華僑学校では、毎朝、中華民国の国旗を挙げ国歌斉唱した。台湾へ行くときは「回台湾（台湾へ帰る）」といっていた。無国籍と記された身分証明書ゆえか差別や偏見がつきまとい、日本でマイノリティーとして生きることに嫌気がさし、香港やアメリカへ渡った。しかし、行った先でも居場所が見つけられず、結局自分が帰る場所は家族が暮らす日本だった。

　時代とともに世界情勢が変わり、日本、中国、台湾、香港、アメリカの社会やイメージが変容している。かつて自分が帰属意識を感じていた国はすでに様変わりしている。一方、私自身も年齢や経験にともないアイデンティティや考え方が変わっている。そんななか、一つの国で自分を代弁させるというのは、正直無理がある。

国籍という制度が内包している束縛、排他性

　しかし、この時代に生きる人びとは、国家という制度にどっぷりつかっている。18世紀末、近代国民国家の成立にともない、国民、国籍の概念が誕生した。国家制度に基づく国籍は排除と包摂のシステムとして機能しており、誰がメンバーで、誰がそうでないかを区

分する。そこには、国籍という制度が有する排他的な一面が見え隠れする。つまり、国籍制度自体に無国籍者を生み出す性質がある。さらに恐ろしいことに、近年、ヨーロッパやアメリカをはじめ世界で排外主義が台頭している。

　人は生まれる場所、そして親を選ぶことはできない。ほとんどの人の国籍は、生まれた場所をもとにした出生地主義や、親をもとにした血統主義によって決まる。生来与えられた体の各部分と同じように、多くの人は自分の国籍を既有のものとして受け入れ、自分が「与えられた」国籍、ましてや国籍という制度に疑問を持つことは少ない。

　トランスナショナルな時代になり、幸い人びとは自分のアイデンティティと国籍を分けて考えることができるようになった。人は移動したり、移住することを通して、いろいろな場所に愛着を持って生きている。それは自然なあり方であり、一つの国籍に固執したり、なにかを守るために他の国籍を否定する必要はない。なので、一つの国籍だけに帰属をおく必要もない。そうできない人がいるのは当然のことである。

　移民や難民、無国籍者など国と国のはざまにいる人びとは、いろんなところに愛着があるため、それらの国々には平和であってほしいと思っている。どちらか一つの国を選ぶことは到底できない。できることなら共存共栄してほしいと思っている。そんな彼らは、しばしば世界で蔓延っている排外主義の犠牲者になりがちだが、本来、彼らこそが文化的橋渡しが可能な存在であることに、世界は気づくべきである。そして、国のはざまにいる当事者自身も、その役割を自覚すべきである。

　人間は国籍だけではなく、生まれた土地や、話す言葉など、いろいろなものと繋がって生きている。私は三十数年無国籍を経験し、

その後、国籍を取得したが、国籍ごときで自分は変わらなかった。むしろ、いろんなところに愛着を持ち、いろいろなアイデンティティを使い分けながら生きている。人を国籍で規定し、国籍で縛ることは現実的ではなく、むしろ時代遅れな考え方だと悟った。

無国籍の影と光

　無国籍の人びとは、現代社会に蔓延っている国家・国籍をもとにした制度がゆえに、差別や区別に遭い苦境に置かれているケースが少なくない。その結果、無国籍の人は憐れな人というマイナスイメージが持たれ、無国籍の人を無くすべきという風潮がある。

　しかし、私たちがどっぷりつかっている国民国家や、そのもとで作られた国籍制度を変えない限り、無国籍の問題はなくなることはないだろう。

　一体全体、無国籍であることは、本当に憐れでマイナス面ばかりなのであろうか。

　むしろ、無国籍者には、「無」から生まれる純粋性やハングリー精神、独自の世界観、そしてなによりも国家の束縛や排他性から一線を画し、社会の真相を窺い知ることができるという優位性があるように思う。

　すでに国民国家制度は、このトランスナショナルな時代にそぐわなくなっている。人類が向かうべき社会は、国籍による差別や排他性をなくす、国籍を超えた、本当の意味での「無国籍社会」なのではないだろうか。

第7章 グローバル時代の朝鮮籍
——インタビューからみるアイデンティティ諸相

李里花

　朝鮮籍をめぐる状況は、近年大きく変化している。特に2000年代以降のグローバル化とヘイトの高まりにみられる国内外の情勢の変化は、在日コリアンのなかでも朝鮮籍者に対してこれまで経験したことがないような現実を突きつけている。この章では、2000年代以降に20代や30代となった朝鮮籍の人（国籍を変更した人を含む）に焦点を当て、彼ら彼女らがこの時代の趨勢のなかで朝鮮籍をどのように考え、今後の生活やキャリアをいかに築こうとしたのか、その姿を描き出すことで朝鮮籍のリアリティに迫りたい。

1　はじめに

　アイデンティティは、可変的である。ここでいうアイデンティティは、帰属意識（sense of belonging）のことであり、自我（ego）のことではない。アイデンティティは生まれたときに備わっているものではなく、環境や社会関係によって条件づけられる。そのため生きていくなかで変わることがあれば、複数のアイデンティティをもつこともある。また対峙する状況によって変わることもあれば、主体的にアイデンティティを持とうとしない場合もある。さらにライフステージが変わり、環境や人間関係が変わるとアイデンティティは変化することが多く、社会関係が家族や学校から職場、地域社会へと広がっていくなかでアイデンティティも重層化していく。

しかしこれまで在日コリアンのアイデンティティは、民族と国家を中心に語られてきた。国や民族に対するアイデンティティが他のどのアイデンティティよりも優先されてきた近代社会の影響もあるが、マイノリティとなった在日コリアンが民族や国を理由に区別／差別されてきたことも影響している。こうした状況のなかで在日コリアンは相互扶助組織を育みながら、コミュニティを形成し、民族的な紐帯を構築していった。そして戦後になると朝鮮半島に建国された二つの国家のどちらに帰属するかという政治も関わってきたため、在日コリアンは「北」や「南」、「統一朝鮮」、「日本」という国々のなかでどこの国に帰属するのかが問われるようになった。その結果、アイデンティティについても「祖国志向」や「同化（日本）志向」、あるいは「架け橋」や「狭間」という国を中心とする枠組みのなかで理解され、「狭間」にいる人たちは「在日」としての民族集団に帰属意識がある「民族志向」に分類された。

　近年は、これらの考えに対して多様化する在日コリアンの姿を描き出す調査や研究が多く発表されている。世代のちがいのみならず、通婚やダブル、「帰化」、受けた学校教育によるちがいなどにも焦点が当てられるようになった。[1] またジェンダーの視点を取り入れた研究も、その数は多くないものの発表されている。[2] しかしこれらの研究実績のなかでも朝鮮籍に焦点を当てた研究は限られている。[3] この背景には李洪章氏（2010年、2015年）が指摘するように、朝鮮籍を一枚岩に「祖国志向」とみなす問題もあるが、朝鮮籍を語る難しさもある。なぜなら朝鮮籍は、中村一成氏（2017年）の『ルポ思想としての朝鮮籍』で登場するような「祖国＝統一朝鮮」だと想う人もいれば、本書の丁章氏（第6章）のように「朝鮮籍＝無国籍」であると考えている人もいれば、「北朝鮮」[4] とのつながりのある在日本朝鮮人総聯合会（以下、「朝鮮総連」または「総連」という）のコミュ

ニティに属している人もいる。このようなさまざまな立場の人をいかに描くかということとともに、朝鮮総連のコミュニティをどう考えるのかということが朝鮮籍を取り上げるなかで問われてくるのである。特に国内で「北朝鮮嫌悪」が広がり、朝鮮総連や朝鮮学校に対するヘイトスピーチが苛烈をきわめているなか、当事者以外が中立的な立場から朝鮮総連に関わるコミュニティや学校、人について語ることが難しく、語ることそのものが避けられる傾向もある。

　しかし朝鮮籍の人が直面する状況は、いまのグローバル時代の問題を鮮明に投影する。なぜなら朝鮮籍が映し出す世界は、国家への帰属や国籍が当然のように付与されていない世界であり、そうした人たちに向けられる「まなざし」がいかなるものなのか、国籍をもつ側の考えを浮き彫りにするからである。そのため朝鮮籍に注目することは、今の時代において国家に帰属することがどのような意味をもつのかを理解することにつながる。

　前章では、丁章氏がこれまであまり語られることがなかった無国籍者としての経験を語っている。また第５章では、文京洙氏が朝鮮籍者の生活世界を描き出している。そのためこの章では朝鮮籍（朝鮮籍としての経験に注目することから「国籍」を変更した人を含む）のなかでも、とりわけ朝鮮学校に在学経験のある人に焦点を当てていきたい。朝鮮総連のコミュニティのメンバーが必ずしも朝鮮学校を卒業しているわけではなく、また朝鮮学校に在学していた人が朝鮮総連のコミュニティのメンバーになるわけではないが、曺慶鎬氏（2012年）が明らかにしているように朝鮮学校が人びとをつなぐ結節点として機能しているため、朝鮮学校の在学経験を一つの視座にすることで、第５章や第６章とは別の視点から人びとの様相を描き出したい。具体的内容に入る前に、まずは朝鮮籍の人が直面したグローバル化の波がどのようなものであったのか、それを特徴づける三つの

事象を次にみていきたい。

2　グローバル化、ヘイト、そして韓流

グローバル化と「移動の不自由さ」

　グローバル化によってカネやモノが世界中を瞬時に巡り、国境を越える人の移動が地球規模で行われるようになったが、朝鮮籍の人は国境を越える上で多くの制限がある。なぜなら国境を越えるためにはパスポートが必要となるが、そのパスポートを朝鮮籍の人は持っていないためである。

　厳密にいえば、朝鮮籍の人にはパスポートを持たない人と、日本で「有効なパスポート」を持たない人がいる。第1章で髙希麗氏が詳述しているように、朝鮮籍は朝鮮半島が出身であることを示す「籍」であり、「国籍」ではない。ただ本人が希望すれば、「北朝鮮」のパスポートを発行してもらうことが可能となる。しかしたとえ「北朝鮮」のパスポートを持っていても、日本政府はそれを「有効なパスポート」とみなしていない。なぜなら日本は「北朝鮮」と国交がなく、日本政府は韓国を朝鮮半島における唯一合法政府とし、「北朝鮮」を「未承認国家」としているためである。そのため「北朝鮮」のパスポートをもつ朝鮮籍の人は、「日本で有効と認められる」パスポートをもたないことになる。このような事情から、朝鮮籍の人は、日本の国境を越えるためのパスポート（あるいは有効なパスポート）をもっていないことになる。

　パスポートがない朝鮮籍者は、どのように国境を越えるのであろうか。まず「再入国許可証」を日本政府から発行してもらう。この証明書をもって、日本を出国・入国する（第1章や第2章、コラム1の写真参照）。次に、渡航先国家への入国と滞在の許可（ビザ）を取得

する。ただ国籍がある人と同じように渡航先を選べるわけではない。入国できない国もあれば、国際情勢や渡航先の政権次第では入国許可が下りないこともある。特に2002年にアメリカ合衆国が「北朝鮮」を「悪の枢軸国」と名指ししてからは、「北朝鮮」のパスポートを持つ人も、朝鮮籍の人も（朝鮮籍＝「北朝鮮の海外公民」という誤った認識が国内外で広がったことも関係し）海外渡航が難しくなっている。

　ビザ申請の手続きも煩雑である。たとえば日本国籍や韓国国籍の人は、アメリカやオーストラリアに渡航するためにESTAやETASというオンライン上のビザ申請手続きを行うことが可能である。必要な情報を入力し、申請費用をクレジットカードで払うと数日以内に許可が出ることが多い。有効期間内であれば数回渡航できるビザもある。しかし朝鮮籍の場合、まず大使館にビザ申請のための書類を提出しなければならない。場合によっては面接もある。面接は数週間後に受けることもあれば、すぐに受けることができることもある。地方の人は面接を受けるために東京や大阪の大使館や領事館まで足を運ばなければならない。またこの面接を経ても、ビザが発行されるとは限らない。そしてビザが発行されても、渡航できる回数や期間は限られている。映画『ＧＯ』のなかに、ハワイ旅行に行くために主人公の朝鮮籍の父親が「国籍」を変えるシーンがあるが、気軽に海外旅行に行くこともままならない様子がここから窺える。

　さらにグローバル化によって国境を越える手続きの簡略化が世界中で進められているが、この流れに取り残されているのも朝鮮籍である。たとえば、日本では2009年7月15日公布された「出入国管理及び難民認定法及び日本国との平和条約に基づき日本の国籍を離脱した者等の出入国管理に関する特例法の一部を改正する等の法律」（いわゆる新在留管理法）によって、外国籍住民の出入国の手続き

を簡易化する方針がとられ、「みなし再入国許可制度」が導入された。これは有効な旅券及び在留カード（特別永住者証明書など）を所持する外国人で1年（特別永住者は2年）以内に再入国する場合には、原則として再入国許可を受けずとも再入国を認める制度である。つまり法務省入国管理局（現在は、出入国在留管理庁）の事務所に赴いて取得しなければならなかった「再入国許可」を、空港の出国カウンターで手続きをすることができるようになった。これによって日本に住む外国籍住民にとって、海外渡航が簡単になった。しかし朝鮮籍の人は、「有効な旅券」をもっていないため、あるいは旅券（パスポート）そのものをもっていないために、こうしたグローバル時代の「移動の自由」を享受できる仕組みや制度から取り残されてしまうのである。

　韓国への渡航はさらなる困難が待ち受けている。第4章で金雄基氏が描き出しているように、在日コリアンは韓国で「北」か「南」という二つのタイプの人間に分類されることが多く、つい最近も李明博政権（2008〜2013年）や朴槿恵政権（2013〜2017年）の下で入国が困難になった時期がある。また、韓国に入国するためには、韓国政府が発行する旅行証明書（「臨時パスポート」や「臨パス」といわれる）を取得することで入国が可能となる人が多いが、一時的であっても「大韓民国」に帰属する者としての旅行証明書を取得するため、その手続きが複雑である。後述のインタビューでも明らかとなるが、この手続きを進めていく上で、自分や家族の生い立ちについて聞かれることがあり、時には朝鮮籍をやめて韓国籍を取得するように諭されることもあるという。またこのやり取りを、権限のある領事館職員から聞かれ、それに答えないといけない状況に立たされることに精神的負担を感じる人も少なくない。つまり臨時パスポートを取得する手続きは、韓国という国家に対してどのような立場をとるの

かを表明する行為と化し、当事者にとってはそのような立場に立たされることへの精神的負担を強いるものとなっている。

　こうした状況のなかで、朝鮮籍の人が感じるのは移動をめぐる「不自由さ」である。移動ができないわけではない。ただ、家族でハワイやグアムにバカンスに出ることも、2泊3日で韓国の格安旅行を堪能することも、取引先の海外支社や工場を訪問することも、出張を命じられてすぐ飛び立つことも、親戚が眠る墓を訪問することも容易に実現できない現実に直面する。グローバル時代に人びとが世界各地を飛び回る時代に、朝鮮籍の人はそれを実現するために多くの困難が伴い、結果的にグローバル化の波から取り残されてしまうのである。

　ヘイトの高まりのなかで

　朝鮮籍者をめぐる近年の変化として、もう一つの出来事がある。それは日本国内で高まった在日コリアンに対するヘイトである。戦前や戦後にも朝鮮人差別はあったが、国際化やグローバル化のなかで多文化共生の思想が広がりつつあった。1990年代から2000年代にかけて外国人の地方参政権や地方公務員の国籍条項廃止などの議論も高まった。この時は、日本人と外国人が手を携えて日本社会をより良きものにしていこうという気運があった。

　しかし2002年9月の日朝首脳会談で当時の金正日総書記が日本人拉致の事実を認めたことを契機に、テレビや雑誌では拉致事件や「北朝鮮」の貨客船万景峰（マンギョンボン）号の新潟港入港の是非をめぐる報道が連日続いた。なかには「北朝鮮」を揶揄するような記事や報道も散見され、同じ頃に在日コリアンに対するヘイトも急速に表面化するようになった。たとえば2003年10月の地方版の新聞記事には、喫茶店の店主が客に「在日は全部集めて殺さないとな

らない」と話す様子を夫から聞いた在日コリアンの女性が、「北朝鮮への反感が私たちに向けられ、エスカレートするのではと怖くなる。毎日緊張を強いられる」と語っている様子が紹介されている[5]。「北朝鮮」政府のミサイル／人工衛星や核実験のニュースが続くなか、在日コリアンに対するヘイトも熾烈を極めた。

　山本かほり氏（2017年）は、日本社会に広がる「北朝鮮嫌悪」という社会の風潮が急速に広がっていくなかで、「北朝鮮と関係するならば何をしてもよいという風潮」があり、「北朝鮮」と関係がある教育をしている朝鮮学校も「悪／洗脳／プロパガンダという単純な思考」でみるような考えが広がっていった状況に強い懸念を示している[6]。朝鮮学校に通う児童や生徒への暴行や嫌がらせは全国で相次ぎ、朝鮮学校では児童や生徒をヘイトから守るために制服も変える事態となった[7]。また2009年には、京都朝鮮第一初級学校（当時）の前で、児童が在学している平日の時間帯に1時間にわたって拡声器で「スパイの子ども」や「朝鮮人は人ではない」と差別的発言を繰り返す団体も現われた。この行為に対して、京都地方裁判所は損害賠償と学校周辺での街宣等の禁止を命じる判決を下したが、子供にも容赦なくヘイトが向けられる現実を象徴する事件となった[8]。

　「朝鮮籍＝北朝鮮の海外公民」という認識が広がっていったのもこの時期である。第3章でハン・トンヒョン氏が指摘しているように、2015年にはそれまで「韓国・朝鮮籍」というカテゴリーの下で分類してきた在日コリアンを政府が韓国籍と朝鮮籍に分けるなど、「朝鮮籍＝北朝鮮の海外公民」という「まなざし」を強化するような対応が続いた[9]。また、李洪章氏（2015年）は日本政府が「北朝鮮」に対する経済制裁の一環として朝鮮籍者の出入国許可の発行に制限をかけている状況を明らかにしながら、「北朝鮮」への「敵視政策の一貫として朝鮮籍者に対する弾圧を強めているように思

われる」と指摘している。[10]朝鮮籍でいることは、もはやこのような
政治に巻き込まれることから逃れることができないことを意味しつ
つあった。「北朝鮮嫌悪」の高まりとともに朝鮮籍者の間で「国籍」
を変更する人が増え、たとえば 2004 年 3 月 5 日に韓国政府筋は、
2002 年に朝鮮籍から韓国籍に変えた在日コリアンの数は前年の倍
以上の約 7,500 人に上り、2003 年には上半期だけで 6,400 人を超え
たと発表している。[11]

　さらに 2010 年代に入ると、韓国の李明博大統領（当時）の竹島／
独島上陸（2012 年 8 月 10 日）や慰安婦や少女像などの日韓の歴史問
題を契機に、ヘイトスピーチは朝鮮半島を出身とする「朝鮮人」全
般に向けられるようになった。2016 年 6 月に「ヘイトスピーチ対
策法」（正式名称は「本邦外出身者に対する不当な差別的言動の解消に向けた
取組の推進に関する法律」）が施行されたことによって、罵詈雑言の差
別扇動運動は表面化しなくなったものの、ヘイトスピーチが消えた
わけではない。たとえば 2020 年 1 月には、多文化交流施設の川崎
市ふれあい館に「在日韓国朝鮮人をこの世から抹殺しよう。生き残
りがいたら、残酷に殺して行こう」と書かれた年賀状が届くなど、
嫌がらせやヘイトは今日も続いている。[12]

韓流の波のなかで

「北朝鮮」嫌悪が広がるなか、日本で高まった朝鮮半島をめぐる
もう一つの流れがある。それは韓流ブームの到来である。2002 年
FIFA ワールドカップの日韓共催を契機に、日本には韓国の情報が
溢れるようになった。韓国文化を好意的に紹介する記事や報道が続
き、たとえば日本人女性と韓国人男性の恋愛をテーマにした日韓合
作ドラマ「フレンズ」が二夜連続で日本と韓国の地上波で放映され
た（2002 年 2 月）。ワールドカップで日本代表チームも韓国代表チー

ムも決勝トーナメントに進出し、日韓がサッカー熱に沸いたことによる影響も大きい。

　この流れに拍車をかけたのが、2004 年に席巻した「冬ソナ」ブームである。2003 年に NHKBS で二度放送されたのをきっかけに、2004 年 4 月から 8 月にかけて NHK 総合テレビの地上波で放送された韓国ドラマ「冬のソナタ」は、最終話が放映される頃には視聴率が 20％以上に達した。「冬ソナ」に関連するイベントが各地で開催され、ロケ地巡りのツアーには日本からの観光客が殺到した。さらにその後も「秋の童話」や「チャングムの誓い」などの韓国ドラマが NHK をはじめとする地上波の放送局で放映され、韓国ドラマが流行した。レンタルビデオ店には韓国ドラマのコーナーがつくられ、韓国エンタメ番組やドラマを放映する専門チャンネルも KNTV、Mnet、KBS World、DATV など次々と増え、韓国の俳優や女優がファンミーティングやディナーショーのために来日するようになった。歴史問題をめぐる日韓の政治的緊張の高まりとともに韓国ドラマの地上波での放送は一気に減ったものの、YouTube をはじめとする新たな映像世界とソーシャル・メディア時代を生きる若者が K ポップを好むようになり、韓国ドラマのみならず K ポップの人気も高まるなかで、韓流の人気は途絶えることがなかった。[13] すでに東方神起や BIGBANG が一世風靡していたが、KARA や少女時代、さらにアジアや世界各地でスターとなった TWICE や BTS などのアイドルが日本でも人気を博し、新たな年齢層が韓流ファンとなっていった。

　韓流は、日常生活のなかで韓国の情報を「消費できる」ようにしたが、それは映像の世界だけでなく、生活や文化においても韓国文化を「経験できる」ものとした。たとえば、新大久保に行くと、K ポップアイドルや韓流スターのグッズを購入でき、韓国コスメや

キャラクター商品も手軽に手に入れることができる。韓国料理も、キムチやビビンバだけでなく、今の韓国で人気のタッカルビやチーズトッポギ、ホットクなどがコンビニやスーパーで売られるようになった。韓国語を勉強する人や、韓国舞踊などの伝統文化を習う人も増え、韓国舞踊の公演では踊り手にも観客にも「日本人」の愛好家がみられるようになった。

　しかしここで注意しなくてはならないのは、韓流が日本の大衆文化の一部と化していくなかで、隣国韓国の人を「近くて遠い人」から「近くて身近な人」に変えるきっかけをつくったものの、日本に住む在日コリアンに対する理解を深めるものになったわけではないことである。つまり在日コリアンを「他者」と見る主流社会の「まなざし」を変えるものにはならなかった。しかし韓流は在日コリアン社会にも多くの影響を与えた。その一つが、在日コリアンも韓流の消費者になったことである。とりわけ朝鮮学校の在学経験者には次の二点においてその影響があった。

　一つは、韓国の情報が生活のなかに流入したことである。韓流に触れていくなかで韓国を身近に感じるようになった人も少なくない。在日コリアンは世代交代を経て、現在四世や五世が誕生している。そのため韓国は祖先の国（「祖国」や「ルーツ」といわれる存在）であっても、長い月日を経ていくなかで韓国に親族や知り合いがいるとは限らない。言葉もちがうし、生活習慣もちがう。考え方も韓国で生まれ育った人と異なる。韓国では在日コリアンを蔑んで「半チョッパリ」（半分日本人の意味）と呼んだ歴史があるが、在日コリアンも韓国生まれの韓国人を「本国の人」や「本国韓国人」と呼び、区別してきた。こうしたなか、韓流は生活に韓国の情報を急速にもたらすものとなった。特に韓国への渡航が難しく、韓国との交流が多くなかった朝鮮学校出身の朝鮮籍者にとって、韓流は日常生

活のなかで韓国文化を往来できる機会を提供するものとなった。しかし一方で、韓流の世界を通して韓国のナショナリズムに晒され、時には、崔紗華氏（2019年）が語ったようなアイデンティティ・クライシスに導かれることもある。[14]

　もう一つは、韓国語／朝鮮語ができることの意味を変えたことである。朝鮮学校では国語として朝鮮語が教えられている。呉永鎬氏（2019年）が明らかにしているように、朝鮮学校における朝鮮語教育は「こどもたちを朝鮮人に育てるうえで、最も重要な要素である」とともに、脱植民地化を試みる実践であった。[15] そのため朝鮮学校に在学すると朝鮮語と日本語のバイリンガルになるが、日本の主流社会のなかでその能力を活用できる場はこれまであまり多くなかった。しかし韓流の時代になると、朝鮮語ができることによって字幕なしに韓国ドラマやKポップの歌が理解できるだけでなく、韓流の市場拡大とともに、一部の人に生活の糧を提供するものとなった。ただ、韓流が朝鮮学校出身者の活躍の場を急速に増やしたわけではない。たとえばそれは、ある韓国のエンタメ専門チャンネルが日本で開局したとき、30名前後いるスタッフのなかで朝鮮学校出身の在日コリアンは3名程度であったことや、さらにその専門チャンネルから委託を受けて韓国のドラマやエンタメ、ニュース番組に字幕をつける翻訳会社のスタッフ（字幕会社から委託を受けるフリーの翻訳家を含め）のなかに朝鮮学校出身の人が少なからず活躍していた状況にみることができる。しかし韓流は一部の人であっても日本や韓国における活躍の場を提供するものとなり、それによって韓国語／朝鮮語を学ぶことの意味を変えたのである。

3　インタビューからみる朝鮮籍の　アイデンティティ諸相

　ここからは、2000 年代から 2010 年代に 20 代や 30 代となり、キャリアや生活の基盤を築いた朝鮮籍の人を対象に実施したインタビュー記録をもとに、彼ら彼女らが朝鮮籍をどのように捉えたのかを描き出していきたい（インタビューは 2019 年 8 月から 2020 年 3 月まで実施した。ここで取り上げるのはそのうち 17 名の記録である[16]）。

　インタビューした人は、世代として三世が多かったが、話をしていくなかでたとえば父親が二世であるけれど幼い時に日本に来た母が一世であるケースや、祖父方から数えると四世となるけれど祖母方からみると三世になるケースなど、明確に世代を区別できないことが多かった。そのため自身が在日コリアンだと認識している朝鮮籍の人を対象に、彼ら彼女らの経験に注目することにした。

　家族構成や年代、職業、生い立ちや学校などの情報は個人を特定できる情報となるため、ここではなるべく詳細に背景を説明しないことで個人のプライバシーを守ることとしたい。同じ理由で名前も仮名とした。

朝鮮籍を維持すること・変更すること

　日本では、生まれる子供の国籍が「血統主義」によって決定する。そのため親がどの国籍を持っているのかということが子供にそのまま影響する。このような事情から、インタビューでは家族のだれが朝鮮籍をもっていたのかという家族史を聞くことから話が始まることが多かった。

　親戚のほとんどが朝鮮籍だと語る人は、祖父母の世代が同じ国の人同士で助け合い、そのなかで仕事をし、子供たちを朝鮮学校に行

かせ、その生活を支えるために寄付もし、そのつながりのなかで生きてきたため、朝鮮籍であるのが「当然な感じ」だったとその様子を教えてくれた[17]。また逆に親戚のほとんどが日本国籍を取得している人は、自分の家族だけが朝鮮籍であった理由について父親が「思想的に総連を信じていた」からだと語ってくれた[18]。その一方で、信条とは別の理由で家族が朝鮮籍を維持していたという人は、両親の世代のなかには「考えている人」もいたけれど、日々の生活に追われて明確な立場をとるような状況ではなかったことを次のように語ってくれた。

> （家族が朝鮮籍であった理由は）みんな一応総連系だったから。イルクン（専従の活動家）とかではなく、総連支持。といっても時代の流れで、政治的な思想というわけではない。韓国籍は「変える」という手続きが必要。普段の生活は忙しいし、そのなかで変える必要がなかったというのもあるし……[19]。

韓国の国籍を取得するためには、「国籍」を変更する手続きだけでなく、韓国の戸籍に関する書類も揃えなければならない。故郷を離れて何世代経っているなかで戸籍を辿ることが容易でない人もいれば、戦時中や戦後の混乱のなかで書類が見つからなくなった場合もある。またある人は、「めんどうだから変えてないという人も多い。特に海外に行く必要もないと、パスポートに向き合う必要ないし」と話してくれた人もいるが、「2002年頃に拉致の問題があって、あれで変える人が増えた」と2000年代に入ってから状況が一変したことを教えてくれた[20]。

第2章で崔紗華氏が言及しているように、朝鮮籍が国際政治の争点となった時期もある。そのためその時代を生きた祖父母や両親が

生きているうちは「国籍」を変えることができなかったと語ってくれた人もいた。祖父が亡くなり、家族が韓国籍に変えたという人は祖父のお墓を故郷につくるために母親がまず「国籍」を韓国籍に変え、数年後に母方の祖父も亡くなり、朝鮮籍のままでは韓国への渡航が難しいことから家族が次々と「国籍」を変更するようになっていった状況を教えてくれた。[21]在日コリアンの多くは、祖父母や曾祖父が、済州島や慶尚道をはじめとする朝鮮半島の南側（日本に地理的に近いところ）を出身としている。そのためこの世代が亡くなると、骨を故郷に埋めてあげたいと思う家族も多い。

　しかしお墓だけが理由ではない。父が亡くなったことをきっかけに母が韓国国籍に変えた人は、母が韓国を訪問してみたかったから「国籍」を変えたとその時の様子を教えてくれた。[22]同じように父親が亡くなったことをきっかけに、残された家族のほとんどが韓国籍に変えた人は「これからは旅行とかを自由にしたいから」という理由で家族が「国籍」を変えていった状況を語ってくれた。[23]またなかには、「義理を通す必要もなくなった」と亡くなる直前に韓国国籍に変えた父の心境を語ってくれた人もいる。[24]

　女性のなかには、結婚することをきっかけに「国籍」を変更した人もいたが、事情はより複雑であった。自分自身が日本の人と結婚するとは思わなかったと語ってくれた女性は、毎日の生活のなかで日本人の友人も多く、日本人と結婚することの何が悪いのかという気持ちもあったけれど、葛藤もあったことを話してくれた上で、「いずれにせよ進まないから変えるしかなかった」と当時の様子を話してくれた。[25]また、結婚相手の両親に朝鮮籍が「北朝鮮」の国籍だと思われ、そうではないことを伝えても、子供が産まれたときに子供が「北朝鮮」だと思われてしまう、と相手の両親に「国籍」を変更するよう諭されたケースもあった。[26]その他にも、韓国で韓国人

と結婚式を挙げるために「国籍」を変えた人もいた。また日本人と
結婚することになったから、思いきって憧れの海外ウェディングを
実現するために「国籍」を変えたことを語ってくれた人もいた。[28]

移動の不自由さ

　「国籍」を変えるもう一つのきっかけとして、移動の不自由さを
挙げる人も多かった。ヨーロッパで６か月のインターンシップを
実現するために、渡航先の大使館でインタビューを二度受けたこと
を教えてくれた人は、領事館が東京にしかないため関西からイン
タビューを受けにいったが、そこでオープンチケットの航空券に帰
りの日にちが記入されていないことについて、職員から強い口調
で「半年で帰ってくることになっているのに、日にちが決まってい
ないのはおかしい」と咎められたという。彼女のビザ申請はこの時
却下された。一度却下された申請は領事が交代するまで申請しても
なかなか許可が下りないと仲介会社から教えてもらった彼女は、領
事が変わった時に二度目の申請をした。この時の担当は、「優しそ
うな感じ」で「英語をゆっくり話してくれた」そうである。この二
度目の申請で渡航が実現したが、当時働いていた会社の送別会を断
るほど落ち込んだ彼女はその時の心境を次のように語ってくれた。
「東京まで交通費二倍かかるし……日本国籍だったら何もなくて行
けて、延長だって６か月帰ってきてすぐまた行けて、なんだろうって
思った」。滞在を延長することもできたが、同じ手続きを日本に
戻ってきてもう一度繰り返さないといけなかったことから、手続き
を早々にあきらめたという。[29]

　海外渡航をめぐる厳しい状況を目の当たりにしていくなかで、朝
鮮籍に対する考えを変えていった人もいる。その人は、知り合いが
当初ヨーロッパにある国に留学を希望していたが、朝鮮籍であるこ

とが理由で留学ビザが下りなかったという。そのため当時は渡航可能だったアメリカ合衆国に留学先を変えた。ただ留学先で急逝してしまい、この時に朝鮮籍であった親も朝鮮籍であることが理由となって駆けつけることができなかった状況を目の当たりにした。彼女はそれまでも「書類が少し足りないだけで旅行にいけない」ことを実感していたものの、この時の「いたたまれない気持ち」をきっかけに「国籍」を変えようと思う気持ちが強まり、「国籍は移動する手段で、あくまでもパスポートをとるための国籍であると自分で思うようにした」とその心境を話してくれた[30]。

　パスポートをめぐる複雑な心境は、韓国の臨時パスポートを取得する時や、韓国国籍を取得するときも同様である。韓国の臨時パスポートを申請するたびに領事館から電話連絡があったという人は、電話先で「朝鮮学校行ってましたよね？　北朝鮮の渡航歴ありますよね？　と韓国語できいてくる。向こうは情報をもっているけれど、わざと知らないふりしてきいてくる」とその時の状況を教えてくれた。また別の人は、臨時パスポートを申請すると領事館の職員に、「次は（韓国籍に）変えなさい、次は出ないですよ」と言われたという[31]。

　臨時パスポートを申請しても発行されなかった親戚を目の当たりにした人は、その親戚が「なんで日本人は行けて、同じ民族の私が行けないのか」と悔しがっていた様子を教えてくれたが、そうした親戚の様子を見ながら自身も「信じたものに対して突き放された感じがした」と語ってくれた。その後パスポートを取得するために韓国籍を取得したが、面接にあたっては「噂で愛国歌を歌わせたりする」ということを聞いていたため緊張したという。詳細を語ることはなかったが、実際の面接を受けて「国の制度ってなんなんだと単純に思ったし、民主国家なのかとつい考えてしまった」とその想い

を教えてくれた。[32]

　臨時パスポートが発行されない時期があったことによる影響も大きい。「李明博政権になってから完全に下りなくてなって。何回申請してもおりなくなった。何回も申請してみた。でもぜんぜん下りなかった」とその状況を教えてくれた。申請をしても、「下りなかったら連絡がこないから、自分から確認しないといけない」ということも教えてくれた。同じ時に社員旅行でハワイに行く話がでていたため、アメリカのビザも申請したが、なかなかビザが下りず、「結局社員旅行に間に合わなかった」と、八方塞がりのような気持ちになった当時の状況を教えてくれた。[33]

　「国籍」を変えた人は、その時のことを鮮明に覚えている。1週間から2週間で手続きが終わることが多いが、朝鮮学校の在学経験があると3週間か4週間かかることを教えてくれた人は、卒業後に総連の活動に関わっていた時期があったため、面接では職員に「どうして辞めたのか」と何度も問われ、「向こうも調べているし、ぶつぶつ言われる」とその時のやり取りを教えてくれた。[34] また、韓国出身の人と結婚するために自分が韓国籍に変えた人は、職員に「あなた本当に結婚するんですか？　あなたのお父さん、こうこうこうです。本当に結婚するんですか？」と何度も問われたという。[35] また別の人は、その時の様子を次のように語ってくれた。

　　インタビューは、そんなに長くないけれど、なかなか落ち込むようなことを言ってくる…自分の兄弟の結婚相手の職業など根ほり葉ほりきかれる。特に家族のこととか…（そして職員に）北と南なら、南につくんだろ？　国籍だけ韓国に変えて、総連を応援するようやったら韓国籍はあげられないよ、みたいなことを言う。[36]

最後に語ってくれた人は、面接を終えてから「親に悪いことした
んじゃないかとひどく落ち込んだ」ことも教えてくれた。ただ「途
中でやめようとは思わなかった。とにかく朝鮮籍は不便で、私自身
は、中身は変わらんと思っていたし、私は私と思っていたし」と
語ってくれた[37]。

　「国籍」を変更することを決意しても、そこにはいくつもの理由
があり、複雑な想いがある。ある人は「時代の流れだから」と一家
で「国籍」を変更したことを話してくれたが、「変えるとき、実は
ちょっと嫌だった」とも語ってくれた。なぜなら「いろいろと（書
類などで）朝鮮と書いてきたのに、なんか負けたと思った」とその
胸の内を語ってくれた[38]。

　後の文章にも出てくるが、朝鮮籍を維持することを選んだ人も
「負けたくない」とその想いを語ってくれた[39]。おそらく「負けた／
負けたくない」というのは、具体的に誰かに向けられた言葉ではな
く、国に帰属することを当たり前に思う世の中とその仕組みに対
してであり、それに従わないと多くの困難が強いられる現実を表し
ているのではないかと思われる。インタビューを通して浮き彫りと
なってきたのは、国籍や国家に対して自分の立場を何度も何度も表
明しなければならない理不尽さでもあった。

これからの時代を生きる──個人化と再民族化

　それではこれからの時代をどのように生きていこうとしているの
か。インタビューの後半で彼ら彼女らが語ってくれた言葉には、大
きくわけて二つの傾向があった。

　一つは、「自分が在日である」ということを再認識し、個人で生
きていくことを決意した人びとの言葉である。ある人は、海外への

渡航経験があり、朝鮮籍としての不自由さを幾度も経験するなか、ヨーロッパでＥＵの加盟国が増えて「10年の間で国境のコントロールがなくなって、職員もいなくなる」状況を目の当たりにすることで、国籍は個人の選択だと思うようになったことを次のように語ってくれた。「朝鮮人であることを誇りに思って、堂々と生きろと朝鮮学校でもいわれた。民族教育を受けてきた人は国籍というのが、自分の思想を反映しているものとして捉えている人が多いと思う。でもそうじゃなくて、自分が生きやすい国籍を選べばいいと思う」。彼女が「在日の悲劇」と呼んだ日常のあり方も自分の「国籍」を変えるきっかけになったと教えてくれた。それは親子や夫婦が「国籍」のことで揉め、日本人と結婚した人が同窓会に参加しづらくなる空気感であったという。彼女は「我々の住んでいる世界は特殊」であるとわかっているものの、「誰がそうしたんだとふと思う」そうであるが、こうした国内外の状況を目の当たりにしながら、彼女は「わざわざ（朝鮮人であることを）誇りに思うことはないし、自然に思うようにした」とその心境を語ってくれた[40]。

　また別の人は、職場での経験を話してくれた。名字は「小林（仮名）」という通名を使っているが、下の名前は朝鮮語読みのままで働いているという彼女は、職場の人から「キラキラネームですねと言われる」という。ただ履歴書を見て彼女が韓国籍であることを知っている職場の上司は、日韓の歴史問題や「北朝鮮」のニュースが出るたびに嫌韓やヘイトに満ちた言葉を彼女に向けるという。そのためある時、自分が韓国籍であることを職場で告げたが、「歴史問題が終わったらいいですね」と声をかけてくれた人もいたそうであるが、まわりの反応は冷ややかで、嫌韓の言葉を投げかけられる彼女の状況は何も変わらなかったそうである。この状況について彼女は「最近、なかなかつらい。結構つらい」とその心情を教えてく

れたが、一方で「どこの国も人の国を馬鹿にしてもいいはずではないのに……。なんであれがまかり通るのかわからない。これに振り回されたらいかん」と強い気持ちをもっていくことで今の状況を乗り切ろうとしていることを教えてくれた。[41]

　韓流関係の仕事に就き、「日本人」も「韓国人」も職場にいる人も、同じような孤立感を感じながら仕事をしていることを教えてくれた。「どんどん自分がよくわからなくなる」とその心境を教えてくれた彼は、自分は朝鮮半島に帰属すると思っていたが、韓国人と仕事をしていくなかで「いまはちがいがよくわかるし」、韓国人との間にちがいがあることを日々感じているという。「(日本人からは)名前と国籍だけで、韓国人だとみられる」が、「韓国人からみると、話す言葉(韓国語)もなまっているし、意識も日本だし、日本人だと思われている。韓国籍って知っているのに、〈あんたは韓国人ではなく、日本人だよね?〉みたいなことを平気で言われる」という。日本人からも韓国人からも「他者」として見られていくなかで、「自分が考えすぎなのか?」と落ち込んでしまうこともあるが、「(相手が)安全圏にいるから、無遠慮にちがうとか言える」ことに気づいたという。ただ時には、「(このような会話のなかから)差別が生まれたり、(差別を)助長したり、人を無意識で差別するような根本がある」ことに気づく人に出会うこともあるという。こうした人の存在が心の支えとなっていることを教えてくれた。[42]

　孤立感を深めていくなかで、どこにも自分が帰属しないと思うようになった人もいる。「これ言っちゃったら終わるかもしれないけれど、北朝鮮の国籍をもっていたときも、選挙権があるわけではない。住んでいるわけではない」し、その後韓国に戸籍をつくったものの、「○○道出身といっても住んでいるわけではないし、行ったこともないし、ゆかりがないところに戸籍をつくっている」と思う

ように至った経緯を教えてくれた。その上で、日本に対しても「やたら税金を払っていて、住んでいるけれど、選挙権があるわけではない」が、「ここ（日本）にいく以外ないような気がする」とその心境を話してくれた。祖父母の代から朝鮮学校を支え、自身も朝鮮学校の存続に奔走した経験をもつが、最終的に行き着いたのは、拠り所をもたない存在としての自分であったという。朝鮮学校を卒業して「唯一良かったのは、マスコミを信じない。一方向だけ見てはいけないという」ことであったと冗談を言いながらその孤立感を伝えてくれた彼は、「一番しっくりくるのが、難民。国家がない難民」であるが、「ふるさとを追われたとか、奪われたとかとはちがう。特に三世と四世はちがう」とも話してくれた上で、あえていうならば「地球人、東アジア人かな」と語ってくれた[43]。

　もう一つの考えをもつようになった人もいる。それは社会的な疎外や孤立感に直面していくなかで「自分が在日である」ということを再認識し、民族的な紐帯をもとうと考えた人である。朝鮮籍であるが故に多くの不条理や不便さを目の当たりにすることが多かったという人は、「国籍はあくまでも生活や仕事をしていく上で、さまざまな理由で名乗る服のようなもの。魂とかではなく、羽織る、表示上のもの。朝鮮が嫌いで、韓国が好き、というわけではない」と思うようになったその心境を吐露してくれた。朝鮮学校を卒業して、朝鮮総連の活動をしていた時期もあるが、「両方を好きになればいいのではないかと思っていた。朝鮮もいいし、韓国もいいじゃん。お互いの国のいいところをもっていこうと」と自分の帰属が国というところにあるわけではなく、コリアンという民族にあるということに気持ちが切り替わっていった様子を教えてくれた[44]。また学生時代に観た韓国映画『シュリ』をきっかけに、韓国についても関心をもつようになった経緯をこの時に話してくれた。

別の人は、移動の不自由さを経験していくなかで、朝鮮籍を維持していくことの意味を再発見するようになったと語ってくれた。それは朝鮮籍が自分だけのものではなく、祖父母と両親が「守ってきたもの」であるという発見であり、「変えたら負け。くやしい」という想いであるという。「日本で生まれ育った朝鮮人で、朝鮮籍で。韓国にもルーツがあって、こういうことに意味があると思う」とこれからの生き方を語ってくれた[45]。

　また、家族が次々と韓国籍に変えていくなかで自分だけが朝鮮籍を維持していることを教えてくれた人は、「純粋に歴史的な経緯として朝鮮籍は北朝鮮ではないよ、という意識が強かった」と朝鮮籍に向けられた主流社会からの「まなざし」に対して、朝鮮籍を維持することで抵抗していきたいと語ってくれた人もいる。このような考えをもつようになった背景には、「最近の状況をみると、国外脱出を考えないといけないのではないかと考えてしまうほど」と語ったようにヘイトスピーチによる影響もある。また、このような現状があるからこそ子供を朝鮮学校に通わせることを決めた経緯を教えてくれたが、そのきっかけの一つに、「まともに考えたらそれ以外の選択がない」というＳＮＳの投稿があったことも教えてくれた。「朝鮮籍でいることが当たり前で、朝鮮人であることが当たり前だというスタートに立たないと、自己肯定感が低くなってしまう」のではないかと、子供をヘイトスピーチから守りながら育てていきたい親としての気持ちを語ってくれた[46]。

　今回のインタビューに応じてくれた人は、2000年代から2010年代に日本社会で生活基盤やキャリアを築いた当時20代や30代の朝鮮学校在学経験者であるが、筆者が聞き取りをできたのはごく一部の人である。ただ、彼ら彼女らは自分たちが生活の糧を日本の主流社会のなかで見つけていく時代になったことを認識していた。ある

人は自分が学校に通っていた当時（1990年代）は日本の大学に進学する人が少なく、240名の同級生のなかで日本の大学に進学を希望したのは10名程度で、そのうち実際に進学したのは7名から8名くらいであったと話してくれるなかでその変化を語ってくれた[47]。また他の人は2000年代後半に朝鮮学校を卒業したとき、同級生の大半が日本の大学に進学し、中小企業を含めた日本の会社で働くようになった状況を教えてくれた[48]。この傾向が地方では顕著であると教えてくれた人もいる[49]。

　また彼ら彼女らが語らなかったが、顕著に現れた傾向が二つある。一つは、ジェンダーのちがいである。それはたとえば、結婚を機に「国籍」を変更したことを話してくれたのが皆女性であったことや、民族的つながりを深めようとしたのが皆男性であったことなどである。この背景には、結婚相手の文化や習慣に同化していくことが当然視される女性の現実や、社会的に付与される男性性がマイノリティの男性には当然の権利として付与されない（あるいは否定される）現実などがあり、マイノリティ女性とマイノリティ男性がどのように女性性と男性性を構築しているのかということと関係している。今回のインタビューでは十分な調査を実施できなかったことから、ジェンダーについて深く言及することができなかったが、今後の課題としてここで触れておきたい。

　もう一つは、国家への帰属について誰も語らなかったことである。これは国家との関係を否定するということを意味するわけではない。インタビューの最後に朝鮮籍と無国籍のちがいについて聞いたところ、ある人は「16歳まで朝鮮籍は、朝鮮人という意味だと思っていた。朝鮮民主主義人民共和国という意味での朝鮮人でもあった。でもだからといって、北と南のちがいがあると思っているわけではなく、それについて学校で詳しく教えてもらった記憶がな

い」と語った上で、朝鮮籍が無国籍だと考えている人が朝鮮学校卒業生には少ないのではないかと語ってくれた。また別の人は、「自分が選んで朝鮮籍になったわけではない。親がそうだから、朝鮮籍になった。でも思想とかには…。学校で習わないこともあるし」と語り、民族的な自覚をもつような機会や、自分のルーツとなる国が朝鮮半島にあることを教えてもらったものの、それが今のどの国家につながるものなのか、それが明確な形で帰属意識と結びついてこなかったことを話してくれた。またこの質問を投げかけたときに、今の時代だからこそ自分の帰属は日本にあると語ってくれた人もいる。

4 おわりに

グローバル時代の到来とともに朝鮮籍の人が発展させたのは、自分の帰属が複数の国家に跨って存在するというトランスナショナルな感覚ではないだろうか。政府や外交レベルの国家間の関わりを「インターナショナル」というのに対して、「トランスナショナル」は人や社会の次元で複数の国家に跨って形成される関わりやつながり（精神的なつながりを含む）をいう。つまりトランスナショナル・アイデンティティは、自分の帰属が国家横断的な人や社会の次元にあるという意識である。

それではこの帰属意識は、これまでのナショナル・アイデンティティとどう異なるのであろうか。まずちがうのは、一つの国民国家に帰属しなければならない、という感覚がないことである。日本や朝鮮半島の国々では民族と国民の概念が混然一体となってナショナリズムが発展したため、人びとは民族的出自をもとに「自国民」か「外国人」に分類された。しかし在日コリアンはこの枠組みのどちらかに完全に分けて分類することはできない。歴史的にみると、ど

ちらにも分類できるし、どちらにも分類できない。その状況は、歴史的変遷のなかで二転三転し、今となっては複層的な様相を呈している。とりわけ朝鮮籍の人は、第4章で金雄基氏が韓国の状況を、第3章でハン・トンヒョン氏が日本の状況を指摘しているように国家によって「都合がいい」ように政治的に利用されてきた経緯がある。こうしたなか、インタビューの人びとが語ってくれたのは自分の帰属が一つのナショナリズムに一体化している、あるいは一体化しなければならないという感覚ではなく、複数の国家に跨って帰属するという感覚であることを教えてくれた。ある人は、この状況をわかりやすく次のように説明してくれた。「北でも南でもないけれど、北でも南でもある」「日本でもある」。[54]

　もう一つ、ナショナル・アイデンティティと異なる点は、自分たちの「根」が在日コリアンの歴史と文化にあると感じていることである。ナショナリズムやナショナル・ヒストリーは、定住民としての国民の歴史や文化が中心に据えられ、移動民の歴史や文化がそこから零れ落ちる傾向にある。しかしインタビューに応じてくれた人は自分の「ルーツ」が日本で生活の拠点を築いた祖父母から始まり、それが両親を通して自分につながっていることを教えてくれた。また、インタビューでは「自分が在日コリアンである」と語った人もいれば、「自分が朝鮮人である」と語った人もいたが、どちらも自分の「根」が在日コリアンの辿ってきた道のりにあることを語ってくれた。

　ただ本章で浮き彫りになったトランスナショナル・アイデンティティは、トランスナショナルな実践が伴うものではないということを忘れてはならない。トランスナショナル・アイデンティティに関する議論は、アイワ・オン（1999年）の「柔軟な市民権（flexible citizenship）」を発端に急速に高まったが、ここで描き出された人び

とは、たとえばカリフォルニアにおけるベトナムやカンボジアから
の難民や香港返還後に移住したアジア系アメリカ人であり、人びと
が複数のパスポートや市民権を使いわけている姿である。しかし朝
鮮籍の人は国境を自由に越えているわけではない。パスポートや市
民権をめぐる状況はより複雑であり、個人の意思でそれを使いわけ
るような状況であるとは限らない。そのためここで構築された朝鮮
籍のトランスナショナルな世界観は、トランスナショナルな実践と
連動するものではなく、心のなかで描き出され、構築されたアイデ
ンティティであることがその特徴としてあげられる。

　そしてもう一つ、今回のインタビューで浮き彫りとなったのは、
彼ら彼女らが「コリアンではない」と語っていないことである。つ
まり国家への帰属を当然視する考えと一線を画す語りが多くみられ
たが、それが必ずしも民族的アイデンティティを喪失するような感
覚や、それを否定するような意識と同一視されていないということ
である。この背景には、インタビューに応じてくれた人の社会的な
状況が影響していると思われる。今回のインタビューでは、ほぼ全
員が社会に出てから「自分が在日コリアンなのだ」と再認識するよ
うになったことを教えてくれたが、同じ時期に彼ら彼女らが経験し
たのは社会的疎外と孤立感であった。直接的な差別を経験すること
がなくても、主流社会から「他者」として見られていることは、メ
ディアやインターネットの世界で目撃する嫌韓やヘイトの言葉の
数々を通して認識されている。さらにそれが日常生活の在日コリア
ンを「我々（we）」と捉える視点の欠如と連動し、彼ら彼女らの社
会的疎外と孤立感に拍車をかけている。韓国においても同様であ
る。つまり「どこにも行き場がない」という感覚は、「自分は在日
コリアンなのだ」という意識を再構築させる契機になっていた。し
かしここで再構築された「在日コリアン／コリアン」という意識

は、日本の学校に通名で通い、家族の間でも在日コリアンであることがほとんど話題になることがなかった人びととは異にするものであるためさらなる検討が必要であるが、在日コリアンというアイデンティティは社会的な疎外感と表裏一体になって構築されていることがここから浮き彫りになった。

　以上、今回のインタビュー調査から明らかになったのは、グローバル化された世界が国民国家やナショナリズムを媒介にして人びとを選別する今のグローバル社会の仕組みである。グローバル化は国境を越える人の移動を加速化させ、情報や文化も地球規模で瞬時に駆け巡る世界をつくりだしたが、その一方で自国中心的な勢力や考えを台頭させ、そうした勢力がヘイトの矛先を国民国家の枠組みから零れ落ちる人びとに向けることを容認する世界をつくりだした。この世界の流れを肌で感じてきた朝鮮籍の人は、複数の国家に横断する次元に帰属意識をもつことや、国民国家とは異なる次元に自らの「根」をもつことでこの状況を乗り越えようとしているのかもしれない。つまり朝鮮籍の人びとが語ってくれた世界は、グローバル化の流れのなかで零れ落ちる人びとの過酷な現実を映し出すものであるが、同時にそこで示されているのは、目の前に突きつけられた閉塞感を人はどう突破できるのか、というグローバル時代の新たな生き方なのかもしれない。

謝辞

　インタビューに応じてくれた方々や、本書の趣旨を理解して友人や知人を紹介してくれた方々の尽力なくして、本章を完成することはできませんでした。プライバシーを守るため、名前を挙げて謝辞を申し上げることはできませんが、この場を借りて心より感謝の意を表したいと思います。

1 曺慶鎬 (2011 年)、韓榮惠 (2011 年)、金根五 (2002)、Lim（2010 年）等。

2 歴史や文学の分野でジェンダー研究は進んでいるものの、在日コリアンのジェンダー関係やフェミニティ／マスキュリニティの構築についての調査や研究が多くなく、韓東賢（2015年）、Kim-Wachutka（2018 年）、朴和美（2020 年）、徐阿貴（2012 年）等の研究実績があげられる。またミリネ編（2016 年）や熱田・河・永山（2020 年）が示すインターセクショナリティの視点はこれからますます求められる。

3 曺慶鎬（2011 年、2012 年）や韓東賢（2015 年）、呉永鎬（2019 年）など、朝鮮学校に焦点を当てた研究も朝鮮籍が生きる世界を理解する上で重要な先行研究となっている。

4 正式名称は「朝鮮民主主義人民共和国」である。「北」という言葉が国名に入らないことから、「北朝鮮」という表現を使うことは適切ではないが、この章では新聞記事やインタビューのなかで「北朝鮮」という言葉がたびたび登場するため、複数の表現によって混乱が起きることを避けるため、鍵括弧を使って「北朝鮮」と表記することにした。

5 「姿見せぬ嫌がらせ不満の矛先、事件急増（閉塞社会：八）」『朝日新聞』（2003 年 10 月 24 日、石川二面）。

6 山本かほり「排外主義の中の朝鮮学校―ヘイトスピーチを生み出すものを考える」『移民政策研究』（2017 年 9 号）、8。

7 「『在日』として（上）――求め問う『居場所』」（学生と戦争）」『朝日新聞』（2003 年 8 月 29日、京都一面）。この記事にみられるように、朝鮮学校の生徒に対するヘイトや暴力がこの頃から急速に高まった。朝鮮学校に対する政府対応も、2010 年に朝鮮高校の無償化が保留され、2013 年に高校無償化制度から適用除外されるなど「北朝鮮嫌悪」の影響が続いている。

8 https://www.daiichi.gr.jp/activity/p-2013/p-1024/

9 韓東賢「『朝鮮・韓国籍』分離集計の狙いとは？――三月公表の二〇一五年末在留外国人統計から」（2016 年 3 月 7 日 Yahoo Japan News）
https://news.yahoo.co.jp/byline/hantonghyon/20160307-00055137/

10 李洪章「朝鮮籍在日朝鮮人の『共和国』をめぐる語り：ナショナル・アイデンティティ論の視角から」『三田社会学』20 号（2015 年）、24。

11 「帰属意識（北朝鮮の素顔第五部・在日と「祖国」）」『朝日新聞』（2004 年 3 月 5 日、朝刊総合）。

12 『神奈川新聞』（2020 年 1 月 6 日）https://www.kanaloco.jp/article/entry-236214.html

13 金成玟『K-POP：新感覚のメディア』岩波新書、2018 年。

14 崔紗華「韓流アイドルに夢中になった学生時代。追っかけ先の韓国で、朝鮮籍の私はアイデンティティ・クライシスに陥った」（HUFFPOST、2019 年 3 月 4 日）https://www.huffingtonpost.jp/entry/choi-safa-mannaka_jp_5c763da6e4b062b30eb927d4

15 呉永鎬『朝鮮学校の教育史：脱植民地化への闘争と創造』（明石書店、2019 年）、208。

16 半構造化インタビューによる質的調査を実施した。事前におおまかな質問事項を準備していったが、回答者の答えによってさらに詳細をたずね、回答者が自由に話していく方式を採用した。一回のインタビューの時間は 1 時間から 3 時間程度であった。また実際にインタビューした人の数はこの章で取り上げる人よりも多かったが、この章では 2000 年代以降にキャリアや生活基盤を構築した人と、（家族ではなく）自分自身が朝鮮籍であった／ある人に限定した。17 名のうち、女性は 10 名、男性は 7 名。小学校や中学校課程まで朝鮮学校に在学した人は 4 名、高校課程まで在学した人は 9 名、大学課程まで在学した人は 4 名である。またインタビュー当時、全員が 30 代や 40 代として日本社会で働いていた。

17 T T氏、2020 年 3 月。

18 M M氏、2019 年 9 月。

19　ＨＨ氏、2020 年 1 月。
20　ＫＫ氏、2019 年 9 月。
21　ＣＨ氏、2020 年 3 月。
22　ＪＪ氏、2020 年 8 月。
23　ＳＳ氏、2019 年 10 月。
24　ＭＭ氏、2019 年 9 月。
25　ＩＩ氏、2019 年 11 月。
26　ＡＡ氏、2020 年 1 月。
27　ＭＭ氏、2019 年 9 月。
28　ＢＢ氏、2020 年 1 月
29　ＦＦ氏、2019 年 9 月。
30　ＭＭ氏、2019 年 9 月。
31　ＣＨ氏、2020 年 8 月。
32　ＪＪ氏、2020 年 8 月。
33　ＦＦ氏、2019 年 9 月。
34　ＣＧ氏、2019 年 8 月。
35　ＭＭ氏、2019 年 9 月。
36　ＦＦ氏、2019 年 9 月。
37　同。
38　ＴＴ氏、2020 年 3 月。
39　ＹＹ氏、2019 年 8 月。
40　ＫＫ氏、2019 年 9 月。
41　ＦＦ氏、2019 年 9 月。
42　ＨＨ氏、2020 年 1 月。
43　ＴＹ氏、2019 年 9 月。
44　ＣＨ氏、2020 年 8 月。
45　ＹＹ氏、2020 年 8 月。
46　ＳＳ氏、2019 年 10 月。
47　ＨＨ氏、2020 年 1 月。
48　ＴＴ氏、2020 年 3 月。
49　ＴＹ氏、2019 年 9 月。
50　ＨＨ氏、2020 年 1 月。
51　ＭＭ氏、2019 年 9 月。
52　ＫＫ氏、2019 年 9 月。
53　バートベック（2014 年）はトランスナショナリズムを「国民国家にわたる、持続した越境的な関係、交換のパターン、提携や社会形成」と説明している（2 頁）。移民とトランスナショナルをめぐる議論については、李里花「今なぜ〈トランスナショナル〉なのか──日本における移民研究を考える」『移民研究年報』26 号（2020 年）、3-8 を参照。
54　ＫＫ氏、2019 年 11 月。
55　Aiwa Ong, *Flexible Citizenship: The Cultural Logics of Transnationality*. (Duke University Press, 1999), 253-261.

参考文献（アルファベット順）

熱田敬子・河庚希・永山聡子（2020 年）「インターセクショナリティに開かれた場のために：ゆる・ふぇみカフェとふぇみ・ゼミの実践から」『現代思想』48‐4 号、147‐159.

陳天璽（2013 年）「日本における無国籍者の類型」『移民政策研究』5 号、4‐21.

鄭栄桓（2017 年）「在日朝鮮人の『国籍』と朝鮮戦争（1947 年〜 1952 年）——「朝鮮籍」はいかにして生まれたか」『ＰＲＩＭＥ』36‐62.

曺慶鎬（2011 年）「「朝鮮学校コミュニティ」とエスニック・アイデンティティ：朝鮮学校在学生を対象としたインタビュー調査を通じて」『ソシオロゴス』35 号、96‐110.

曺慶鎬（2012 年）「在日朝鮮人コミュニティにおける朝鮮学校の役割についての考察：朝鮮学校在学生を対象としたインタビュー調査を通じて」『移民政策研究』4 号、114‐127.

韓東賢（2015 年）『チマ・チョゴリ制服の民族誌——その誕生と朝鮮学校の女性たち（Kindle 版）』ピッチコミュニケーションズ.

韓榮惠（2011 年）「在韓在日朝鮮人：本国との新しい関係 “ 朝鮮 ” から “ 韓国 ” に “ 国籍変更 ” した在日 3 世を中心に」『移民政策研究』3 号、123‐139.

金泰泳（1999 年）『アイデンティティ・ポリティクスを超えて——在日朝鮮人のエスニシティ』世界思想社.

金東鶴（2006 年）「在日朝鮮人の法的地位・社会的諸問題」朴鐘鳴編著『在日朝鮮人の歴史と文化』明石書店、139‐209.

金成玟（2018 年）『K‐POP：新感覚のメディア』岩波新書.

金根五（2002 年）「在日韓国・朝鮮人における差別と国籍（研究ノート）」『アジア社会文化研究』3 号、63‐79.

Kim-Wachutka, Jackie J.（2018 年）*Zainichi Korean Women in Japan: Voices*. Routledge.

李洪章（2010 年）「朝鮮籍在日朝鮮人青年のナショナル・アイデンティティと連帯戦略」『社会学評論』61 号（2）、168‐185.

李洪章（2015 年）「朝鮮籍在日朝鮮人の『共和国』をめぐる語り：ナショナル・アイデンティティ論の視角から」『三田社会学』20 号、22‐37.

李里花（2020 年）「Stateless Identity of Korean Diaspora: Narratives of the Second-generation Koreans in prewar Hawai'i and postwar Japan」『総合政策研究』28 号、55‑59.

李里花（2020 年）「今なぜ〈トランスナショナル〉なのか――日本における移民研究を考える」『移民研究年報』26 号、3‑8.

Lim, Youngmi（2010 年）"Reinventing Korean Roots and Zainichi Routes: The Invisible Diaspora among Naturalized Japanese of Korean Descent" in Sonia Ryang (eds.) *Diaspora without Homeland: Being Korean in Japan* (University of California Press).

ミリネ（編）皇甫泰子（責任編集）（2016 年）『家族写真をめぐる私たちの歴史：在日朝鮮人、被差別部落、アイヌ、沖縄、外国人女性』御茶の水書房.

中村一成（2017 年）『ルポ思想としての朝鮮籍』岩波書店.

呉永鎬（2019 年）『朝鮮学校の教育史：脱植民地化への闘争と創造』明石書店.

Ong, Aiwa (1999 年), *Flexible Citizenship: The Cultural Logics of Transnationality*. Durham and London: Duke University Press.

朴和美（2020 年）『「自分の時間」を生きる：在日の女と家族と仕事』三一書房.

徐阿貴（2012 年）『在日朝鮮人女性による「下位の対抗的な公共圏」の形成――大阪の夜間中学を核とした運動』御茶の水書房.

バートベック , スティーヴン (2014 年)『トランスナショナリズム』(水上哲男他訳) 日本評論社.

山本かほり（2017 年）「排外主義の中の朝鮮学校――ヘイトスピーチを生み出すものを考える」『移民政策研究』9 号、38‑55.

梁陽日（2010 年）「在日韓国・朝鮮人のアイデンティティと多文化共生の教育：民族学級卒業生のナラティブ分析から」『Core Ethics』6 号、473‑483.

あとがき

　朝鮮籍はなぜ存在するのでしょうか。「事実上の無国籍」や「国籍未確認」といわれる状態が、なぜ70年以上も続いてきたのでしょうか。そして朝鮮籍を生きる人びとはどのような経験をし、これからの時代を生きようとしているのでしょうか。

　朝鮮籍をめぐる状況は複雑です。制度的な問題を孕むだけでなく、日本や朝鮮半島の歴史が交錯するなかでその状況が二転三転してきた経緯があります。さらに近年はヘイトスピーチの高まりとともに偏見や誤解が蔓延し、理解を深めることが容易ではなくなっています。しかし本書で丁章さんが指摘しているように在日コリアンの誰もが「朝鮮」籍だった時代もあり、今もなお朝鮮籍の人が存在しています。それにもかかわらず彼ら彼女らが生きてきた世界についてあまり語られることがありません。それはなぜなのでしょうか。この本は、こうした朝鮮籍をめぐる状況を、その輪郭だけでも見えることを目指してつくりました。

　きっかけは、丁章さん、金雄基さん、髙希麗さんとの出逢いです。2018年12月、ニュージーランドのオークランド大学で開催された国際シンポジウムに私たちは参加する予定でいました。在日コリアンをテーマにしたこの国際シンポジウムは、日本や韓国、ニュージーランド、オーストラリア、アメリカ合衆国、イスラエルから研究者や活動家が集い、それぞれが研究報告をしながら交流を深めることを目的に開催されました。私たちもそれぞれが別々の

テーマで発表する予定でニュージーランドに向かいましたが、当日になって丁章さんがビザの関係で飛行機に乗ることができなかったことを知りました。大学生の娘さんとともに丁章さんは自費で航空券を購入し、シンポジウムに参加しようとしていましたが、出発当日になって航空会社のカウンターで朝鮮籍である自分のビザだけがまだ発給されていないことを知ったのです。そのため娘さんが一人で飛行機に飛び乗り、シンポジウムで丁章さんの原稿を代読する勇姿を見せてくれましたが、「朝鮮籍」が理由となって在日コリアンをテーマにしたシンポジウムに丁章さんが参加できなかったことに何か釈然としない気持ちを抱いたのは、私だけではなく、金雄基さんも髙希麗さんも同じでした。

　そこで私たちは、翌6月の日本移民学会年次大会のラウンドテーブル募集に応募し、丁章さんも交えて「朝鮮籍とトランスナショナリズム」というタイトルの下で朝鮮籍について意見交換できる場を設けました。そして移民や在日コリアンをテーマにする研究者も参加したこの会で浮き彫りになったのは、次のような問題です。それは、日本でも韓国でも法的庇護から朝鮮籍が零れ落ちていること。それにもかかわらず政治的な影響によって朝鮮籍に対するステレオタイプ化されたイメージが横行していること。国境を越えることに多くの困難が伴い、ときには国籍を強要するような発言や「まなざし」が朝鮮籍の人に向けられること。さらに朝鮮籍に焦点を当てた研究がこれまで（序文で挙げたような近年の研究論文以外）ほとんどなく、一般的な書籍としては中村一成さんの『思想としての朝鮮籍』が先駆的な本として存在しているだけ、という状況です。

　「このような問題があるとは思わなかった」と参加してくれた人が感想を寄せてくれましたが、そのなかで「今回のテーマがもし本になったら学生と共有したい」と声をかけてくれた名古屋外国語大

学の吉見かおるさんの声を励みに、まずは本をつくろうと思うに至りました。偶然この場に参加していた明石書店の李晋煥さんにそれを伝えると、彼は強く頷き、「自分が出版社で働いているのは、こういう本をつくるためだったのだと思います」と同じような想いに自身も駆られていたことを伝えてくれました。

　こうして丁章さん、金雄基さん、髙希麗さん、李晋煥さんとともにこの本をつくりはじめましたが、実現するためにはハン・トンヒョンさん、文京洙さん、崔紗華さんの尽力がなければ成しえませんでした。在日コリアンの実態に寄り添いながら、日本社会にも韓国社会にも東アジアの国際情勢にも通じた研究者はあまり多くいません。研究者として朝鮮籍を含めた在日コリアンをめぐる状況に真摯に向き合ってきたハン・トンヒョンさんも、文京洙さんも、崔紗華さんも、私たちの突然の依頼に対して、本の趣旨を理解してくれ、快く原稿執筆を承諾してくれただけではなく、その過程で多くの専門的知識や情報を提供し、励ましの言葉もかけてくれました。どれほど励みになったかわかりません。

　さらにコラムの執筆者である中村一成さんと郭辰雄さん、さらにインタビューに応じてくれた安英学さんは、当事者の世界を理解するための貴重な記録を提供してくれました。当事者がその世界を語ることは想像以上に過酷な作業です。私は移民や民族的マイノリティを対象に研究をしていますが、こうしたテーマで研究を続けていると、社会的に疎外化されていくなかで人が「声なき状況」に追いこまれていく様子を目のあたりにすることがあります。本来ならば、これを打破していくために「声なき状況」をつくった側が皆で声をあげなければなりませんが、これまでの歴史の多くは「声なき者」が声を上げることでしか変わることがあまりなかった現実もあります。個人の生活や心に秘めた想いを世間に晒すことは勇気が要

ります。今の時代は、これがヘイトのターゲットにもなりえます。「声なき者」にそれを強いることは暴力ですが、それを強要するような状況も目撃してきました。本書に寄稿してくれたコラムの執筆者はそうした現実を踏まえながらも、その現実を引き受け、そのあり方を変えようとする人たちです。彼らの活動に心から敬意を表するとともに、本書に貴重な記録を提供してくれたことに深く謝意を表明したいと思います。

　また、本書はＮＰＯ法人無国籍ネットワークの協力にも支えられました。代表の陳天璽さんは無国籍者を支える活動を長年続けられ、丁章さんもその活動を支える運営委員の一人ですが、2019 年8 月に開催された 10 周年記念イベントではその活動が研究者や教員、医師や弁護士、大学生やボランティアなどのさまざまな立場の人によって支えられていることを知るとともに、日本には多くの無国籍者がいることを教えてくれました。そして無国籍者に対して国連がどのような立場をとっているのかを教えてくれたのは秋山肇さんです。朝鮮籍をめぐる問題は固有の問題ではなく、他の問題ともつながっています。朝鮮籍を普遍的な次元で考えるために原稿を書いてもらえないだろうかとお願いをすると、陳天璽さんも秋山肇さんも快諾して本書に原稿を寄せてくれました。この場を借りて心からお礼を申し上げたいと思います。

　丁章さんの「出国問題」をきっかけにこの本は始まりましたが、その状況を理不尽に思う人びとの気持ちが広がり、この本は完成しました。

　次はどこに向かうのでしょうか。美容院や焼肉屋などの店を一人で細々と営みながら私を育ててくれた母は、私が大学院に進むとは思ってもいませんでした。私自身もそれを強く願っていたわけではないですが、世の中の仕組みがわからないと先に進むことができな

いような漠然とした不安感を抱いて大学院に進んでみると、そこで最初に読むことになったのはマルクスやウェーバー、デュルケームやブルデューといった社会科学者たちの本でした。そのなかで、このような言葉に出会いました。「哲学者たちは世界をたださまざまに解釈してきただけである。肝心なのはそれを変えることである」（カール・マルクス「フォイエルバッハに関するテーゼ」『マルクス＝エンゲルス全集』第3巻、大月書店、1963年、5、594頁）。次は朝鮮籍をめぐる状況を変えることなのかもしれません。この本で広がる人の力を信じていきたいと思います。

　奇しくもこの本は、世界中の人の「移動の自由」が制限されるなかで出版されます。私が編者として原稿を集めた時は、まさに新型コロナウィルスによるパンデミックが広がり、緊急事態宣言が発令されている真只中でした。海外への渡航だけではなく、都市や県境を跨ぐような移動も厳しい日々が続き、出張にでることも、遠方に暮らす家族にも会えない日が続きました。「移動できない」という未曽有の事態を経験するなかで、日常のささいなことも──たとえば生まれた子供の顔を親に見せに行くことや、祖父母の元気な姿を目に焼き付けておくことも──叶えることが難しく、精神的にも多くの負担が圧し掛かりましたが、もしかしたら朝鮮籍の人がずっと以前から経験した「移動の不自由さ」というのは、このようなことだったのかもしれない、とその圧倒的な現実に凌駕される日々ともなりました。

　2030年に向けて国連が掲げたゴールは、地球上の「誰一人取り残さない（leave no one behind）」ことを誓った17のゴール（ＳＤＧｓ）です。朝鮮籍の人もそうでない人も、国がある人もそうでない人も、誰一人取り残されずに、自由で平等な社会を実現していくため

に、本書が一助となることを願っています。

　末筆ながら、本書を出版してくれる明石書店と編集を担当してくださった黒田貴史さんに心よりお礼申し上げます。

2020 年 8 月 15 日　李里花

執筆者紹介

編著者
序文、第 7 章、コラム 4
李里花（リ・リカ）
中央大学総合政策学部教授。社会学博士。専門は、歴史社会学、移民研究、環太平洋地域研究。東京都立国際高等学校、中央大学総合政策学部卒業後、一橋大学大学院社会学研究科修士課程・博士課程修了。博士課程在学中に、ハワイ大学大学院に留学し、その後ハワイ大学コリアン研究センター客員研究員、韓国高麗大学アジア問題研究所コリアンディアスポラセンター客員研究員を歴任。現在日本移民学会理事・副会長。主な研究に、『〈国がない〉ディアスポラの歴史：戦前のハワイにおけるコリア系移民のナショナリズムとアイデンティティ 1903-1945』（かんよう出版、2015 年）、「하와이 한인 이민 여성의 근대화와 문화（ハワイにおけるコリア系移民女性の近代化と文化）」（김효남 역）김성은 외 지음『한국 근대 여성의 미주 지역 이주 및 유학』韓国学中央研究院出版部（韓国）2019 年（119-146）、「Stateless Identity of Korean Diaspora: The Second Generations in prewar Hawai'i and postwar Japan」『Japanese Journal of Policy and Culture』(28) 2020 年 (55-69)、「今なぜ〈トランスナショナル〉なのか――日本における移民研究を考える」『移民研究年報』(26), 2020 年 (3-8) 等がある。自身は朝鮮籍ではなく、在日コリアンの母とコリアン・アメリカンの父の間で日米を往来しながら育った。最近は「自国民／外国人」の枠組みを超える研究や活動に取り組んでいる。詳しくは https://yab.yomiuri.co.jp/adv/chuo/research/20200123.php。

執筆者
第 1 章
髙希麗（コウ・ヒリョ、고희려）
四天王寺大学経営学部経営学科専任講師。博士（法学）。大阪福島朝鮮初級学校で学び、関西大学第一中学・高等学校、関西大学法学研究科博士

前期課程、神戸大学大学院法学研究科博士後期課程を修了。神戸大学大学院法学研究科助手、公益財団法人後藤・安田記念東京都市研究所研究員を経て現職。専門は憲法であり、憲法学の観点から国籍概念や国民概念について研究している。主な研究に、「大韓民国における「国籍」概念と「国民」：国籍法および在外同胞法の検討から」『六甲台論集法学政治学篇』64巻1号（2017年）、「EU市民権概念をめぐる収斂と揺らぎ」井上典之・吉井昌彦編『EUの揺らぎ』（勁草書房、2018年）、「国籍概念：血統主義と国民の範囲」『神戸法学雑誌』70巻2号（2020年）、「韓国における社会統合政策の変遷：文化多様性法の意義の検討」『都市問題』113巻9号（2022年）などがある。

第2章

崔紗華（チェ・サファ、최사화）

同志社大学社会学部教育文化学科助教。政治学博士（早稲田大学）。早稲田大学グローバルエデュケーションセンター助手を経て、2020年4月から現職。専門は国際関係史、人の移動。主な研究に、「東京都立朝鮮人学校の廃止と私立各種学校化―居住国と出身社会の狭間で―」『境界研究』8、(2018)、"Investment in the Diplomatic Ties: North Korea's Monetary Support for Korean Schools in Japan," *The International History Review* 45(2), (2022) などがある。在日朝鮮人の教育や国籍をめぐる問題を、国際関係史の視座から再構成する研究をしてきた。幼少期、アメリカオハイオ州の幼稚園および小学校に通い、その後横浜の朝鮮学校に通った。移動の経験、民族教育の経験、異なる他者との出会いによって度々アイデンティティの問題に直面してきた。詳しくは、「韓流アイドルに夢中になった学生時代。追っかけ先の韓国で、朝鮮籍の私はアイデンティティクライシスに陥った」『HUFFPOST』（2019年2月）参照。

第3章

ハン・トンヒョン（韓東賢・한동현）

日本映画大学准教授。1968年東京生まれ。専攻は社会学、専門はナショナリズムとエスニシティ、マイノリティ・マジョリティの関係やア

イデンティティ、差別の問題など。主なフィールドは在日コリアンを中心とした在日外国人問題。著書に『チマ・チョゴリ制服の民族誌（エスノグラフィ）──その誕生と朝鮮学校の女性たち』（双風舎，2006. 電子版は Pitch Communications，2015）、『平成史【完全版】』（共著，河出書房新社，2019）、『ジェンダーとセクシュアリティで見る東アジア』（共著、勁草書房、2017）、『社会の芸術／芸術という社会』（共著、フィルムアート社、2016）など。時々、「Yahoo! ニュース個人」で発信しています。最近は韓国エンタメに関する仕事も。済州島、大阪・生野区、東京・足立区と移動してきた両親のもとに生まれた在日コリアン二世。今も「ゾンビ」として東京で生きる「朝鮮」籍者（苦笑）。大学まで朝鮮学校に通い、朝鮮総連系のメディアでの記者生活を経て大学院に進み、右往左往しつつ今に至ります。現在の研究テーマは「朝鮮」籍を中心にした在日コリアンの「国籍」と（国際）移動のこと。まだ具体的な成果は出せていませんが、着手した矢先に声をかけてもらえてとてもうれしかったです。編者をはじめ、年下の在日コリアン女性たちに大いに励まされる仕事となりました。

第4章

金雄基（キム・ウンギ、김웅기）

韓国翰林大学校日本学研究所 HK 教授。東京生まれの在日（していた・たまにする）2.5 世。都立八王子東高校、中央大学法学部政治学科卒業後、Middlebury Institute of International Studies at Monterey（米国）にて国際政策学修士、韓国学中央研究院韓国学大学院（韓国）にて政治学博士取得。日本での民族教育歴はゼロ。大卒後に韓国で同世代の在日コリアンに出会ったのが人生最大のカルチャーショック。専門は東アジア政治史、近年の研究テーマは韓国の在外同胞としての在日コリアン。共著に『재일동포의 민족교육과 생활사（在日同胞の民族教育と生活史）』（東義大学校東アジア研究所編、博文社、2020 年）、『문화권력 : 제국과 포스트 제국의 연속과 비연속（文化権力：帝国とポスト帝国の連続と非連続）』（翰林大学校日本学研究所編、小花、2020 年）などがあり、学術論文に「Outcomes of ROK's Misperceptions of Chōsen-seki Zainichi Koreans : How Its Legal Framework Should Be Amended」『日本学報』第 122 輯（2020 年）、「재일코리안 민족교

육운동에 출현한 '통일' 공간：1980-2000 년대 민족협운동을 중심으로 (在日コリアン民族教育運動に出現した「統一」空間：1980-2000 年代民促協運動を中心に)」『日本学』第 50 輯 (2020 年) などがある。韓国政府在外同胞政策実務委員会民間委員、大阪金剛学園理事・評議員、東国大学校日本学研究所等編集理事。

　同い年の丁章さんが文在寅政府誕生後も韓国に入国できないことに憤りを感じ、その構造的要因を考え始めたことがこの研究を始めたきっかけです。

第 5 章

文京洙 (ムン・ギョンス)

　立命館大学名誉教授。在日二世、東京の三河島 (荒川区) に育ち、高校まで朝鮮学校で学ぶ。現在、「済州島四・三事件を考える会」会員、在日総合誌『抗路』編集委員、『済州日報』論説委員、主な著書に『現代韓国への視点』(共著) 大月書店 1991 年、『済州島現代史：公共圏の死滅と再生』新幹社 2005 年、『在日朝鮮人問題の起源』クレイン 2006 年、『エティック国際関係学』(共編) 東信堂 2011 年、『危機の時代の市民活動』(共編) 東方出版 2012 年、『新・韓国現代史』岩波新書 2015 年、『在日朝鮮人　歴史と現在』(共著) 岩波新書 2015 年、金石範・金時鐘著『増補・なぜ書きつづけてきたか，なぜ沈黙してきたか：済州島四・三事件の記憶と文学』(編著) 平凡社 2015 年、『グローバル・サウスはいま　第 2 巻　新自由主義下のアジア』(共編) ミネルバ書房 2016 年、『済州島四・三事件：島 (タムナ) のくにの死と再生の物語』岩波現代文庫 2018 年など。

第 6 章

丁章 (チョン・チャン)

　在日サラム (コリアン) 三世。無国籍 (朝鮮籍)。詩人。1968 年京都市生まれ。東大阪市在住。大阪外国語大学 II 部中国語卒業。98 年詩集『民族と人間とサラム』初出版。以後著作に、詩集『マウムソリ──心の声』、詩集『闊歩する在日』、詩集『詩碑』、散文集『サラムの在りか』(すべて新幹社刊) その他共著多数。在日総合誌『抗路』編集委員 (1 号〜6 号)。無国籍ネットワーク運営委員。

コラム１

郭辰雄（カク・チヌン）

1966年、大阪生まれの在日コリアン三世。神戸学院大学卒業。特定非営利活動法人コリアＮＧＯセンター代表理事。大学時代に民族名に変更して以降、人権や差別、統一問題などに関心を持ち在日コリアンの団体で活動をおこなう。ヘイトスピーチなどの差別解消や人権保障のための政策提言をはじめ、多民族多文化共生をテーマにした研修での講師も数多く務める。著書に「知っていますか？　在日コリアン一問一答」（共著　2014年　解放出版社）など

コラム２

李晋煥（リ・ジナン）

新潟県生まれ東京都育ちの在日朝鮮人三世。東京朝鮮第三初級学校、東京朝鮮中高級学校、中央大学法学部を卒業後、一橋大学大学院社会学研究科修士課程中退。現在、都内出版社に勤務。

コラム３

中村一成（ナカムラ・イルソン）

ジャーナリスト。1969年、大阪府で、在日二世の母と日本人の父との間に生まれる。日雇い労働者を経て1995年、毎日新聞社に入社。高松、京都両支局を経て、大阪社会部、大阪学芸部などで人権や平和、映像メディアなどを担当、2011年春に退職し、以降フリーで活動してきた。主なテーマは在日朝鮮人や移住労働者など、非・国民を取り巻く人権問題や死刑など。2000年代以降は中東に赴き、パレスチナ難民との出会いも重ねてきた。映画評も執筆する。単著に『声を刻む　在日無年金訴訟をめぐる人々』（インパクト出版会、2005年）、『ルポ　京都朝鮮学校襲撃事件〈ヘイトクライム〉に抗して』（岩波書店、2014年）、『ルポ　思想としての朝鮮籍』（岩波書店、2017年）、『映画でみる移民／難民／レイシズム』（影書房、2019年）。編著に『「共生」を求めて　在日とともに歩んだ半世紀』（田中宏著、解放出版社、2019年）。共著に『ヘイト・スピーチの法的研究』（金尚

均編、法律文化社、2014 年）など。

コラム5

秋山肇（あきやま　はじめ）
　筑波大学人文社会系助教。博士（学術）。専門は、憲法、国際法、国際政治、国際機構論、平和研究。国籍・無国籍の研究を通して、国家と人間の関係性について分析している。国際基督教大学教養学部卒業。国際基督教大学大学院アーツ・サイエンス研究科博士前期課程・博士後期課程修了。日本学術振興会特別研究員、ローザンヌ大学客員研究員、立命館大学国際関係学部嘱託講師を経て現職。多文化社会研究会理事、NPO 法人無国籍ネットワーク運営委員、無国籍情報センター事務局長を務める。主な業績に、『インタラクティブゼミナール 新しい多文化社会論 共に拓く共創・協働の時代』（東海大学出版部、2020 年、共著）、『日本における無国籍者——類型論的調査』（国連難民高等弁務官〈UNHCR〉駐日事務所、2017年、共著）、「UNHCR による無国籍の予防と削減に向けた取り組み：その効果と課題」『国連研究』19 号 191–219 頁（2018 年）、"Enforcement of Nationality and Human Insecurity: A Case Study on the Securitised Japanese Nationality of Koreans during the Colonial Era," *Journal of Human Security Studies*, 7(2), 79–94 (2018) 等がある。

コラム6

陳天璽（チェン　ティェンシ／ちん　てんじ）
　早稲田大学国際学術院教授、無国籍ネットワーク代表理事。
　横浜中華街生まれ。国際関係に翻弄され生後間もなく無国籍となる。
　移民、無国籍者に注目した研究に従事。筑波大学大学院国際政治経済学博士。文科省の奨学生として香港中文大学へ留学。ハーバード大学フェアバンクセンター研究員、日本学術振興会（東京大学）研究員、国立民族学博物館准教授を経て現職。2019 より、シンガポール国立大学客員研究員。
　著書に『華人ディアスポラ』（明石書店）、『無国籍』（新潮文庫）、編著に『パスポート学』（北海道大学出版会）、『忘れられた人々——日本の「無国籍」者』（明石書店）など。

朝鮮籍とは何か──**トランスナショナルの視点から**

| 2021年1月31日 初版 第1刷発行 |
| 2023年10月30日 初版 第3刷発行 |

編著者	李　　里　　花
発行者	大　江　道　雅
発行所	株式会社 明石書店
	〒101-0021 東京都千代田区外神田6-9-5
	電話 03（5818）1171
	FAX 03（5818）1174
	振替　00100-7-24505
	https://www.akashi.co.jp/
装　丁	明石書店デザイン室
印刷・製本	モリモト印刷株式会社

（定価はカバーに表示してあります）　　　ISBN978-4-7503-5079-0

〈価格は本体価格です〉